ARTHUR SCHOPENHAUERs WERKE IN FÜNF BÄNDEN

NACH DEN
AUSGABEN LETZTER HAND
HERAUSGEGEBEN VON
LUDGER LÜTKEHAUS

BEIBUCH

BEIBUCH ZUR SCHOPENHAUER-AUSGABE

EINLEITUNG
ZU SCHOPENHAUERS WERKEN
NACH DEN AUSGABEN LETZTER HAND
VON
LUDGER LÜTKEHAUS

UEBERSETZUNG UND NACHWEIS DER ZITATE
SCHOPENHAUER-CHRONIK
SACH- UND NAMENREGISTER
VON
MICHEL BODMER

HAFFMANS VERLAG

Diese Ausgabe erschien erstmals
zum 201. Geburtstag
Arthur Schopenhauers am 22. 2. 1989

Konzeption und Gestaltung von
Urs Jakob

Herstellung:
Ebner Ulm
ISBN 3 251 01126 X

Inhalt

EINLEITUNG

Ludger Lütkehaus

SCHOPENHAUERs WERKE ERSTMALS NACH DEN AUSGABEN LETZTER HAND

I.

Schopenhauers letzter editorischer Wille gipfelt in einem Fluch:

»Erfüllt mit Indignation über die schändliche Verstümmelung der deutschen Sprache, welche, durch die Hände mehrerer Tausende schlechter Schriftsteller und urtheilsloser Menschen, seit einer Reihe von Jahren, mit eben so viel Eifer wie Unverstand, methodisch und *con amore*, betrieben wird, sehe ich mich zu folgender Erklärung genöthigt: Meinen Fluch über Jeden, der, bei künftigen Drucken meiner Werke, irgend etwas daran wissentlich ändert, sei es eine Periode, oder auch nur ein Wort, eine Silbe, ein Buchstabe, ein Interpunktionszeichen.«

II.

Von den bisherigen Schopenhauer-Gesamtausgaben haben zwei einen genauen Abdruck der Ausgaben letzter Hand intendiert; keine hat ihn realisiert.

III.

Die vorliegende Ausgabe ist die erste und einzige unveränderte Ausgabe der Werke Schopenhauers in den Fassungen und der Anordnung letzter Hand.

I.

Die Werke Schopenhauers zeigen in ihren verschiedenen Auflagen ein beträchtliches Maß an Veränderungen – und bezeugen so zumindest in den Erscheinungsformen den Einfluß der Zeit und die Wirklichkeit der Geschichte, die Schopenhauers Philosophie für das Ding an sich dementiert.

Die Bestimmungen Schopenhauers hingegen in bezug auf den Druck seiner Werke sind von der ersten bis zur letzten konstant – und belegen so zumindest für den Willen des Autors jene zeitlose Identität, die seine Philosophie für den unveränderlichen Charakter reklamiert.

Als Schopenhauer am 11. Juli 1818 die ersten Teile des Manuskriptes der *Welt als Wille und Vorstellung* an F. A. Brockhaus schickt, erinnert er seinen Verleger an das Versprechen, »jeden Bogen 3 Mal auf das sorgfältigste« korrigieren zu lassen, und läßt keinen Zweifel daran, welche Sanktionen drohen, falls der Verlag sich eigenmächtige Abänderungen erlauben sollte: »Ich glaube daß es eine ganz überflüssige Erinnerung ist, und bitte in so fern um Verzeihung, wenn ich Ihnen bemerke, daß ohne mein Wissen und Wollen auch nicht ein Wort geändert werden darf, auch nicht auf etwaniges Antragen des Censors. In diesem Punkt würde ich die auffallendste Empfindlichkeit öffentlich zu erkennen geben« (Arthur Schopenhauer, *Gesammelte Briefe*. Hrsg. Arthur Hübscher. Bonn 1978, S. 37).

Als Schopenhauer am 7. September 1843 dem Verlag das gesamte Manuskript für die zweite Auflage der *Welt als Wille und Vorstellung* ankündigt, fügt er eine »Weisung und Ermahnung an den Setzer« bei, die nichts an Deutlichkeit in bezug auf die geforderte Arbeitsteilung zu wünschen übrigläßt:

»MEIN LIEBER SETZER!

Wir verhalten uns zu einander wie Leib und Seele, müssen daher, wie diese, einander unterstützen, auf daß ein Werk zu Stande komme, daran der Herr (Brockhaus) Wohlgefallen habe. – Ich habe hierzu das Meinige gethan und stets, bei jeder Zeile, jedem Wort, ja jedem Buchstaben, an Sie gedacht, ob Sie nämlich es auch würden lesen können. Jetzt thun Sie das Ihre. (...) Betrachten Sie genau meine Rechtschreibung und Interpunktion: und denken Sie nie, Sie verständen es besser; ich bin die Seele, Sie der Leib (...) und überall sei das LETZTE was Sie denken oder annehmen dieses, daß ich eine Nachlässigkeit begangen hätte. –« (a.a.O., S.202f.)

Am 8. Februar 1859 schließlich, als Schopenhauer mit dem Verlag den Vertrag für die dritte Auflage abschließt, wird »die Buchhandlung Brockhaus« im §4 erneut gehalten, »die Orthographie und Interpunktion des Herrn Verfassers aufs strengste zu respectiren und demselben vor dem Reindruck jeden Satzbogen mit dem dazu gehörigen Manuscript zu einer letzten Revision zuzusenden« (a.a.O., S.446).

Zwischen diesen ebenso klaren wie bestimmten Willensäußerungen liegt gelegentlich ein Lob für die »gescheuten« Setzer des Hauses Brockhaus, wenn diese aufmerksam und korrekt gearbeitet haben (a.a.O., S.206 und 447); häufiger jedoch eine »nothwendige Rüge«, wenn die »Ladenmenschen«, die Buchdrucker und ihre »schwarzen Myrmidonen aus dem Schmierloch«, die deutsche Sprache und Schopenhauers Sprache »regieren wollen« (a.a.O., S.327). So wird Brockhaus am 4. Juli 1859 aufgefordert, einem eigenwilligen Setzer eigenhändig den Kopf zu waschen und ihm einzuschärfen, »daß er sich GENAU an meine Schrift zu halten hat und nicht ein Tittelchen eigenmächtig ändern soll. (...) Also rufe ich Sie an: jagen Sie den Leuten einen Schreck ein: sie sollen sich nicht die kleinste Aenderung gestatten« (a.a.O., S.455f.).

Der Schreck der »Leute« war jedoch offenbar nicht groß genug. Und selbst die schöne Hoffnung auf die »deklarirtesten Anhänger« trog. Als der »Erzevangelist« und »Treufreund« Julius Frauenstädt, der später zum literarischen Testamentsvollstrecker bestimmt wird, sich zwar keine »erlogenen«, aber doch ungenaue Zitate gestattet, da wird er von seinem Herrn und Meister mit aller Strenge zur Ordnung gerufen: »Freund, beschneiden Sie Dukaten und Louisdore, nur beschneiden Sie nicht (nach heutiger Mode) meine Sätze. Ich schreibe, wie ICH schreibe und kein Anderer: da hat jedes Wort seinen Werth und seine Nothwendigkeit«. »O, daß Sie etwas von dem edlen Fanatismus des Kilzer hätten! der schon diesen Sommer mir ernstlich vorschlug, ich sollte ein Fidei-Commissum gründen, zu dem Zweck, daß stets darüber gewacht würde, daß in meinen Werken niemals auch nur eine Silbe geändert werden könne. (...) Von Ihnen also prätendire ich bloß genauen, unverkümmerten und unverfälschten Abdruck meiner Worte« (*Gesammelte Briefe,* a.a.O., S. 377 und 323 f.).

Der eingangs zitierte Fluch, wie ihn Schopenhauer in seinem Entwurf für die Vorrede der noch geplanten, aber nicht mehr realisierten Gesamtausgabe ausgesprochen hat, ist also literarisches Testament und Resultat schlechter Erfahrungen mit literarischen Testamentsvollstreckern in einem. Das besagte Fideikommiß, wie »fanatisch« auch immer die Idee dazu gewesen sein mag, hätte uns jedenfalls vor manchem ungenauen, verkümmerten und verfälschten Abdruck der Werke Schopenhauers bewahrt.

II.

Dieses harsche Urteil scheint allerdings der Streitsucht des buchstäblich größten Recht-Habers der Philosophie-Geschichte zu folgen – und so mit unedlem Fanatismus jene »eristische Dialektik« zu erneuern, die die Geschichte der Schopenhauer-Edition von den Verbalinjurien Eduard Grisebachs gegen Frauenstädt bis zur »Jetztzeit« zu einem so hitzig umkämpften Terrain gemacht hat. Und in der Tat wird auch im folgenden, angesichts einer kontroversen editorischen Situation und einiger durchaus polemikbedürftiger Gegenstände, die an sich so wünschenswerte »Meeresstille des Gemüths« nicht eintreten können – abgesehen davon, daß das Vergnügen an der Polemik selbst in einer so nüchternen Disziplin wie der Philologie nur schwer zu unterdrücken ist.

Trotzdem soll hier nicht die eristische Kunst, um jeden Preis recht zu behalten, weiter geübt werden. Die historischen Verdienste der Edition Frauenstädts sind ebensowenig zu bezweifeln wie die der übrigen Gesamtausgaben, soweit sie einen selbständigen Wert haben. Der historisch-kritischen Ausgabe Arthur Hübschers zumal kommt unter den bearbeiteten Ausgaben ganz ohne Frage maßgebliche Bedeutung zu. Die textkritischen Arbeiten eines ganzen Jahrhunderts sollen schon gar nicht in Frage gestellt werden. Ganz im Gegenteil: Das Folgende nutzt sie. Auch waren es zum Teil sehr bedenkenswerte Gründe, die die Bearbeiter zu ihren Bearbeitungen veranlaßt haben. Und selbstverständlich steht bei jeder Ausgabe letzter Hand eine Prinzipienfrage der Edition zur Diskussion.

II. 1 Das grundsätzliche Für und Wider eine Ausgabe letzter Hand ist bekanntlich exemplarisch in der Goethe-Philologie erörtert worden. In ihr, die dann freilich mit dem Prinzip erster oder »früher« Hand nur das editorische Pendant zur »editio definitiva« inthronisiert hat, danach in etlichen anderen Philologien, ist unter anderem geltend gemacht worden, daß eine Ausgabe letzter Hand zu einer Vernachlässigung des »historischen Reliefs« der Texte führe; daß das zu Grunde liegende Prinzip normativ und teleologisch sei, was sich in der Ideologie vom »Olympier Goethe« ja tatsächlich bewahrheitet hat; daß es das definitive Sein statt des unabgeschlossenen Werdens, den vollendeten Zustand statt der Offenheit des »work in progress« propagiere; schließlich, daß es mit seinem editorischen Monopolismus, seiner Veränderungsfeindlichkeit und seinem »quasi juridischen Vermächtnisgedanken« zutiefst konservativ, wenn nicht reaktionär sei. Wenn dem notwendigerweise so wäre, dann würde zumindest ein bestimmtes Schopenhauer-Bild in einer Ausgabe letzter Hand seinen adäquatesten Ausdruck finden.

Indes muß nicht jede Ausgabe letzter Hand diese Implikationen teilen. Die vorliegende dementiert nicht, das sei wiederholt, daß jedwede Textgeschichte, selbst bei einem so ahistorisch denkenden und veränderungsfeindlichen Philosophen wie Schopenhauer, die Geschichte und die Veränderung einläßt. In der Geschichte der Schopenhauer-Edition hingegen ist es immer so gewesen, daß sich der Wille zur Veränderung, i.e. zur Bearbeitung, mit der Enthistorisierung und Dogmatisierung Schopenhauers auf das erstaunlichste vertragen hat. Die vielberufene »kritische Wertung« hat sich dabei allemal nur auf die Textüberlieferung, nicht auf die Texte selber, erstreckt.

II. 2 Auch die spezifischeren Probleme der Schopenhauer-Edition sollen hier nicht bestritten werden. Das Prinzip letzter Hand läßt idealtypisch die Beendigung des Werkes mit »Tod und Verklärung« eines Autors, finis operis und finis vitae zusammenfallen. Aber die wenigsten Autoren sind imstande gewesen, dieser Philologen-Idee zu entsprechen. Sie sind entweder nicht bis zur »editio definitiva« gekommen – oder sie haben meistens noch so lange weitergearbeitet, daß man dem Terminus und der Metapher der »letzten Hand« eine gewisse Überbetonung von Grenzsituationen nicht absprechen kann. Schopenhauer ist dieser Idee ganz gewiß nicht nachgekommen, denn sie wird bei ihm nur von der kurz vor seinem Tode abgeschlossenen zweiten Auflage der »beiden Grundprobleme der Ethik«, ganz und gar nicht aber zum Beispiel von den *Parerga und Paralipomena* eingelöst.

So ist es keine Frage, daß in den von ihm hinterlassenen Handexemplaren seiner Werke mit ihren Zusätzen, Streichungen und Korrekturen wie in den Manuskriptbüchern und den Druckvorlagen ein umfängliches Material enthalten ist, das nur durch eine historisch-kritische Ausgabe erschlossen werden kann. Ebensowenig ist es zu leugnen, daß in den Ausgaben letzter Hand zahlreiche Inkonsequenzen in Orthographie und Interpunktion, etliche Druck- und Zitierfehler, sachliche Irrtümer und terminologische Versehen sowie gelegentliche Wiederholungen von Passagen, die durch die Zweitauflagen der anderen Werke überflüssig geworden waren, stehengeblieben sind.

Und die Angaben, die Schopenhauer für die Anordnung der geplanten Gesamtausgabe, präziser: der »Gesammt-Auflage«, wie es meistens heißt, gemacht hat, sind gewiß widersprüchlich.

Freie Hand also für die Bearbeiter der Ausgaben letzter (oder auch erster) Hand? Mitnichten. Denn keine Inkonsequenz, kein

Druckfehler, keine Wiederholung, auch kein Zusatz, keine Streichung, keine Korrektur kann etwas daran ändern, DASS SCHOPENHAUER UNS SEINE WERKE ALLEIN IN DEN FASSUNGEN LETZTER HAND AUTORISIERT HINTERLASSEN UND EINE LETZTGÜLTIGE VERFÜGUNG ÜBER IHRE DRUCKANORDNUNG GETROFFEN HAT. DAS IST DAS APRIORI UND DER KATEGORISCHE IMPERATIV DER SCHOPENHAUER-EDITION. Quod erat et erit demonstrandum.

II. 3 Die Inkonsequenzen Schopenhauers in Orthographie und Interpunktion sind bereits von Frauenstädt wie später dann von den meisten anderen Herausgebern bemerkt und ausgeglichen worden. Und der Leser, der sie nicht als willkommenes Zeichen des Wandels oder gar des Widerspruchs gelten lassen will, mag dergleichen Vereinheitlichungswerk tun, verspricht es doch gewiß eine Befriedigung sondergleichen, wenn man ein vielschichtiges Werk vom Range des Schopenhauerschen wenigstens hier dem Satz vom zu vermeidenden Widerspruch unterwerfen kann.

Sofern die Editoren Schopenhauers aber den Anspruch erheben, Schopenhauer zu edieren, haben sie dabei die Eigentümlichkeiten seiner Orthographie und Interpunktion zu respektieren. Sein immer wieder bekräftigter editorischer Wille und sein testamentarischer Fluch schließen beide mit dem größten Nachdruck ein. Die Eigenmächtigkeiten irgendwelcher »Hausorthographie« (*Gesammelte Briefe,* a.a.O., S. 347 und öfter) waren ihm ein unerträglicher Greuel, gegebenenfalls ein Vertragshindernis und, da derlei Übergriffe immer drohten, Anlaß genug, selbst von ihm nicht veränderte Druckbogen zur Korrektur zu verlangen. Angesichts der »methodisch betriebenen Verhunzung der deutschen Sprache« lag ihm die Einhaltung seiner Orthographie und Interpunktion sogar »mehr als Alles am Herzen« (a.a.O., S. 444); ja, beide waren ihm geradezu »heilig« (a.a.O., S. 474). Und mit Recht! Eine scheinbare qualité négligeable wie seine Interpunktion ist eines der gelungensten und rarsten Beispiele für eine nicht schulmäßig-grammatisch, sondern lebendig gliedernde, das Lesen, das Sprechen und das Verstehen ermöglichende philosophische Interpunktion.

Das hat etliche Editoren freilich nicht gehindert, ihre eigenen

Wege zu gehen. Das traurigste Beispiel bietet hier die Edition Löhneysen (Stuttgart/Frankfurt a. M. 1960ff.), die sich in klarer Mißachtung der Bestimmungen Schopenhauers zu einer gleichschaltenden Modernisierung seiner Orthographie und Interpunktion ermächtigt sieht und dabei nur sinn- und pietätlos die methodische Verhunzung der deutschen Sprache weiterbetreibt.

II. 4 Problematischer als die Inkonsequenzen scheinen die Druckfehler in den Ausgaben letzter Hand. Schopenhauer war, wie er selber gelegentlich mit Verdruß feststellen mußte, aller Sorgfalt zum Trotz kein unfehlbarer Korrekturleser. Man mag diese allzumenschliche Tatsache rügen – oder sich ihrer erfreuen, wenn man nicht ohnehin von vornherein die Tatsache akzeptiert, daß es in einem Lebenswerk dieser Größe nicht ohne das schwarze Werk des Druckfehlerteufels abgehen kann (was zweifellos auch diese Ausgabe wieder belegen wird).

Die Schopenhauer-Forschung kann das natürlich nicht davon entbinden, die von ihm nicht bemerkten und/oder im Druck nicht verbesserten Druckfehler festzustellen – eine Aufgabe, der sie sich in ihrer über hundertjährigen Geschichte mit erheblichem Arbeitsaufwand und großem Scharfsinn unterzogen hat. Der interessierte Leser kann sich in dem Druckfehlerverzeichnis, das Gustav Friedrich Wagner seinem *Schopenhauer-Register* (Karlsruhe 1909) angefügt hat, und, auf dem avanciertesten Stand, in der historisch-kritischen Ausgabe Arthur Hübschers unschwer darüber unterrichten. Bereits Wagners Verzeichnis aber, das vorsichtigerweise nur von »sehr wahrscheinlichen« Druckfehlern sprach (a.a.O., S. 522), konnte nicht umhin, hinter eine Vielzahl von bloß »vermuthlichen« ein Fragezeichen zu setzen – dergestalt etwa, daß ein »gewiß« in der dritten Auflage der *Welt als Wille und Vorstellung* statt des ursprünglichen »so ziemlich gewiß« nur so ziemlich gewiß ein Druckfehler, vielleicht jedoch eine Korrektur war. Paul Deussen, der gleich in der Vorrede zum ersten Band seiner Gesamtausgabe (München 1911ff.) eine vermeintliche »Verwechslung von a priori und a posteriori« verbessern zu müssen glaubte, wurde alsbald selbst von seinem Mitherausgeber Franz Mockrauer korrigiert.

Und wo sich die Schopenhauer-Philologie ihrem größten Steckenpferd zuwandte: der Frage, ob an diversen Stellen der Werke nicht »demnach« statt »dennoch« zu lesen sei, da wurden die Verbesserungen allemal sogleich wieder zugunsten der autorisierten Texte annulliert.

Nur allzuoft also offenbarten die »offenbaren« Druckfehler in den Werken des Autors die Verschlimmbesserwisserei seiner Editoren. Nur allzuoft wiederholte sich posthum, was Schopenhauer schon zu Lebzeiten am eigenen Textleibe erfahren hatte: Justus Radius, der Herausgeber der *Theoria Colorum*, hatte die unglückseligerweise erteilte Erlaubnis, »Druckfehler oder entschiedene Sprachfehler zu korrigiren« (*Gesammelte Briefe,* a.a.O., S. 125), zu eigenmächtigen Änderungen mißbraucht. Man folgt also wohl am besten dem Beispiel Gustav Friedrich Wagners, der es zwar möglichst präzise besser wissen, darum aber noch nicht in den Textbestand der Ausgaben letzter Hand eingreifen wollte.

II. 5 Das gilt auch für die öfters unpräzisen Zitate Schopenhauers, seine sachlichen Irrtümer, seine terminologischen Versehen: Es ist nicht zu bestreiten, daß er im Widerspruch zu seinem eigenen Anspruch, peinlich genau zitiert zu werden, selber nicht immer korrekt zitiert hat und ihm auch sonst etliche Fehlleistungen unterlaufen sind. Ob nun aber bedauerlich oder verzeihlich – auf jeden Fall ist das philosophisch und menschlich aufschlußreich. Und die Herausgeber sollten es bleibenlassen, hier schulmeisterlich korrigierend einzugreifen – was sie indessen nur zu gerne tun. Sie zeigen, daß sie genauer gelesen haben und präziser informiert sind: Das ist ihr gutes Recht. Doch dem Leser, der zum Beispiel nicht mehr sieht, wie Schopenhauer Shakespeare assimiliert oder sich allmählich und natürlich irrtumsanfällig in die hinduistische, die buddhistische Terminologie eingearbeitet hat, entgeht eine nützliche Fehlbarkeitsdemonstration.

II. 6 Die erwähnten Überschneidungen und Wiederholungen, von denen das Werk Schopenhauers trotz aller »Oligographie« auch sonst verständlicherweise nicht ganz frei ist, wird man im

Jargon der »Jetztzeit« zweifellos als »redundante« Passagen übel vermerken – es sei denn, daß man sich entschließen kann, in ihnen ein hilfreiches pädagogisches Exerzitium zu sehen.

Auf keinen Fall aber können diese Überschneidungen einschneidende Eingriffe in die Texte rechtfertigen, die aus den allein autorisierten Werkfassungen bloße Stofflieferanten machen. Die Edition Grisebach (Leipzig 1891) hat am Beispiel des siebenten Kapitels aus dem zweiten Band der *Parerga und Paralipomena*, das durch die zweite Auflage der Farbenlehre gewiß größtenteils überflüssig geworden war, demonstriert, wohin Transplantationsversuche dieser Art führen: zu der Erkenntnis, daß man derlei Editions-Chirurgie besser läßt.

II. 7 Gilt das auch für das umfängliche Material, das den Handexemplaren, den Manuskriptbüchern und den handschriftlichen Druckvorlagen zu entnehmen ist? Ganz ohne Zweifel hat es den wichtigsten Ansatzpunkt für die Bearbeitung der bearbeiteten Schopenhauer-Ausgaben gebildet.

Keiner der Bearbeiter konnte indessen an der Tatsache vorbei, daß Schopenhauer uns zum Beispiel in den Handexemplaren nur einen Teil seiner Zusätze fertig redigiert und mit eindeutigen Einfügungshinweisen hinterlassen hat. Der andere Teil – von Schopenhauer selber öfters mit Fragezeichen versehen oder hypothetisch formuliert – ist unredigiert und/oder ohne klare Stellenangabe geblieben. Selbst den beiden Hinweisen, die Schopenhauer in den Handexemplaren der ersten Auflage der *Welt als Wille und Vorstellung* und der zweiten Auflage des *Willens in der Natur* für die Behandlung der Zusätze gegeben hat, ist keine klare editorische Handlungsanweisung zu entnehmen: Den ersten hat er bei der Zweitauflage als erledigt durchgestrichen. Und der zweite widerspricht dem ersten.

Es muß also bei den unredigierten Zusätzen, wie schon Deussen festgestellt hat, ungewiß bleiben, ob und wie Schopenhauer sie aufgenommen und ihnen erst dadurch sein Imprimatur erteilt hätte. Edition ist hier weit mehr noch als sonst persönliche Interpretation und Interpolation. Und was kann bei den übrigen Zusätzen überhaupt »fertig redigiert« heißen? Anhand der Behandlung dessen, was in den Handexemplaren der Erstauflagen an Zusätzen, Streichungen und Korrekturen enthalten war, läßt sich zeigen, daß selbst das angeblich »fertig Redigierte« oft nicht in dieser Form oder gar nicht Eingang in die endgültigen Fassungen fand. Und Schopenhauer hat mit seinem Brief vom 8. August 1858 an Brockhaus zweifelsfrei deutlich gemacht, welche Rückschlüsse sich daraus für die Zusätze in den Handexemplaren der Ausgaben letzter Hand ergeben: »Wie viel nun aber diese Zusätze betragen werden, ist mir, obgleich sie (...) sämmtlich schon auf dem Papier stehn, zu sagen unmöglich: erstl weil sie theils im durchschossenen Exemplar, theils in mehreren Gedankenbüchern vertheilt stehn; 2° weil ich nicht weiß, wie viel davon das letzte, äußerst strenge Skrutinium passiren wird; 3° weil sie bei der Bearbeitung für den Druck bald länger, bald kürzer werden« (*Gesammelte Briefe,* a.a.O., S.432). Die ungefähre Schätzung aber, die er dann doch gibt, bewegt sich zwischen zwei und acht Bogen! Die Handexemplare der Ausgaben letzter Hand zeigen denn auch mit ihren vielfältigen nachträglichen Streichungen und Korrekturen in den Zusätzen schon genug von diesem »äußerst strengen Skrutinium«. Ja, selbst die handschriftlichen Druckvorlagen, die die Edition Hübscher als Primärquellen von den Handexemplaren und den Manuskriptbüchern unterscheidet, belegen, daß Schopenhauer bis zur »ultima linea rerum« seine Texte modifizierte. Und die Korrekturbogen, die aus dieser Perspektive womöglich noch primärer wären, weil Schopenhauer nach einer richtigen Überlegung der Edition Löhneysen (Bd. VI, S. 829) auch hier wahrscheinlich noch eingegriffen hat, sind uns leider nicht erhalten.

Auf Grund dieser Textlage sind die Erschließungsversuche der Handexemplare, so wünschenswert sie an sich und so notwendig sie im Rahmen historisch-kritischer Apparate sind, schlüssigerweise zu einer der umstrittensten Fragen der Schopenhauer-Edition geworden; bei dem Scherbengericht Grisebachs über Frauenstädt geradezu der Anlaß für einen Exekutionsversuch.

Auf Grund dieser Textlage avancieren gerade die *Parerga und Paralipomena*, denen Schopenhauer zweifellos die meisten Zusätze zu geben beabsichtigte, zu dem schlagendsten Argument für eine unveränderte Edition der Ausgabe letzter Hand (die hier mit der Erstausgabe identisch ist): Dem editorischen Dezisionismus ist hier ein zu weites Feld überlassen.

Auf Grund dieser Textlage muß es generell und prinzipiell, gleich ob man das begrüßt oder nicht, bei dem Vorrang der von Schopenhauer noch autorisierten Fassungen bleiben. Und das sind allein die Ausgaben letzter Hand.

Wem diese Argumentation aber ZU prinzipiell erscheint, der kann sich anhand der Apparate der historisch-kritischen Ausgaben indirekt von der Richtigkeit dieses Grundsatzes überzeugen. Mal folgen die Herausgeber in der Behandlung der Handexemplare Schopenhauers Anweisungen; mal tun sie es nicht; mal gehen sie darüber hinaus. Mal fühlen sie sich nicht zu irgendwelchen Entscheidungen befugt; mal spekulieren sie, welche Entscheidungen Schopenhauer wahrscheinlich gefällt hätte; mal sehen sie sich auf Grund ihrer eigenen Eingriffe zu eigenmächtigen Textänderungen genötigt. Mal nehmen sie Zusätze und Varianten in den Haupt- oder Anmerkungstext auf; mal verbannen sie echte Zusätze als bloße Varianten in den Apparat; mal streichen sie beide ganz. Mal reißen sie Paragraphen auseinander; mal fügen sie welche zusammen; mal bilden sie ganze Paragraphen mit dem Resultat einer veränderten Gesamtzählung neu. Natürlich gibt es für all das mehr oder minder gute Gründe – WENN man einmal zur Bearbeitung entschlossen ist. Aber es ist nur zu deutlich: In eben dem Maße, wie die editorischen Entscheidungen zunehmen und die Apparate anschwellen, verlangt das nach dem allein autorisierten Text.

II. 8 Eine Ausgabe nach den Fassungen letzter Hand ist unter diesen Umständen nicht nur wünschenswert, sondern ein klares philologisches Gebot. Wie aber ist die Editionslage aus philosophischer, wie aus literarischer Sicht? Wie verändert sich unser Bild Schopenhauers – oder richtiger: wie haben die bearbeiteten Ausgaben unser Bild Schopenhauers verändert?

Die zahlreichen Zusätze zu den *Parerga und Paralipomena* etwa bieten zweifellos auch inhaltlich interessantes, wiewohl ambivalentes Material: Die »Weiber«, die Professoren, die Sprachverhunzer, die Juden, die Optimisten, die (Mono-)Theisten, die »Pfaffen«, die Materialisten, die Revolutionäre kommen noch schlechter weg als zuvor. Das Interesse am Spiritistischen, an der Monarchie, an den Eliten verstärkt sich. Alters- und Unsterblichkeitsfragen, diätetische Überlegungen gewinnen an Bedeutung. Und selbstverständlich hat auch der alte Schopenhauer weitere »vereinzelte, jedoch systematisch geordnete Gedanken über vielerlei Gegenstände« – den Teufel, die Oper, den Tourismus, die Zeugung, den Selbstmord, die Beamten, die Sprache, die Sprachen, die Philosophie, ihre Geschichte, das eigene System – beizutragen. Ebenso selbstverständlich müßte allerdings auch der Grundsatz gelten: Je wichtiger oder je heikler ein Zusatz, um so wichtiger auch die Frage, ob Schopenhauer ihn definitiv autorisiert hätte. Immerhin wäre das bei einigen seiner anti-semitischen oder anti-feministischen Eruptionen durchaus wissenswert. Im übrigen: Substantiell Neues, das unser Bild grundsätzlich veränderte, gibt es nicht. Die Zusätze sind durchweg potenzierte *Parerga und Paralipomena*, sozusagen Parerga^2. Ja, sieht man sich die bearbeiteten Ausgaben im Vergleich mit den Fassungen letzter Hand etwas kritischer an, so ist kaum zu bestreiten, daß Schopenhauer jedenfalls als Schriftsteller durch die Umfangvermehrung nicht gewinnt. Die stilistischen Mängel der unredigierten Zusätze, ihre unorganische Verbindung miteinander und mit dem Haupttext – das alles ist nur zu offensichtlich; und das ist um so prekärer, wo es wie z. B. im zweiten Band der *Parerga und Paralipomena* gerade um Sprach- und Stilfragen geht. Der schimpfende Schopenhauer, so sehr man sich auch hier an seinen Sarkasmen und Grobianismen erfreuen kann, nimmt mitunter überhand. Andererseits: Die schon mit den *Aphorismen zur Lebensweisheit* einsetzende Verbiederung Schopenhauers, wenn man so will: seine Verbiedermeierung, seine Verwandlung ins Wohlbekömmliche, seine Familiarisierung zum bärbeißigen, aber doch letzten Endes guten Onkel, macht fatale Fortschritte. Und selbst den verehrungswilligsten Bearbeitern sind die zahlreichen Wiederholungen und Weitschweifigkeiten der Zusätze nicht entgangen. Etliches davon ist vorwiegend gelehrsamer Natur: hier noch ein Beleg, dort noch ein Zitat; hier eine naturwissenschaftliche Erläuterung, dort eine bloße Konjektur. Und gelegentlich kommt es durchaus zu eklatanten Verschlimmbesserungen: Das Streitgespräch *Ueber Religion* zum Beispiel erhält zum unseligen Ende eine ziemlich lahme, kompromißhafte Wendung. Der grandiose Schluß des ersten Bandes des Hauptwerkes mit dem – weiß Gott! – letztgültigen, gegen die von Schopenhauer sonst favorisierte Schreibweise groß geschriebenen »Nichts«, in dem die Welt als Wille und Vorstellung nach dem vermutlich gravierendsten Gedankenstrich der deutschen Philosophie kollabiert, wird durch einen buddhologischen Appendix geradezu verhunzt: Der untergangsgefährdete Lebenswille kann sich im Verein mit der Vorstellungswelt des gelehrten Menschenverstandes wieder auf den festen Boden einer akademischen Fußnote retten. Der Schluß der *Parerga und Paralipomena* schließlich, also das Finale des Gesamtwerkes, bietet statt der *Antistrophe zum 73sten Venetianischen Epigramme*, deren satirische Pointe die von Goethe allemal überbietet, ein *Finale*, das von Schopenhauer zwar auch noch so betitelt, sonst aber nichts weniger als definitiv ist: Schopenhauer selber hat es im Handexemplar schon mit einem Fragezeichen versehen. In der Tat eignet sich dieses *Finale* bestenfalls für die Hochämter philosophischer Kirchengemeinden. Kurz: Schopenhauer läuft Gefahr, zum Verfasser echter »Senilia«, vom »Oligographen« zum Vielschreiber zu werden. Und die Frage ist nur zu berechtigt, ob eine der bearbeiteten Editionen der *Parerga* ihn zu jenem berühmten und mit denkbar größtem Recht als Schriftsteller GErühmten Autor gemacht hätte, zu dem ihn die Ausgabe von 1851 gemacht hat.

Die Aufgabe, die sich so stellt, läßt sich bildlich folgendermaßen fassen: Jene Fresken, deren Konturen von Schopenhauer selber ohne definitive Neuformung verändert, von den Bearbeitern übermalt worden sind – sie sind in ihrer letztgültigen Form wiederherzustellen. Und das sind die Ausgaben letzter Hand.

II. 9 Ebenso umstritten wie die Erschließung der Handexemplare war und ist schließlich die Frage, in welcher Reihenfolge eine Schopenhauer-Gesamtausgabe anzuordnen sei. In seinem Brief vom 5. Januar 1852 an Ernst Otto Lindner und in seiner »Vorrede zu *opera omnia*« in den »Senilia« hat Schopenhauer eine »zweckmäßige Ordnung« angegeben, in der seine Werke zu lesen seien, nämlich »1) 4fache Wurzel. 2) Welt als Wille und Vorstellung. – 3) Wille in der Natur. 4) Ethik. 5) Parerga. – Die Farbenlehre geht für sich.« (Arthur Schopenhauer, *Der handschriftliche Nachlaß*. Hrsg. Arthur Hübscher. Bd. IV, 2, Frankfurt a. M. 1975, S. 33, und *Gesammelte Briefe*, a. a. O., S. 273 f.). Diese Anordnung ist in modifizierter Form – die Farbenlehre wurde der »4fachen Wurzel« angeschlossen – zur Grundlage der Gesamtausgabe Frauenstädts, dann der historisch-kritischen Ausgabe Hübschers geworden. Bereits Grisebach hat aber gegen Frauenstädts Einrichtung argumentiert, daß gerade die ausdrückliche LESEanweisung Schopenhauers auf eine andere DRUCKanordnung verweise. Man darf hinzufügen: Die Abschwächung der ursprünglich empfohlenen »gehörigen« zu einer bloß »zweckmäßigen« Ordnung in der zitierten »Vorrede« unterstreicht den didaktischen Charakter der Leseanweisung.

Ganz und gar unabhängig von dieser Interpretation, die man teilen mag oder nicht, lassen aber die Briefe Schopenhauers vom 8. August 1858 und vom 22. September desselben Jahres, desgleichen die Briefe vom 10. und vom 18. Februar 1860, die der anderslautenden »Vorrede zu *opera omnia*« zeitlich folgen, also Schopenhauers letztes Wort in dieser Frage sind, keinerlei Zweifel daran, daß eine künftige Gesamtausgabe unter dem Motto »Non multa« mit den beiden Bänden der *Welt als Wille und Vorstellung* begonnen, im dritten Band mit den kleineren Schriften fortgesetzt und mit den beiden Bänden der *Parerga und Paralipomena* abgeschlossen werden sollte. Diese Verfügung und keine andere ist Schopenhauers Druckanordnung letzter Hand.

Daher noch einmal Schopenhauers eigene, letzte Worte, am 18. Februar 1860 an F. A. Brockhaus:

»Ewr Wohlgeborn stellen, in Ihrem werthen Schreiben, die Reihenfolge meiner Werke, in der projektirten Gesammtaufl, so auf, wie ich sie Ihnen Anfangs angegeben hatte: dabei vergessen Sie, daß ich, in einem gleich darauf folgenden Briefe, Ihnen geschrieben habe, daß ich, bei besserer Ueberlegung, gefunden hatte, daß die 4 kleinen Schriften Band III ausmachen müßten, die Parerga aber Bd: 4 & 5. Diese Anordnung schlagen Sie mir jetzt selbst vor: wir sind also darüber einig: dieselbe ist nothwdg, weil die kleinen Schriften (mit Ausnahme der Farbenlehre) integrirende Theile meiner Philosophie sind, also sich an das Hauptwerk schließen; nicht aber so die Parerga, welche *de omnibus rebus & quibusdam aliis* handeln.«

Angesichts dieser denkbar klaren Verfügung kann man, stellvertretend, die Apologie Frauenstädts für sich sprechen lassen: Er zeigt sich davon »überzeugt«, daß der Meister schließlich selber auf die abweichende »Anordnung gekommen wäre«, zu der er sich »für berechtigt gehalten« hat. Gewiß, gewiß – wenn er nur lange genug gewartet hätte...

II. 10 Ähnlich Symptomatisches läßt sich indessen auch an den Verlautbarungen und Maßnahmen etlicher anderer Bearbeiter beobachten. Grisebach etwa beanspruchte zwar, sich strikt an die Ausgaben und die Druckanordnung letzter Hand gehalten zu haben und der wahre literarische Testamentsvollstrecker Schopenhauers zu sein. In diesem editorischen Voll- und Hochgefühl veranstaltete er über die »FRAUENSTÄDT'SCHE Ausgabe LETZTER Hand«, wie es mit unverhohlenem Hohn hieß, ein Jüngstes Gericht, das sie als Ausgabe ohne jeden »wissenschaftlichen Werth« stigmatisierte, ja, ihr vorwarf, nicht nur die Titel zweier Einzelbände frei erfunden, sondern sogar ganze Textteile »in die Tasche gesteckt« und »(offenbar absichtlich) unterschlagen« zu haben (a.a.O., Bd. VI, S. 366ff.). Der Leser dieser Invektiven konnte sich nur wundern, daß ein Herausgeber mit derart kriminellen Energien bis zu seinem Tode frei herumlaufen durfte.

Aber Grisebach mußte sich alsbald noch massenhaftere Textentstellungen vorrechnen lassen. Erstaunlicherweise war er, wie ihm vor allem Wagner, dann Deussen nachwies, der nicht sowohl kritisierten als kriminalisierten »FRAUENSTÄDT'SCHEN Ausgabe LETZTER Hand« selber im ganzen gefolgt; er hatte sie nur anhand der wirklichen Ausgaben letzter Hand einer flüchtigen Korrektur unterzogen. Dabei aber waren nicht nur zahllose Fehler mitgeschleppt, sondern etliche weitere produziert worden. Schlimmer: Auch Grisebach, dieser nur begrenzt »edle Fanatiker«, hatte sich in der Anordnung seiner Ausgabe über die klaren Bestimmungen Schopenhauers, auf die er berechtigterweise so viel Wert gelegt hatte, souverän hinweggesetzt. Auch er war nach der Methode Prokrustes tätig geworden – vermutlich, weil der Meister bei noch längerer Überlegung als im Falle Frauenstädts just auf SEINE Einrichtung gekommen wäre.

Paul Deussen, der nächste, zweifellos äußerst verdienstvolle Gesamtherausgeber, strebte zwar wiederum einen »durchaus treuen Abdruck« der Ausgaben letzter Hand von »absoluter Korrektheit« an (Bd. I, a. a. O., S. XIII f.). Die »offenbaren Druckfehler« sollten dabei freilich nicht eingeschlossen sein. Und Deussens editorisches Gesamtkonzept wurde bereits im dritten Band seiner Gesamtausgabe revidiert. Dafür unterlief ihm, als ob er Schopenhauers Lehre von der »ewigen Gerechtigkeit« auf dem Felde der Edition hätte illustrieren wollen, buchstäblich »a priori« – bei der überhaupt ersten von ihm versuchten Korrektur – die beschriebene eklatante Verschlimmbesserung. Und es gelang ihm, ebenfalls in der Vorrede zu seiner Gesamtausgabe, eine womöglich noch aufschlußreichere Fehlleistung. Erklärtermaßen wollte er Schopenhauer von »schalen Schlagworten« wie »Pessimismus« oder gar »Atheismus« befreien. Zu diesem Behufe entdeckte er denn auch sogleich das »Tiefchristliche der Weltanschauung Schopenhauers« – eine Entdeckung, die es ihm gestattete, den Meister ohne Wenn und Aber als »philosophus christianissimus« auszurufen. Ein paar Zeilen weiter lieferte er indes unfreiwillig den symptomatischen Text zu diesem Kommentar, dem man verblüffende Assimilationsfähigkeiten kaum absprechen kann: Er qualifizierte Schopenhauers Schreibweise »Säligkeit« statt »Seeligkeit« als »völlig belanglose« orthographische Eigentümlichkeit ab. Die Ermahnung Schopenhauers an seinen »lieben Setzer« hingegen hatte den größten Wert auf just diese Belanglosigkeit gelegt. Den philosophischen und religiösen Grund gab dann das Manuskriptbuch »Senilia« an die Hand: Schopenhauer verwahrt sich dort mit

Bestimmtheit gegen die theologische Ableitung des Wortes von der »Seele« (*Der handschriftliche Nachlaß*, a.a.O., Bd. IV, 2, S. 30). Der »philosophus christianissimus« ging offenbar andere Wege, als die wiedertäuferischen Deutungskapazitäten seines editorischen Interpreten es zulassen konnten.

Auch Otto Weiß, der an sich als Besitzer der Handexemplare längere Zeit privilegiert war, wollte offenbar nicht hinter der Symptomproduktion seiner Vorgänger zurückstehen. Aus der genauen Kenntnis seines privatisierten Besitzes bezeigte er zwar ein großes Maß an editorischem Problembewußtsein. Das hinderte ihn indes nicht, in seiner nur bis zum zweiten Band gediehenen, »kritisch-dogmatisch« (sic!) und »historisch-exegetisch« bearbeiteten Gesamtausgabe – der »wissenschaftlich endgültigen«, wie es ohne falsche Bescheidenheit hieß (Bd. I, Leipzig 1919, S. V) – einen signifikanten Teil der Anweisungen Schopenhauers für die geplante Gesamtausgabe als »beiläufig« zu übergehen (a.a.O., S. XXII). Der »beiläufige« Teil aber enthielt nichts anderes als Schopenhauers testamentarischen Fluch.

Die Krone unter den bearbeiteten Gesamtausgaben gebührt jedoch ohne Zweifel der Edition Löhneysen. Die fälschliche Verheißung »Sämtlicher Werke« in ihrem Titel läßt ein erstaunlich unbekümmertes Verhältnis zur philologischen Wahrheitsfindung erkennen. Auf die Ausgaben letzter Hand geht sie nach eigenem Bekunden immer wieder zurück, ohne sie zu erreichen oder sich an sie zu halten. In ihrer Gliederung folgt sie weder Schopenhauers Leseordnung noch seiner letztgültigen Druckanordnung, noch konsequent einem chronologischen oder einem systematischen Prinzip, sondern richtet ein Potpourri der verschiedensten Grundsätze an. In der Textkritik fällt sie trotz einiger bedenkenswerter Lesarten und beherzigenswerter Überlegungen hinter die Edition Hübscher zurück. Wie schon angedeutet, modernisiert sie den generös eingeräumten, »sicherlich vorhandenen Sprachrhythmus Schopenhauers«, seine Interpunktion und seine Orthographie durchgreifend, obwohl sie zu der richtigen Erkenntnis gelangt, daß sich bei der Übertragung Schopenhauers »in die gegenwärtige Schreibweise (...) neue Schwierigkeiten« ergeben (a.a.O., Bd. V,

S. 830f.). Dabei bringt sie jedoch das Kunststück fertig, seine Werke »unter Wahrung« ihrer »Eigentümlichkeiten« (Bd. I, S. 726f.) der heutigen Rechtschreibung anzugleichen: fürwahr eine editorische Quadratur des Zirkels! Der Schopenhauer über alles verhaßten Buchstaben- und Silbenknickerei hat sie ohnehin – »pennywise and poundfoolish« – bereitwilligst ihren Tribut entrichtet. Wenn Schopenhauers schöne Idee, eine mit Strafgebühren operierende orthographische Zensur einzurichten, Wirklichkeit geworden wäre, dann hätte diese »si-Deo-placet-Philologie« sicherlich einen monumentalen Preis zu zahlen gehabt. Wie dem auch sein mag: Sprach- und Textverhunzung tut offenbar not. Vermutlich ist es das Syndrom all dieser Eigentümlichkeiten gewesen, welches die Edition Löhneysen gleich zweimal zum Großprodukt eines bekannten Frankfurter Doppelverlages qualifiziert hat, der zumindest teilweise einmal der deutschen Literatur verpflichtet war. Und damit wir auch wissen, was wir an der Editionswissenschaft haben, hat die Ausgabe ihr kommerzielles Domizil außerdem noch in einer Buchgesellschaft gefunden, die in ihrem Namen das Prädikat »wissenschaftlich« führt.

Um so mehr fällt auf der anderen Seite ein Votum der Editionsgeschichte ins Gewicht, das von einem durchaus konträren Geist bestimmt ist: Es ist die Denkschrift, die der bereits mehrfach erwähnte Gustav Friedrich Wagner unmittelbar im Anschluß an die Invektiven Grisebachs gegen Frauenstädt für den Brockhaus-Verlag verfaßt hat. Leider ist sie im ganzen nicht erhalten; der Edition Hübscher ist es zu danken, daß sie dieses ihr im Prinzip widersprechende Votum wenigstens auszugsweise dokumentiert hat. Denn Wagner, der vor Hübscher wohl beste Schopenhauer-Kenner, hielt »merkwürdigerweise (...) im wesentlichen (...) an dem Verlangen der buchstäblichen Wiedergabe der Ausgaben letzter Hand fest« (Edition Hübscher, Bd. I, Wiesbaden 1972³, S. 20f.): »Man solle, meinte er in seiner Denkschrift, genau das Original überliefern und es jedem selbst überlassen, was er dabei denken wolle, nicht aber seinem Urteil durch Berichtigungen vorgreifen. Habe das Original Mängel und Unebenheiten, so gingen diese auf Verantwortung des Autors, und der Leser, der den Philosophen liebgewonnen habe, werde sie nicht missen wollen: er werde es vorziehen, ›eine das Original mit allen seinen etwanigen Ecken und Kanten wiedergebende Ausgabe zu besitzen, als das abgerundete und abgeschliffene Werk eines Herausgebers‹.« Dem ist nur noch hinzuzufügen, daß Wagners Votum erst in der vorliegenden Ausgabe seinen editorischen Ausdruck gefunden hat.

II. 11 Wagners Stellungnahme hat außerdem den Vorzug, daß sie neben dem Respekt vor den Texten jenes menschliche Interesse nicht verleugnet, das auch auf dem sonst so dürren und weiten Feld der Philologie nicht verlorengehen sollte. Wer je den so unvergleichlich lebendigen Briefwechsel Schopenhauers mit Brockhaus wirklich zur Kenntnis genommen hat, kann sich diesem Interesse kaum entziehen. Analog zu Schopenhauers »Metaphysik der Geschlechtsliebe« zeichnet sich in diesem Briefwechsel nichts Geringeres als eine psychologisch grundierte »Metaphysik der Textliebe« ab. Denn der Einzelgänger Schopenhauer, der den »generativen« Narzißmus aller Schöpfer, Zeuger und Erzeuger nicht teilen konnte; dem seine Einsicht in die Nichtigkeit und das Leiden des Lebens eine »creatio continua« verbot; der folgerichtig nach seinem jugendlichen Trieb und Drang nur noch die philosophische »Frucht seines Daseyns« (*Gesammelte Briefe*, a.a.O., S. 29f.) »in die Welt« setzte (ibid., S. 202), hat sich nach seinem immer wieder erneuerten Bekunden als Mutter und Vater eines organisch »concrescirenden« Kindes gefühlt: in seinen frühen Berliner Jahren mit einer geradezu obsessiven Intensität. In seinem extremen Schwanken zwischen Urheberschafts-Freude und Niedergeschlagenheit; in seiner tiefen Sorge, ja, panischen Angst, es könne seinem Kind etwas genommen werden; in seiner Lust, wenn er sich an einem korrekten Druck buchstäblich »weiden« konnte; in seiner »göttlichen Grobheit« und seinem »heiligen« Zorn, wenn sich jemand »lukrirend«, verhunzend an dieser organischen Einheit verging, hat Schopenhauer zu erkennen gegeben, daß es dabei nicht etwa um einen bloßen Topos zu tun war. Und die »Jetztzeit« sollte, wenn schon nicht seinen Fluch fürchten, so doch die »Frucht seines Daseyns« achten. Wem aber solche

»Metaphysik der Textliebe« zu spekulativ oder auch zu psychologisch erscheint, der respektiere wenigstens den von seinem Urheber autorisierten Text.

II. 12 Als das gemeinsame Denk- und Editionsmuster fast aller Bearbeiter hat sich indessen gezeigt, daß sie sich nur zu gerne an die Stelle des Urhebers selber setzen. Sie führen dann allemal statt seines wirklichen seinen wahren Willen aus und interpretieren seine eindeutigen Anweisungen mit Vorliebe dem »Sinne« oder gar der »Idee« nach.

Ein überaus schönes Beispiel solcher Editionspathologie hat ein Beitrag Helmuth von Glasenapps geliefert. Denn ihm gelang es, sogar Schopenhauers Fluch, der strikteste Wortwörtlichkeit gebietet, nicht wortwörtlich, sondern eben »sinngemäß« (*29. Jahrbuch der Schopenhauer-Gesellschaft*, S. 257) zu verstehen. Flüche aber wollen immer wörtlich genommen sein – ganz zu schweigen von diesem Fluch.

Die Einfühlung in den wahren Willen des Urhebers setzt freilich eine Art von Begegnung mit ihm voraus. So konnte es denn auch nicht ausbleiben, daß Schopenhauer von einigen seiner Bearbeiter noch einmal auf eine Seelenwanderung gebracht wurde, bei der der Meister nicht nur auf seine Jünger traf, sondern ihnen auch auf das zuverlässigste soufflierte. Die stupenden Prognosen Frauenstädts, des literarischen Testamentsvollstreckers, über die wahrscheinlichen Entwicklungen seines Auftraggebers gehören hierher; desgleichen die hoffnungsvolle »metaphysische Spekulation« von Glasenapps (a.a.O., S. 266), der die »Wiederverkörperung« von Schopenhauers »wahrem Wesen« »in einer neuen zeitgemäßen Form« erwarten zu können glaubt. Ja, über Leichen, die nicht mehr der realen, sondern nur noch der idealen Kommunikationsgemeinschaft angehören, läßt sich dergleichen ungestört behaupten! Eine gehörige Portion Mut ist diesen Bearbeitern allerdings nicht abzusprechen: Was wäre geschehen, wenn sie dem seelenwandernden Meister wirklich über den Weg gelaufen wären...

Die Edition Löhneysen ist im Vergleich dazu geradezu ehrlich: Sie erklärt mit wünschenswertester Offenheit, daß »der Fluch Schopenhauers und seine Ansichten über den Schreibstil seiner Zeit (...) bei der textkritischen Arbeit an seinen Werken ein Hindernis« sind (a.a.O., Bd.V, S.829). Wer wird da nicht die »Hindernisse«, i.e. die autorisierten Fassungen der Texte, aus dem Wege räumen wollen! Und damit wir auch gleich, noch über von Glasenapps Bravourleistung hinaus, ein Musterbeispiel solcher Hindernisbeseitigung vor uns haben, greift der Herausgeber bei der textkritischen Bearbeitung eben dieses Fluches auf dem knappen Raum von nicht einmal zehn Zeilen nicht weniger als vierzehnmal »beschneidend« und verändernd in den überlieferten Text ein.

Etwas ernsthafter, mit der Umkehrung von Schopenhauers Druckanweisung an seinen »lieben Setzer« gesagt: Sein Werk war offenbar der »Leib«, der Herausgeber in seiner Rolle als Bearbeiter zumindest in der Sprachform die »Seele«. Gewiß wäre es weit übertrieben, hier das Beispiel der Nietzsche-Edition zu zitieren, in der sich der Wille zur Macht in seiner Eigenschaft als Wille zur Auslegung der Edition der Texte bemächtigt hat. Dennoch: Auch die Geschichte der Schopenhauer-Gesamtausgaben zeigt, daß der editorische Wille, der SICH nicht gewendet hat, sich gerne gegen den des Autors wendet. Der relativ sicherste Weg hingegen, sich an dessen wahren Willen zu halten, ist immer noch der, daß man sich – mit dem Respekt vor einem nicht so sehr »juridischen« als literarischen Vermächtnisgedanken – an seinen wirklichen Willen hält.

III.

Aus den beschriebenen Gründen und Motiven bietet die vorliegende Ausgabe den »genauen, unverkümmerten und unverfälschten Abdruck« der Werke Schopenhauers in den Fassungen und in der Anordnung letzter Hand.

Als erste und einzige folgt sie ihnen satz-, wort-, silben-, buchstaben- und interpunktionsgetreu.

Als erste und einzige befolgt sie, zweihundert Jahre nach Schopenhauers Geburt, mehr als einhundertfünfundzwanzig Jahre nach seinem Tode, mehr als hundert Jahre nach der ersten Gesamtausgabe, den kategorischen Imperativ der Schopenhauer-Edition, der sich aus ihrem Apriori ergibt: der Tatsache, daß Schopenhauer uns seine Werke allein in den Fassungen letzter Hand autorisiert hinterlassen hat.

Im einzelnen sind das in der von Schopenhauer letztgültig bestimmten Reihenfolge:

Die Welt als Wille und Vorstellung. Dritte, verbesserte und beträchtlich vermehrte Auflage. Leipzig 1859.

Ueber die vierfache Wurzel des Satzes vom zureichenden Grunde. Zweite, sehr verbesserte und beträchtlich vermehrte Auflage. Frankfurt a.M. 1847.

Ueber den Willen in der Natur. Zweite, verbesserte und vermehrte Auflage. Frankfurt a.M. 1854.

Die beiden Grundprobleme der Ethik. Zweite, verbesserte und vermehrte Auflage. Leipzig 1860.

Ueber das Sehn und die Farben. Zweite, verbesserte und vermehrte Auflage. Leipzig 1854.

Parerga und Paralipomena. Berlin 1851.

Die lateinische *Theoria Colorum* von 1830 wurde hier nicht aufgenommen. Schopenhauer hat ihr zwar, auch bei der zweiten Auflage der Farbenlehre noch, einen »Werth, zumal für das Ausland«, zugebilligt. Und eine Ausgabe seiner »Sämtlichen Werke« müßte sie zweifellos einschließen. Er hat sie aber in seine letztwillige editorische Verfügung nicht mehr eingeschlossen. Für eine Ausgabe letzter Hand kommt sie ohnehin, wie die erste Fassung der Dissertation, nicht in Betracht, man müßte sie denn als völlig eigenständiges Werk qualifizieren.

Dafür wurden die Reisetagebücher des jungen Schopenhauer hinzugefügt. Sie sind ein biographisch, philosophisch und literarisch einzigartiges Dokument, über dessen Bedeutung die Einleitung zum siebenten Band dieser Ausgabe Auskunft gibt.

Auch auf die Ausstattung – »großen Druck, großes Format, scharfe Lettern und weißes Papier« (*Gesammelte Briefe*, a.a.O., S.37) – wurde derselbe Wert gelegt, den Schopenhauer all dem von seiner ersten bis zu seiner letzten editorischen Verfügung beigelegt hat: Die Metaphysik der Textliebe kennt keine Trennung zwischen »Körper« und »Seele« (*Der handschriftliche Nachlaß*, a.a.O., Bd.I, S.55), zwischen Geist, Buch- und Buchstaben-Leib. Die Größe des Druckes zumal war Schopenhauer so wichtig, daß er die Einhaltung bestimmter Minimalgrößen geradezu gesundheitspolizeilich überwacht sehen wollte. Die Herstellung des üblichen, Gesundheit und Intellekt schädigenden »Augenpulvers« (*Gesammelte Briefe*, a.a.O., S.199) war ihm nicht weniger zuwider als das »Lukriren«, die Silben- und Buchstaben-Knickerei.

Freilich kann auch diese Ausgabe letzter Hand nicht ganz umhin, der Gegenwart ihre Konzessionen zu machen.

Sie tut das, indem sie die »Lettern« modernisiert. Schopenhauer heute noch in Fraktur zu drucken – das käme der Fortsetzung seiner »Sekretirung« mit den bekannten »anderen«, das heißt hier drucktechnischen Mitteln gleich. Die in den Originalvorlagen in Antiqua gesetzten Textteile erscheinen in unserem Schriftbild *kursiv*; aus Sperrungen wurden KAPITÄLCHEN.

Diese Ausgabe wird außerdem nicht daran vorbeikommen, sich »selbst zu empfehlen« (*Gesammelte Briefe*, a.a.O., S.202), obwohl der Herausgeber die Abneigung des entsprungenen Kaufmannssohnes Schopenhauer gegen die »Annoncen« und »Praeconia«, vulgo: gegen die Reklame der Kaufleute teilt und mit ihm nur zu gerne glaubte: »good wine needs no bush« (a.a.O., S.445). Das Verlangen, sich »ohne Empfehlung in die Welt« gesetzt zu sehen (a.a.O., S.202), käme indessen in dieser unserer Gesellschaft dem – sonst gewiß verständlichen – Wunsch, sich überhaupt nicht in die Welt gesetzt zu sehen, gleich. Immerhin hat auch Schopenhauer, der als guter Rechner zugleich ein Kaufmannssohn blieb, gelegentlich einen »angemessenen Trompetenstoß« (a.a.O., S.447) so wenig verschmäht, daß das unter Umständen selbst seinem Verleger zuviel werden konnte. Wo der aber seinerseits allzusehr die Trommel rühren wollte, hielt Schopenhauer entschieden an der Grenze zwischen Werbung und Wahrheit fest.

Schließlich bleibt auch dieser Ausgabe nichts anderes übrig, als mit etlichen Übersetzungs- und Verständnis-Hilfen die Lektüre dieses vermutlich größten Zitierers und Lesers der Philosophie-Geschichte zu erleichtern. Seine »sackgroben« Invektiven gegen die ganze »Deutschmichelei« mit ihrem kleinbürgerlich pedantischen und puristischen »Gebelle«; gegen den »unglücklichen Einfall« der Deutschen, »die termini technici aller Wissenschaften verdeutschen zu wollen« und damit deren wesentlichsten Vorteil – die Verfremdung eingefahrener Ideen-Assoziationen – zu verspielen; schließlich gegen die »Infamie« und »Schweinerei«, die alten Sprachen als Bildungsmittel kosmopolitischer Gelehrsamkeit und aufgeklärter Humanität zu desavouieren und griechische, ja, selbst lateinische Autoren mit deutschen Übersetzungsnoten herauszugeben – das alles ist heute, im Zeichen der fortschreitenden sekundären Analphabetisierung, mehr denn je lesens- und beherzigenswert. Aber der Verzicht auf besagte Noten oder auf die Kaufmannsempfehlungen liefe wie die Beibehaltung der Fraktur auf Schopenhauers erneute »Sekretirung« hinaus.

Allerdings fügt diese Ausgabe die deutschen Noten nicht unmittelbar in den Text ein, sondern faßt sie in diesem Beibuch zusammen. Das hat pragmatische Gründe, weil es unnötige Wiederholungen erübrigt; ästhetische, weil es verhindert, daß der Text mit einem Drahtverhau eckiger Klammern durchsetzt wird, der so etwas wie einer editorischen Käfighaltung gleichkäme. Vor allem aber sollte jenes schöne Phänomen vermieden werden, das in der neueren Linguistik und Kommunikations-Theorie als »pragmatische Paradoxie« – vulgo: als Selbstwiderspruch im Sprechakt – bekannt ist. Zur Erläuterung sehe man sich ein letztes Mal die bereits mehrfach zu Ehren gekommene Edition Löhneysen an. Denn deren Editor hatte zwar im Gegensatz zu den »unglücklichen Einfällen der Deutschen« den durchaus glücklichen, wenigstens die zitierten »termini technici« nicht verdeutschen zu wollen. Das konnte den Herausgeber nach eigenem Fußnotenbekenntnis (a.a.O., Bd. V, S. 573) und in Übereinstimmung mit seinen sonstigen Modernisierungs-Maximen aber nicht hindern, selbst Schopenhauers lateinischen Invektiven gegen die deutschen Übersetzungen die deutsche Übersetzung folgen zu lassen: »(pro pudor! [welche Schande!])« (a.a.O., Bd. V, S. 573) oder gar »(horribile dictu! [schrecklich zu sagen!])«. Denn wie »soll doch der Schüler Latein lernen, wenn ihm immer in der Frau-Mutter-Sprache dazwischengeredet wird? Daher war ›In schola nil nisi latine‹ [In der Schule spricht man nur Latein] eine gute alte Regel« (ibid., S.671). Ja, wie soll er nur?

So macht es sich die vorliegende Ausgabe zur Regel, dem deutschen Autor mit seinen lateinischen und anderen Noten wenigstens nicht immer in der Frau-Mutter-Sprache dazwischenzureden. Denn ihm gebührt auch hier ein unverkümmerter und ungestörter Abdruck seiner Werke und Worte: gemäß den Prinzipien einer Ausgabe letzter Hand.

Will man zur »Epiphilologie« [?] aber noch einen Gedanken an die Frage wenden, warum hier bis ins letzte Detail über »Gelehrsamkeit und Gelehrte« wie über »Sprache und Worte«, über »Lesen und Bücher« wie über »Schriftstellerei und Stil« geredet wird, dann kann den Gelehrten, den Schriftstellern, den Lesern der wunderbar prägnante Satz Schopenhauers über den zweiten Band der *Welt als Wille und Vorstellung* antworten (*Gesammelte Briefe*, a.a.O., S.202): »Das Buch ist wahrlich die Arbeit meines ganzen Lebens, und ein Leben ist eine kurze Zeit für so ein Buch.«

Wahrhaftig: Das Buch – ein Leben; die Arbeit dieses Lebens – was für ein Buch.

ÜBERSETZUNG UND NACHWEIS DER ZITATE

BAND I:
DIE WELT ALS WILLE UND VORSTELLUNG I

Fremdwörter, die im Fremdwörter-Duden zu finden sind, werden nicht gesondert aufgeführt.
Schopenhauers Verweise auf seine eigenen Schriften, die in dieser Ausgabe enthalten sind, werden hier aufgeschlüsselt, wenn es sich um Seitenzahlen und nicht nur um Kapitel und Paragraphen handelt.
Die Anordnung der Zitate erfolgt nach Seiten- und Zeilenzahl (Leerzeilen und Kolumnentitel nicht mitgezählt).

1, 10 Non multa [sed multum]. »Nicht vielerlei [sondern viel]« (vermutlich nach Plinius, Epistulae, VII, 9, 15: Aiunt multum legendum esse, non multa. »Man sagt, man solle viel lesen, nicht vielerlei.«)

3, 11 Ob nicht Natur... (Goethe, »Herrn Staatsminister von Voigt zur Feier des 27. September 1816«)

7, 11 Quam multa fieri... »Wie vieles hält man für unmöglich, bevor es ausgeführt ist?« (Plinius, Historia naturalis, 7, 1)

12, 24 paucorum hominum. »[Sache] weniger Menschen«. (Horaz, Saturae, I, 9)

22, 19 medicina mentis. »Arznei für den Geist« (sprichwörtlich)

22, 20 un petit cours... »ein kleiner Kursus in gesundem Menschenverstand«

23, 32 Sekretiren. (Goethe, Tag- und Jahreshefte, 1821)

24, 6 primum vivere, deinde philosophari. »Zuerst leben, dann philosophieren.« (sprichwörtlich)

24, 9 povera e nuda... »arm und nackt gehst du einher, Philosophie« (Petrarca, Il canzoniere, 1, 7)

27, 10 si quis,... »Wenn einer, der den ganzen Tag gelaufen ist, gegen Abend ankommt, so ist es genug.« (Petrarca, De vera sapientia, dial. I, B, ed. Venetiana)

29, 9 Sors de l'enfance, … »Laß die Kindheit hinter dir, Freund, erwache!« (Jean-Jacques Rousseau, La Nouvelle Héloïse, 5, 1)

35, 33 in unserer Ausgabe Band III, S. 500ff.

38, 13 in unserer Ausgabe Band III, S. 91.

38, 35 Mira in quibusdam… »Erstaunlich ist die Angemessenheit der Worte für gewisse Dinge, und der Sprachgebrauch der Alten bezeichnet vieles in der treffendsten Weise.« (Seneca, Epistulae, 81)

48, 32 *σϰιας οναϱ ανϑϱωπος.* »Der Mensch ist der Traum eines Schattens.« (Pindaros, Pythia, VIII, 135)

49, 1 *Ὁϱω γαϱ ἡμας…* »Ich sehe, daß wir Lebenden nichts anderes sind als Truggestalten und ein flüchtig Schattenbild.« (Sophokles, Ajax, 125)

49, 7 We are such stuff… »Wir sind solcher Zeug / Wie der zu Träumen, und dies kleine Leben / Umfaßt ein Schlaf.« (Shakespeare, The Tempest, IV, 1; übers. v. Schlegel)

60, 35 veritas aeterna. »ewige Wahrheit« (sprichwörtlich)

67, 13 *ϑαυμαζειν.* »Verwunderung«

67, 14 *μαλα φιλοσοφιϰον παϑος.* »sehr philosophisches Gefühl« (nach Platon, Theaitetos, p. 155 D)

67, 26; 68, 23/30 = 60, 35

68, 26/28 aeternae veritates. »ewige Wahrheiten« (vgl. 60, 35)

69, 28 toto genere. »der ganzen Art nach«

75, 16 Few men think… (Berkeley, Three Dialogues between Hylas and Philonous, 2, Works, London 1784, vol. I, p. 160)

76, 3 = 69, 28

86, 27 dictum de omni et nullo. »der Satz [daß, was] von allem [gilt, auch von jedem einzelnen gilt] und [was von] keinem [gilt, auch von jedem einzelnen nicht gilt]«

86, 28 ex meris particularibus… »aus bloß partikularen oder negativen Prämissen folgt nichts, der Schluß von der Folge auf den Grund ist ungültig«

87, 1 Sextus Empiricus, Adversus mathematicos, L. 8, p. 112 seqq.

88, 11 mentiens, velatus, cornutus. »der Lügner, der Verhüllte, der Gehörnte« (Namen von Fangschlüssen des Megarikers Eubulides)

90/91 s. Tafel S. 48/49

99, 17 signatura rerum. »Kennzeichnung der Dinge« (Titel einer Schrift Jacob Böhmes, 1622)

100, 17 fühlt man Absicht... (Goethe, Tasso, II, 1)

100, 19 nemo potest personam diu ferre fictam. »Niemand kann lange eine verstellte Maske tragen.« (nach Seneca, de clementia, I, 1, 6: Nemo enim potest personam diu ferre. Ficta cito in naturam suam recidunt. »Niemand nämlich kann lange eine Maske tragen. Verstellung fällt schnell in ihre eigene Natur zurück.«)

105, 14 in unserer Ausgabe Band V, S. 147f.

114, 21 terminus minor; t. medius; t. major. »der engere Begriff bzw. Unterbegriff; der vermittelnde Begriff bzw. Mittelbegriff; der weitere Begriff bzw. Oberbegriff«

119, 7 *Ακριβεστερα δ' επιστημη...* »Genauer aber und vorzüglicher ist das Wissen, das uns gleichzeitig und zusammen einsehen läßt, daß etwas ist und warum es ist, und nicht voneinander getrennt, daß es sei und warum es sei.« (Aristoteles, Analytica posteriora, I, 27)

119, 16/20 qualitas occulta. »verborgene Eigenschaft« (Ausdruck der Scholastiker zur Bezeichnung der nicht weiter erklärbaren Wirkungen der Dinge)

124, 29 more geometrico. »nach Art der Geometrie«

124, 34 substantia, causa sui. »Substanz«, »Ursache ihrer selbst« (Spinoza, Ethica, prop. 7 bzw. prop. 24)

128, 14 ergo – bibamus! »Also – laßt uns trinken!« (Überschrift und Kehrreim eines Gedichts von Goethe)

129, 3/10 = 119, 16

130, 28 ex firmis principiis. »aus festen Grundsätzen«

130, 35 causa efficiens, causa finalis. »bewirkende Ursache, Endursache«

131, 36 ea demum vera est... »Diejenige Philosophie ist erst die wahre, welche die Worte der Welt aufs getreulichste wiedergibt und gleichsam nach dem Diktat der Welt niedergeschrieben ist und nichts anderes ist als das Abbild und die Widerspiegelung der Welt, auch gar nichts Eigenes hinzufügt, sondern nur wiederholt und widerhallen läßt.« (Bacon, De augmentis scientiarum, L. 2, c. 13)

135, 14 *σιδηρειον νυ τοι ἠτορ!* »Fürwahr, du hast ein eisernes Herz!« (Homer, Ilias, 24, 521)

136, 12 *τελος το ευδαιμονειν*... »das Ziel ist Glückseligkeit (alle Tugenden hätten die Glückseligkeit zum Ziel)« (Stobaios, Eclogae, L. II, c. 7)

136, 26 suum utile quaerere. »seinen Vorteil suchen« (Spinoza, Ethica IV, prop. 20)

137, 9 *Δει κτασαι*... »Man muß sich entweder Verstand anschaffen oder den Strick (zum Aufhängen)« (Plutarch, De repugnantiis stoicorum, c. 14)

137, 17 *Ου πενια λυπην*... »Nicht die Armut schmerzt, sondern die Begierde« (Epiktetos, fragmentum 25)

138, 5 *δει, ζην κατ̓*... »man muß leben gemäß der Erfahrung dessen, was naturgemäß zu geschehen pflegt« (Stobaios, Eclogae, Lib. 2, cap. 7)

138, 27 *αταραξια.* »unerschütterliche Gemütsruhe«

138, 31 Omnes perturbationes... »Sie meinen, daß alle Verstimmungen aufgrund von Urteil und Meinung entstehen.« (Cicero, Tusculanae disputationes, Lib. 4, 7)

138, 31 *Ταρασσει τους*... »Nicht die Dinge selbst verstimmen die Menschen, sondern die Meinungen über die Dinge.« (Epiktetos, Enchiridion, c. 5, in neueren Ausgaben c. 6)

138, 34 *Τουτο γαρ εστι*... »Dies ist die Ursache aller Übel der Menschen, daß sie nicht fähig sind, die allgemeinen Begriffe auf die einzelnen Fälle anzuwenden.« (Epiktetos, Dissertationes, 3, 26)

139, 9 bonum et malum. »Gut und Übel«

139, 22 *ὁμολογουμενως ζην · τουτο*... »Übereinstimmend

leben, das ist, nach einem einzigen Grundsatz und in Eintracht mit sich selbst leben.« (Stobaios, Eclogae, L. 2, c. 7)

139, 25 *αρετην διαθεσιν ειναι...* »Die Tugend bestehe in der Übereinstimmung der Geisteshaltung mit sich selbst während des ganzen Lebens« (ibidem)

140, 20 Qua ratione queas... »Wie du leichten Sinnes hinbringen mögest das Leben, / Daß die Begierde dich nicht, die ewig bedürftige, quäle, / Noch auch Furcht noch Hoffnung auf wenig nützliche Dinge« (Horaz, Epistulae, I, 18, 97)

143, 5 Nos habitat... »In uns wohnt er, nicht in der Unterwelt, aber auch nicht in den Sternen des Himmels: der Geist, der in uns lebt, bewirkt das.« (Agrippa von Nettesheim, Epistulae, V, 14)

147, 5 unité de plan. »Einheit des Planes«

153, 21 in unserer Ausgabe Band III, S. 215f.

153, 35; 154, 34 *κατ' εξοχην*. »im höchsten Sinne, schlechthin«

154, 33 = 69, 28

159, 30 in unserer Ausgabe Band III, S. 406f. und S. 531ff.

162, 20 *Ως γαρ ἑκαστος...* »Denn wie jeder besitzt der leicht sich biegenden Glieder / Bildung, diesem gemäß wohnt auch der Sinn in den Menschen; / Denn dasselbige ist der Geist und der Glieder Gestaltung / Stets für jeglichen, denn maßgebend ist die Gesinnung.« (Parmenides, nach Aristoteles, Metaphysica, III, 5)

163, 36 = 69, 28

164, 19 denominatio a potiori. »Benennung nach dem Vorzüglicheren«

166, 30 principium individuationis. »das Prinzip der Individuation, d.h. der Existenzgrund der Einzelwesen«

170, 31 Hedysarum gyrans; Mimosa pudica. »Telegraphenpflanze bzw. bengalischer Schildklee; Mimose«

172, 35 in unserer Ausgabe Band III, S. 387ff.

175, 23 = 69, 28

178, 9 = 119, 16

181, 19 forma substantialis. »wesentliche Form«

181, 34 = 119, 16

183, 32 Si [enim] pecora essemus... »Wären wir Tiere, so würden wir das fleischliche Leben und was seiner Sinnesrichtung entspricht, lieben und hätten an diesem Gut unser Genügen, und würden weiter, wenn es in dieser Hinsicht wohl um uns stände, nichts anderes verlangen. Ebenso, wären wir Bäume, so könnten wir zwar nichts empfinden und durch Bewegung erstreben, aber wir würden eine Art Streben nach dem bekunden, wodurch wir fruchtbarer wären und reichlicheren Ertrag brächten. Wären wir Steine, oder Wogen, oder Wind oder Flamme oder etwas dergleichen, ohne irgendwelches Bewußtsein und Leben, so würde uns doch eine Art von Streben nach der uns zukommenden Stelle und Einordnung nicht mangeln. Denn in den Bewegungen der Schwerkraft kommt gleichsam die Liebe der leblosen Körper zum Ausdruck, mögen sie nun vermöge der Schwere nach unten oder vermöge der Leichtigkeit nach oben streben: denn der Körper wird gerade so durch sein Gewicht wie der Geist durch die Liebe dahin getrieben, wohin er getrieben wird.« (Augustinus, De civitate Dei, XI, 28)

184, 16 = 119, 16

184, 28; 185, 10 = 166, 30

186, 1 per impossibile. »unmöglicherweise«

186, 5 Ich weiß... (Angelus Silesius, Der Cherubinische Wandersmann, I, 8)

187, 18 *ὁ Πλατων φησι...* »Platon lehrt, daß die Ideen in der Natur gleichsam als Musterbilder dastehn, die übrigen Dinge aber ihnen nur gleichen und als ihre Nachbilder bestehen.« (Diogenes Laërtios, III, 12, §13)

188, 30 = 119, 16

196, 12 éclaircissements. »Erläuterungen«

200, 1 = 119, 16

201, 7 generatio aequivoca. »Urzeugung« (das Entstehen lebendiger Wesen aus unbelebter Materie)

202, 12 [Il me paroît que] le calorique... »[Mir scheint,] die Wärme und die elektrische Materie genügen vollkommen, um die wesentliche Ursache des Lebens auszumachen.« (Lamarck, Philosophie zoologique, T. II, chap. 3)

203, 13 Kant. (vgl. Kant, Kritik der Urteilskraft, §75)

203, 23/24 = 181, 19

203, 23 forma accidentalis. »zufällige Form; beiläufiger, gelegentlicher Charakter«

204, 4 l'unité de plan... »die Einheit des Plans, die Gleichförmigkeit des anatomischen Elements« (vgl. 147, 5)

206, 8 Encheiresin naturae... (Goethe, Faust I, 1940f.)

206, 15 = 201, 7

206, 20 serpens, nisi serpentem... »Die Schlange wird nicht zum Drachen, es sei denn, sie habe eine Schlange verschlungen.« (Bacon, Sermones fideles, 38, De fortuna)

208, 17 *ει γαϱ μη*... »denn wenn der Streit nicht den Dingen innewohnte, so würde alles Eines sein, wie Empedokles sagt« (Aristoteles, Metaphysica, 2, 4)

208, 35 homo homini lupus. »der Mensch dem Menschen ein Wolf« (Plautus, Asinaria, 2, 495)

209, 17 (nach Washington Irving, Bracebridgehall, Vol. I, p. 118)

212, 1 = 166, 30

212, 36 in unserer Ausgabe Band III, S. 234ff. und S. 252ff.

214, 35 Causa finalis movet... »Die Endursache wirkt nicht nach ihrem wirklichen, sondern nach ihrem erkannten Wesen.« (nach Suarez, Disputationes metaphysicae, disp. 23, sect. 7 et 8)

223, 31 consensus naturae. »Übereinstimmung der Natur«

227, 5 = 69, 28

231, 8 *Τί τὸ ὂν μὲν ἀεὶ*... »Was ist das ewig Seiende, das keine Entstehung hat; und was ist das Entstehende und Vergehende, aber niemals wahrhaft Seiende?« (Platon, Timaios, 27D)

234, 33 *οντως ον*. »wahrhaft seiend«

235, 32 *δοξα μετ' αισθησεως αλογου.* »Meinung mittels vernunftloser Wahrnehmung«

237, 9 *καθ' ἑαυτο…* »an sich, immer auf die gleiche Weise« (Platon, Phaidon, 78D)

237, 11 *αει ον, και μηδεποτε…* »immer seiend, und doch niemals entstehend oder untergehend« (nach Platon, Timaios, 27D; vgl. 231, 8)

238, 33 *Εισι δη ναρθηκοφοροι…* »Viele tragen den Thyrsosstab, doch wenige werden Bacchanten.« (Orphisches Sprichwort, zitiert Platon, Phaidon, 69C)

239, 1 *'Η ατιμια φιλοσοφια…* »Die Philosophie ist deshalb in Verruf geraten, weil man sich nicht mit ihr beschäftigt, wie es ihrer Würde gebührt: denn nicht die Bastarde, sondern die Rechtmäßigen hätten sich mit ihr befassen sollen.« (Platon, Res publica, VII, 535C)

241, 5 Nunc stans. »ein beharrendes Jetzt; eine ständige Gegenwart« (Albertus Magnus, Summa theologiae, I, Tract. 5, quaest. 22)

241, 16 *αιωνος εικων…* (nach Platon, Timaios, 37D)

245, 5 du sublime… »Vom Erhabenen zum Lächerlichen ist nur ein Schritt.« (Ausspruch Napoleons auf der Flucht aus Rußland; zuvor in Thomas Paine, The Age of Reason, 1794, Part II)

245, 8 mens aeterna… »Der Geist ist ewig, sofern er die Dinge unter dem Gesichtspunkt der Ewigkeit auffaßt.« (Spinoza, Ethica, V, prop. 31, schol.)

245, 34 cognitio tertii generis… »Erkenntnis der dritten Art oder die intuitive« (Spinoza, Ethica II, prop. 40, schol. 2; Ethica V, prop. 25–38)

247, 19 Are not the mountains… (Byron, Childe Harold, III, 75)

247, 24 Hae omnes creaturae… »Alle diese Geschöpfe insgesamt bin ich, und außer mir ist kein anderes Wesen da.« (Oupnek'hat, I, 122)

253, 15 was in schwankender Erscheinung… (Goethe, Faust I, 348–49)

257, 35 Qu'est-ce que cela prouve? »Was beweist das?« (nach Hoefer, Histoire des mathématiques, 4, auf Gilles Personne de Roberval gemünzt)

258, 32 amabilis insania. »liebenswürdiger Wahnsinn« (Horaz, Carmina, III, 4)

258, 35 Nullum magnum ingenium… »Es hat nie ein Genie ohne eine Beimischung von Wahnsinn gegeben.« (Seneca, De tranquillitate animi, XVII, 10)

259, 12 Negat enim… »Demokrit behauptet nämlich, daß es ohne Wahnsinn keinen großen Dichter geben könne, und dasselbe sagt Platon.« (Cicero, De divinatione, I, 37, 80)

259, 15 Great wits… (eigentlich Dryden, Absalom and Achitophel, I, 163)

261, 11 fatuitas. »Albernheit«

263, 4 »Dem Genie gilt Ein Fall für Tausende.« (Goethe, Geschichte der Farbenlehre: Galilei)

272, 34 Arbusta formas suas… »Die Pflanzen bieten ihre mannigfachen Formen, durch die der sichtbare Bau dieser Welt sich formschön gestaltet, den Sinnen zur Wahrnehmung dar, so daß sie, da sie nicht erkennen können, wie es scheint, gleichsam erkannt werden wollen.« (Augustinus, De civitate Dei, XI, 27)

278, 2 = 247, 24

279, 12 for thou hast been… (Shakespeare, Hamlet, III, 2)

284, 11/15 = 181, 19

284, 11 = 203, 23

284, 25 *ὁ Πλατων εφη…* »Platon lehrte, daß es soviele Ideen gibt wie Naturdinge.« (Aristoteles, Metaphysica, XI, 3)

284, 31 *Ὁριζονται δε την ιδεαν…* »Sie definieren aber die Idee als ein zeitloses Urbild der Naturdinge. Denn die meisten Anhänger des Platon geben nicht zu, daß es Ideen von Kunstprodukten gebe, z. B. von Schild oder Leier, noch von Dingen, die der Natur zuwider sind, wie von Fieber und Cholera, noch auch von Einzelwesen, wie von Sokrates und Platon, noch auch von geringfügigen Dingen, wie von Schmutz und Splittern, noch auch von Relationen, wie von Größersein und Überragen; denn die Ideen seien die ewigen und in sich vollendeten Gedanken Gottes.« (Alkinoos [tatsächlicher Verfasser vermutlich Albinos], Introductio in Platonicam philosophiam, cap. 9)

287, 6/9 = 166, 30

294, 29 = 99, 17

294, 33 Und ist kein Ding ... genauer: »Und ist kein ding in der natur das geschaffen oder gebohren ist / es offenbaret seine innerliche gestalt auch eusserlich / dann das innere arbeit stets zur Offenbahrung / – ein jedes Ding hat seinen mund zur offenbahrung und das ist die Naturspraache / darauß jedes ding auß seiner eigenschafft redet / und sich immer selber offenbahret / und darstellet worzu es gut und nutz sey / dann ein jedes Ding offenbahret seine mutter / die die Essentz und den willen zur gestaltnuß also gibt.« (Jacob Böhme, De signatura rerum, 1635, cap. I)

295, 9 Tat twam asi. »Das bist du!« Chândogya-Upanishad, VI, 16

296, 7 »Wer die menschliche Schönheit ...« (Goethe, Wahlverwandtschaften, I, 6)

298, 32 il n'ya que ... (Helvétius, De l'esprit, Disc. II, chap. IV, 5)

303, 2 secundum naturam. »gemäß der Natur«

304, 10 vox faucibus haesit. (Vergil, Aeneis, II, 774; III, 48)

304, 35 Homer. (Homer, Ilias, XX, 48–53)

313, 12 unitas post rem; unitas ante rem. »Einheit nach der Sache; Einheit vor der Sache«

314, 1 imitatores, servum pecus. »Nachahmer, sklavisches Geschmeiß« (Horaz, Epistulae, I, 19, 19)

315, 33 Apparent rari ... »Einzeln erscheinen sie, Schwimmer im wüsten Gewoge« (Vergil, Aeneis, I, 118)

317, 30 Le temps ... »Die Zeit bringt die Wahrheit an den Tag.«

320, 16 [Belohnt mit Ehren und Gunst] die, deren nächtliche Lampe / den ganzen Erdball erleuchtet. (Ewald von Kleist, Der Frühling)

320, 18 sie hat zarte Füße… (Homer, Ilias, XIX, 92–93)

321, 9 satirical rogue. »satirischer Schelm« (Shakespeare, Hamlet, II, 2)

322, 19 magnus Deus sol Mithra. »der große Sonnengott Mithra«

323, 23 *Εν δ'επεσ' Ωκεανω…* »In den Ozean sank des Helios glänzende Leuchte, / Ziehend die schwarze Nacht auf die nahrungssprossende Erde.« (Homer, Ilias, VIII, 485)

323, 28 Ein sanfter Wind… (Goethe, Mignon)

326, 25 Mediocribus esse, poetis… »Mittelmäßig zu sein erlauben weder die Götter / Noch die Menschen noch auch die Anschlagsäulen dem Dichter.« (Horaz, De arte poetica, 372)

327, 9 ein Kehrichtfaß… (Goethe, Faust I, 582–83)

327, 28 Was sich nie… (Schiller, An die Freunde, 49–50)

332, 14 O Bremen… (Arnim/Brentano, Des Knaben Wunderhorn)

332, 26 = 153, 35

333, 1 I live not… (Byron, Childe Harold, III, 72)

335, 30 = 166, 30

336, 6 in dieser rauhen Welt… (Shakespeare, Hamlet, V, 2)

336, 28 Pues el delito… (Calderon, Das Leben ein Traum, I, 2)

339, 8 exercitium arithmeticae… »eine unbewußte Übung in der Arithmetik, bei der der Geist nicht weiß, daß er zählt« (Leibnitii epistolae, collectio Kortholti: epistula 154)

341, 4 = 166, 30

341, 35 sons harmoniques. »harmonische Töne; Obertöne«

343, 36 *ἡ των μελων…* »die Bewegung der Melodien, welche die Seelenregungen nachahmt« (nach Platon, De legibus, 7)

344, 3 *δια τι οἱ ϱυϑμοι…* »Warum gleichen die Rhythmen und Melodien, obgleich sie nur Ton sind, den Seelenzuständen?« (nach Aristoteles, Problemata, cap. 19)

348, 18 universalia post rem, ante rem, in re. »das Allgemeine nach dem Ding, vor dem Ding, im Ding«

350, 8 Musica est exercitium... »Die Musik ist eine unbewußte Übung in der Metaphysik, bei der der Geist nicht weiß, daß er philosophiert.« (vgl. 339, 8)

350, 22 *τῳ αϱιϑμῳ*... »Der Zahl sind alle Dinge ähnlich.« (Sextus Empiricus, Adversus mathematicos, L. 7)

355, 7 Tempore quo cognitio... »Zur Zeit, da sich die Erkenntnis einstellte, hob sich die Begierde von dannen.« (Oupnek'hat, ed. Anquetil Duperron, II, p. 216; im Urtext nicht vorhanden)

359, 32 *ουδεν εστι*... »Es ist nichts als ein negativer Ausdruck, verbunden mit einer unklaren Vorstellung.« Julianus Apostata, Orationes, V, c. 2)

364, 10 Natura non contristatur. »Die Natur wird nicht traurig.«

367, 13 = 241, 5

367, 19 Quid fuit?... »Was war? – Was ist. – Was wird sein? – Was war.« (vgl. Prediger Salomo, I, 9)

368, 33 Scholastici docuerunt... »Die Scholastiker lehrten, die Ewigkeit sei nicht eine Aufeinanderfolge ohne Ende oder Anfang, sondern ein beharrendes Jetzt; d.h. daß wir dasselbe Jetzt besitzen, welches das Jetzt für Adam war; d.h. daß zwischen dem Jetzt und dem Damals kein Unterschied sei.« (Hobbes, Leviathan, c. 46)

372, 33 Mit festen, markigen Knochen... (Goethe, Grenzen der Menschheit)

373, 19 Hier sitz ich... (Goethe, Prometheus, 49–55)

380, 22 liberum arbitrium indifferentiae. »freie, nach keiner Seite hin beeinflußte Willensentscheidung«

382, 35; 383, 19 = 380, 22

384, 21 *Το γαϱ ηϑος*... »Denn das Wort *ηϑος* (Charakter) hat seine Benennung von *εϑος* (Gewohnheit); denn die Ethik hat ihren Namen von dem Gewohntsein.« (Aristoteles, Ethica magna, I, 6, ed. Berol. p. 1186a)

384, 25 *οἱ δε ϰατα Ζηνωνα*... »Die Stoiker des Zenon erklären in bildlicher Weise das Ethos für die Quelle des Lebens, welcher die einzelnen Handlungen entspringen.« (Stobaios, Eclogae, II, c. 7)

385, 11 Es fürchte die Götter… (Goethe, Iphigenie, IV, 5)

385, 33 velle non discitur. »Wollen läßt sich nicht lernen.« (Seneca, Epistulae, 81, 14)

385, 34 *διδακτην ειναι την αρετην.* »die Tugend könne gelehrt werden« (Diogenes Laërtios, VII, 91)

386, 23 = 385, 33

386, 27 = 214, 35

387, 12 = 385, 33

390, 16 in unserer Ausgabe Band III, S. 391 ff.

392, 2 = 138, 31

392, 5 Plura sunt… »Es gibt mehr, was uns angst macht, als was uns bedrückt, und wir leiden öfter an unserer Meinung als an der Sache selbst.« (Seneca, Epistulae, 13, 4)

394, 5 = 166, 30

394, 36 *αργος λογος.* »die träge Vernunft«

398, 11 = 385, 33

400, 27 *θυμὸν ἐνὶ στήθεσσι…* »Niederhaltend mit Zwang den gehegten Groll in dem Busen« (Homer, Ilias, XVIII, 113)

401, 18 Optimus ille animi… »Das ist der beste Helfer dem Geist, der die quälenden Bande, / Die umstricken das Herz, einmal für allemal bricht.« (Ovid, Remedia amoris, 293)

405, 3 Qui auget scientiam… »Wer das Wissen vermehrt, vermehrt zugleich auch den Schmerz.« (Koheleth, 1, 18)

407, 30 Qualibus in tenebris… »Ach, in welchem Dunkel des Seins, in wie großen Gefahren, / Wird dies Leben verbracht, solang' es dauert!« (Lukrez, De rerum natura, II, 15)

410, 16 *Πηλειδης δ' ῳμωξεν…* »Des Peleus' Sohn wehklagte, den Blick zum Himmel erhebend.« (Homer, Ilias, XXI, 272)

410, 19 *Ζηνος μεν παις…* »Sohn zwar war ich des Zeus, des Kroniden, und duldete dennoch / Unaussprechlichen Jammer.« (Homer, Odyssee, XI, 620)

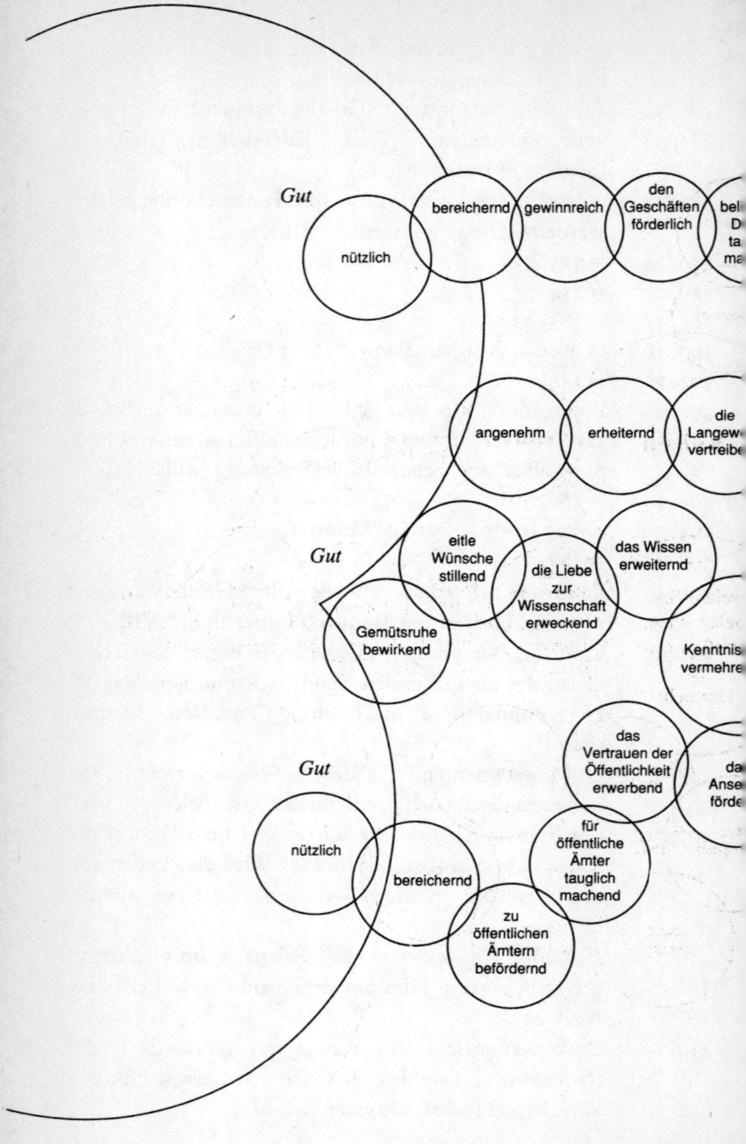

Gut
nützlich
bereichernd
gewinnreich
den Geschäften förderlich
angenehm
erheiternd
die
Gut
eitle Wünsche stillend
die Liebe zur Wissenschaft erweckend
das Wissen erweiternd
Gemütsruhe bewirkend
Gut
nützlich
bereichernd
das Vertrauen der Öffentlichkeit erwerbend
für öffentliche Ämter tauglich machend
zu öffentlichen Ämtern befördernd

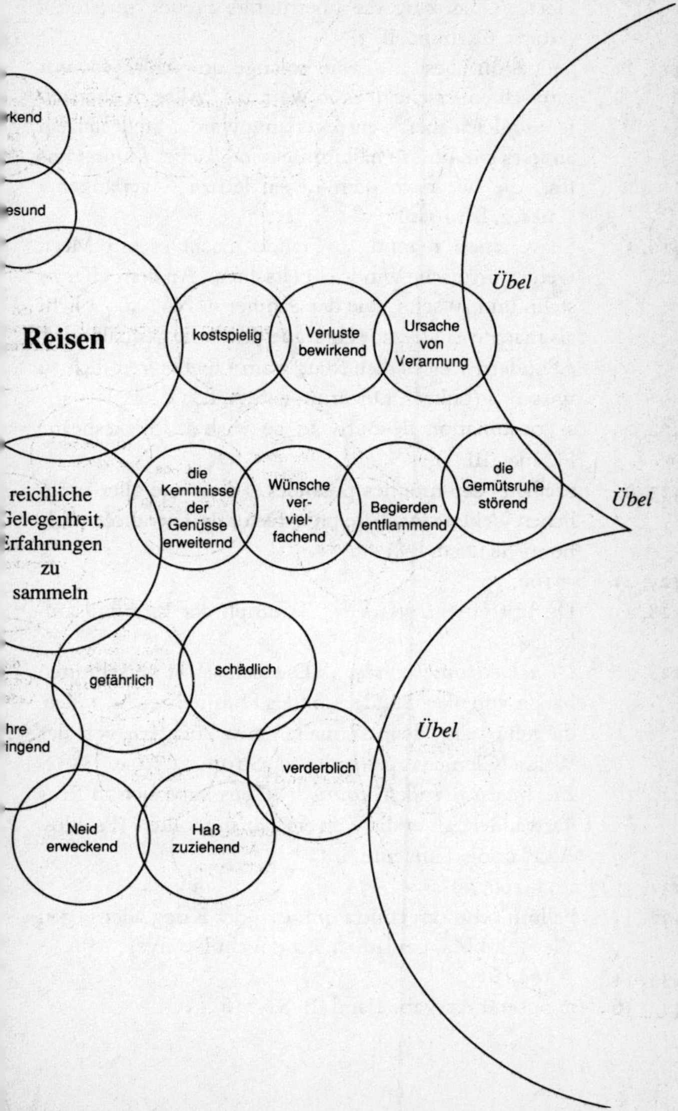
rkend
esund
Reisen
kostspielig
Verluste bewirkend
Ursache von Verarmung
Übel
reichliche Gelegenheit, Erfahrungen zu sammeln
die Kenntnisse der Genüsse erweiternd
Wünsche ver-viel-fachend
Begierden entflammend
die Gemütsruhe störend
Übel
gefährlich
schädlich
hre ingend
verderblich
Übel
Neid erweckend
Haß zuziehend

414, 31 Aequam memento rebus... »Denk stets in schweren Zeiten den Gleichmut dir / Zu wahren, wie in guten ein Herz, / Das klug die übermütige Freude meistert.« (Horaz, Carmina, II, 3)

415, 11 Sed, dum abest... »Denn solange uns fehlt, was wir wünschten, erscheint es an Wert uns / Alles zu übertreffen; sogleich aber, wenn es erlangt ward, / Stellt sich ein anderes ein, und so hält immer ein gleicher / Durst uns fest, die wir nach dem Leben lechzend verlangen.« (Lukrez, III, 1080)

416, 33 Suave, mari magno... »Freude macht es am Meer, wenn stürmische Winde es peitschen, / An dem Ufer zu stehn und zu sehn, wie der Schiffer in Not ist. / Nicht als machte es Lust zu sehn, wie der andre gequält wird, / Sondern weil es dich freut, vom Übel befreit dich zu wissen. « (Lukrez, De rerum natura, II, 1)

422, 26 a consumation devoutly to be wish'd. (Shakespeare, Hamlet, III, 1)

423, 9 meilleur des mondes possibles. »die beste aller möglichen Welten« (nach Leibniz, Essais de Théodicée sur la bonté de Dieu, I, 8)

427, 21 = 166, 30

428, 21 Du bist unser... (Goethe, Triumph der Empfindsamkeit, 4)

428, 26 *Οἱ μεν ευνουχισαντες*... »Die sich selbst verschnitten haben von aller Sünde, um des Himmelsreichs willen, die sind selig, denn sie halten sich nüchtern von der Welt.« (Clemens Alexandrinus, Stromata, III, c. 15)

429, 10 *Εις ερωτα μεταβεβλησθαι*... »Zeus habe sich in Eros verwandelt, als er die Welt erschaffen wollte.« (Proklos, Ad Platonis Timaeum, l. 3)

431, 7; 432, 9 = 166, 30

432, 33 bellum omnium contra omnes. »der Krieg aller gegen alle« (Hobbes, Leviathan, I, 13; nicht De cive)

433, 14 = 166, 30

442, 36 in unserer Ausgabe Band III, S. 573 ff.

443, 23; 444, 25 = 166, 30

448, 17 *Τελος μεν ουν πολεως*... »Der Zweck des Staates ist, daß man gut lebe, das heißt aber, daß man glücklich und schön lebe.« (Aristoteles, Politica, III, 9)

448, 22 salus publica... »Das allgemeine Wohl soll das erste Gesetz sein« (Cicero, De legibus, III, 3, 8)

451, 22 jus talionis. »Recht der Wiedervergeltung«

451, 34 Mein ist die Rache... (Römer, 12, 19)

452, 10 if this be proved... (Formel entnommen aus Galignani's Messenger, July 4, 1857)

453, 20 Nemo prudens punit... »Kein kluger Mann bestraft, weil gefehlt worden ist, sondern damit nicht mehr gefehlt werde.« (Seneca, De ira, I, 16; genauer I, 19, 7)

455, 1 *Δοκειτε πηδᾳν*... »Glaubt ihr, daß die Verbrechen zu den Göttern sich / Auf Flügeln schwingen, und daß weiter jemand sie / Dort in des Zeus Schreibtafel aufzuzeichnen hat, / Und Zeus auf sie hinblickend Recht den Menschen spricht? / Auch nicht der ganze Himmel wäre groß genug, / Der Menschen Sünden, wenn sie Zeus dort schriebe auf, / Zu fassen, noch auch er, zu überschauen sie / Und jedem seine Strafe zuzuteilen. Nein! / Die Strafe ist schon hier, wenn ihr nur sehen wollt.« (Euripides, bei Stobaios, Eclogae, I, c. 4, 14)

456, 17; 457, 3; 457, 8/18/22; 458, 2/6/14/23 = 166, 30

459, 24 = 336, 28

459, 32 malum culpae, malo poenae. »Übel der Schuld«, »Übel der Strafe«

460, 14 Mahavakya. »das große Wort; grundlegende Wahrheit«

460, 15 Tatoumes. (Übertragung des Oupnek'hat für das »tat twam asi« des Sanskrit; vgl. 295, 9)

461, 22 non adsumes... »Du wirst nicht von neuem die erscheinende Existenz annehmen« (nach Chândogya-Upanishad VIII, 15)

462, 1 clergymen. »Geistliche«

462, 30; 463, 20 = 166, 30

465, 23 σεμνοτης. »Würde«

468, 4 των προς τι. »ein beziehungsweise Geltendes«

468, 29 τελος. »Höhepunkt; Endziel«

468, 29 finis bonorum. »das höchste Gut«

469, 10; 471, 36; 472, 23; 473, 2 = 166, 30

475, 16 = 385, 33

475, 35 opera operata. »[um des bloßen Verdienstes willen] verrichtete Werke«

476, 24 = 385, 33

477, 2 = 475, 35

478, 12/22; 479, 23; 480, 25; 481, 8/18 = 166, 30

483, 8 = 295, 9

483, 15/24 = 166, 30

485, 9 Benevolentia nihil aliud… »Das Wohlwollen ist nichts anderes als ein aus dem Mitleid entsprungenes Verlangen.« (Spinoza, Ethica, III, prop. 27, cor. 3, schol.)

486, 14 I vo pensando… (Petrarca, Il canzoniere, canzone 21)

487, 21/24/29; 488, 4/20/30 = 166, 30

489, 16 Es ist leichter… (Matthäus, 19, 24; Schopenhauer folgt der Konjektur καμιλος, Ankertau, statt καμηλος, Kamel)

489, 23 = 166, 30

490, 35 Mensch! Alles liebet dich… (Angelus Silesius, Der Cherubinische Wandersmann, I, 275)

494, 13 (vgl. 131, 36)

494, 24 nam omnia… »Denn alles Vortreffliche ist ebenso schwierig wie selten« (Spinoza, Ethica, V, prop. 42, schol.)

496, 8 Bekenntnisse einer schönen Seele. (Goethe, in: Wilhelm Meisters Lehrjahre)

497, 36 abusus optimi pessimus. »der Mißbrauch des Besten ist der schlimmste« (sprichwörtlich)

498, 25 (beide Schriften Tauler irrtümlich zugeschrieben)

498, 33 σμικρα και μεγαλα μψστηρια. »kleine und große Mysterien« (von den Athenern im März bzw. Oktober gefeiert)

499, 31 Fo. (chinesische Abkürzung für Buddha)

499, 31 Bhaguat-Geeta = Bhagavadgîtâ

499, 32 Moha-Mudgava = Moha-Mudgara

500, 34 Jaggernaut: Jagan-nâtha, »Herr der Welt«, Inkarnation des Wischnu

502, 7 sapere aude. »Wage es, deinen Verstand zu gebrauchen.« (Horaz, Epistulae, I, 2, 40)

503, 19 Midi de la gloire... »...Mittagshöhe des Ruhms; ein Tag, dem keine Nacht mehr folgt; ein Leben, das noch im Tode selbst den Tod nicht mehr fürchtet; weil der Tod den Tod überwunden hat, weil der, der den ersten Tod erlitten hat, den zweiten Tod nicht mehr empfinden wird.« (Vie de Madame de la Motte-Guyon, Bd. 2, S. 13)

504, 26 *δευτερος πλους.* »zweitbeste Fahrt [mit Rudern statt mit Segeln]« (vgl. Stobaios, Florilegium, II, c. 59, nr. 9)

504, 31; 506, 30 = 166, 30

509, 20 ein Fall... (vgl. 263, 4)

510, 14 the joy of grief. »die Freude am Gram«

511, 13/31; 512, 2 = 166, 30

517, 22 = 380, 22

518, 22/24 = 166, 30

519, 16 La liberté est un mystère. »Die Freiheit ist ein Mysterium.« (vgl. Malebranche, Recherches sur la verité, III, 1)

521, 2 Deus filium suum... »Gott sandte seinen Sohn in der Gestalt des sündigen Fleisches.« (Römer, 8, 3)

521, 3 Non enim caro... »Es war nämlich nicht sündiges Fleisch, da es nicht aus Fleischeslust geboren war: aber es besaß dennoch Ähnlichkeit mit dem sündigen Fleische, da es ja sterbliches Fleisch war.« (Augustinus, Liber quaestionum, 83, quaest. 66)

522, 17 Operari. »Handeln«

522, 34 in unserer Ausgabe Band III, S. 424 ff.

523, 20 opus operatum. »verrichtetes Werk«; vgl. 475, 36

524, 3 = 166, 30

525, 33 *Την του ἑτερου*... »Indem wir bewiesen, daß die Natur des Andersseins bestehe und sich erstrecke über alles Seiende in seinem Verhältnis gegeneinander, und indem wir jedes einzelne Teilchen dieser Natur dem Seienden entgegensetzten, wagten wir zu behaupten, daß eben dieses in Wahrheit das Nichtseiende ist.« (Platon, Sophista, 258D)

529, 5 C'est le privilège... »Es ist das Vorrecht des echten Genies, vor allem jenes Genies, das einen neuen Weg erschließt, ungestraft große Fehler zu machen.« (Voltaire, Siècle de Louis XIV, chap. 32)

532, 32 Wie das Wasser... (Goethe, Dichtung und Wahrheit, Teil 3, 15. Buch)

537, 33; 538, 33; 539, 4/12 = 60, 35

540, 35 Ad partum properare... »Was, mein krankes Gemüt, hält dich noch ab, zu gebären, / Bietest du auch dein Werk dieser unwürdigen Zeit? / Wenn auch über die Länder die Schatten wogen, erhebe / Deinen Gipfel, mein Berg, hoch in den Äther empor!« (Giordano Bruno, Della causa, principio ed uno)

541, 15 Es scheint mir... (Goethe, Faust I, 287–90)

545, 20 = 60, 35

547, 15 est quadam prodire tenus. »Recht ist's, bis zur Grenze zu gehen.« (Horaz, Epistulae, I, 1, 32)

548, 19 Quo enim melius... »Je besser wir nämlich eine Sache begreifen, umso mehr sind wir entschlossen, sie auf eine einzige Art auszudrücken.« (Cartesius, Epistulae, 1)

548, 22 exemplar vitiis imitabile. »Vorbild, das zur Nachahmung seiner Fehler verleitet« (Horaz, Epistulae, I, 19, 17)

549, 4 So schwätzt... (Goethe, Faust I, 2563–66)

553, 28 intellectus theoreticus und practicus. »der theoretische und der praktische Geist«

557, 8 = 69, 28

557, 12 Kein Lotus ohne Stengel. (vgl. Subhâshitûrnava in Boehtlings Indischen Sprüchen, Nr. 2988)

559, 36 πρωτον ψευδος. »der erste falsche Schritt; der Fehler in einer Prämisse« (Aristoteles, Analytica posteriora, cap. 18)

569, 4 farrago. »Gemengsel«

570, 29/32 Continua, Continuum. »etwas ununterbrochen Fortlaufendes«

577, 31 Ektypos. »Nachbild«

579, 35 = 86, 27

584, 35 in unserer Ausgabe Band III, S. 91

585, 34 in unserer Ausgabe Band III, S. 384 ff.

589, 22 *Εστι δε τινα...* »Es gibt auch manche Dinge, welche Ursache voneinander sind; so ist z. B. die Gymnastik Ursache der Körperkraft, und diese der Gymnastik; jedoch nicht auf gleiche Weise, sondern das eine als Ende und das andere als Anfang des Geschehens.« (Aristoteles, Physica, II, 3, und Metaphysica, V, 2)

595, 25 contentio *περι δυνατων*. »Streit über die Möglichkeit«

598, 22 sit venia verbo. »mit Verlaub zu sagen«

598, 36 = 314, 1

599, 6 *περι ποιοτητος...* »über die Qualität und Quantität der Termini des Syllogismus« (Aristoteles, Analytica priora, I, 29)

607, 33 *νοουμενα φαινομενοις αντετιθη Αναξαγορας.* »Anaxagoras stellte das Gedachte dem Erscheinenden entgegen.« (Sextus Empiricus, Pyrrhoniae hypotyposes, I, 13; gekürzt)

608, 8 partes orationis. »Redeteile«

615, 8 a parte ante. »hinsichtlich des Vorher«

615, 9 a parte post. »hinsichtlich des Nachher«

615, 29 quod per se est... »was durch sich ist und durch sich begriffen wird« (Spinoza, Ethica, I, def. III)

615, 34 Seid ihr nicht... (Schiller, Wallensteins Tod, II, 3)

617, 12 Universalitas und Universitas. »Allgemeinheit und Allheit«

619, 5 Moses graecisans. »der griechisch sprechende Moses«

619, 6 *Τι γαρ εστι Πλατων...* »Denn was ist Platon anderes als ein attisch redender Moses« (Clemens Alexandrinus, Stromata, I, 22)

619, 18 *Οιδα σου τους*... »Ich kenne deine Lehrmeister, auch wenn du sie verheimlichen möchtest; – die Meinung über Gott haben dir die Hebräer geliefert.« (Clemens Alexandrinus, Cohortatio ad gentes, c. 6, § 70)

627, 29 nervus argumentationis. »springender Punkt der Beweisführung«

627, 34 *δικαιος* und *αδικος λογος*. »die gerechte und die ungerechte Sache« (Aristophanes, Wolken, v. 889, 1104)

629, 22 *Μητροδωρος, ὁ καθηγητης*... »Metrodoros, der Lehrmeister des Epikur, lehrt, es sei widersinnig, daß auf einem großen Felde nur eine Ähre, und im unendlichen Raum nur eine Welt entstanden sei.« (Stobaios, Eclogae, I, 23)

629, 27 *απειρους κοσμους εν τω απειρω*. »im unendlichen Raume seien unendlich viele Welten vorhanden« (Stobaios, Eclogae, I, 23)

630, 33/34 = 615, 9/8

631, 2 Compositum. »Zusammengesetztes«

631, 3 Totum. »Ganzes«

631, 9 = 627, 34

633, 21 das sechste Kunststück des Philadelphia. (vgl. Lichtenberg, Vermischte Schriften, neue Ausgabe, Bd. III, S. 187)

635, 6 potentiâ. »in der Möglichkeit«

635, 6 *Ουκ εστιν ενεργεια*... »Das Unendliche kann nicht in Wirklichkeit bestehen – – – sondern das in Wirklichkeit bestehende Unendliche ist unmöglich.« (Aristoteles, Metaphysica, K, 10)

635, 9 *κατ' ενεργειαν*... »Denn in der Wirklichkeit gibt es kein Unendliches [d. h. unendlich Kleines], wohl aber der Möglichkeit nach in bezug auf die Teilung.« (Aristoteles, De generatione et corruptione, I, 3)

638, 4/27; 642, 19 = 69, 28

642, 32 *μεταβασις εις αλλο γενος.* »[logisch falscher] Übergang in ein anderes Genus« (Aristoteles, De coelo, I, 1)

642, 36 = 69, 28

644, 12/31 ens realissimum. »das allerrealste Wesen«

645, 31 Sane in theologia naturali... »Folgerichtig beweisen wir in der natürlichen Theologie die Existenz des höchsten Wesens aus kosmologischen Grundsätzen. Die Zufälligkeit des Universums und der Naturordnung zugleich mit der Unmöglichkeit eines [reinen] Zufalls sind die Stufen, auf welchen man von dieser sichtbaren Welt zu Gott aufsteigt.« (Christian Wolff, Cosmologia generalis, praefatio, p. 1)

645, 36 Sans ce grand principe... »Ohne dieses große Prinzip könnten wir das Dasein Gottes niemals beweisen.« (Leibniz, Théodicée, §44)

646, 2 J'ose dire... »Ich wage zu behaupten, daß man ohne dieses große Prinzip nicht zum Beweise des Daseins Gottes gelangen könnte.« (Leibniz, Lettres entre Leibniz et Clarke, §126)

646, 12/21 = 644, 13

648, 23 *το δε ειναι ουκ...* »Das Dasein gehört nicht zum Wesen einer Sache.« (Aristoteles, Analytica posteriora, II, 7)

649, 13 Primus in orbe... »Die Furcht schuf als erstes auf der Welt [den Glauben an] die Götter.« (Petronius, Fragmenta, 27, 1)

650, 4 neque dabatur tertium. »und eine dritte Möglichkeit gab es nicht«

650, 16 la connaissance d'un être... »die Kenntnis von einem Wesen wie dem Menschen gab es schon, bevor der Mensch in Erscheinung trat« (Owen, Ostéologie comparée, 1855, préface p. 11, 12)

650, 22 La téléologie... »die Teleologie oder die wissenschaftliche Theologie« (Owen, Comptes rendus de l'académie des sciences, sept. 1853, p. 391, 18)

650, 28 illustres confrères. »erlauchte Kollegen« (Anrede der Mitglieder der Académie française)

650, 29 philosophie allemande. »deutsche Philosophie«

652, 8 *ὁ μεν γαρ πρακτικος*... »denn die Vernunft ist einerseits praktisch, andererseits theoretisch« (Aristoteles, De anima, III, 10; Politica, VII, 14)

654, 28 La raison nous trompe... »Die Vernunft täuscht uns, aber das Gewissen täuscht uns nie. – – – Es ist unmöglich, durch die Konsequenzen unserer Natur das unmittelbare Prinzip des Gewissens zu erklären, das von der Vernunft selbst unabhängig ist. – – – Meine natürlichen Gefühle sprachen für das Gemeinwohl, meine Vernunft bezog alles auf mich. – – – Man mag sich noch so sehr bemühen, die Tugend allein auf die Vernunft zu gründen, welche feste Grundlage kann man ihr geben?« (Rousseau, Emile, IV, Profession de foi, p. 321; p. 326; p. 328)

655, 7 Dans toutes les questions... »In allen schwierigen Moralfragen habe ich mich immer gut dabei gestanden, wenn ich sie nach dem Richterspruch des *Gewissens* löste, statt im Lichte der *Vernunft.*« (Rousseau, Rêveries du promeneur solitaire, 4e promenade)

655, 10 *αλογῳ μοριῳ της ψυχης*... »im vernunftlosen Teil der Seele haben und nicht im vernünftigen« (Aristoteles, Ethica magna, I, 5)

655, 13 *Την ηθικην αρετην*... »Von der ethischen Tugend glauben sie, daß sie den unvernünftigen Teil der Seele betreffe; denn was die gegenwärtige Betrachtung betrifft, so nehmen sie an, daß die Seele aus zwei Teilen bestehe, einem vernünftigen und einem unvernünftigen; und dem vernünftigen Teile gehören an: Freimut, Klugheit, Scharfsinn, Weisheit, Gelehrigkeit, Gedächtnis und ähnliches; dem unvernünftigen Teile hingegen: Mäßigung, Gerechtigkeit, Tapferkeit und die übrigen sogenannten ethischen Tugenden.« (Stobaios, Eclogae, II, c. 7)

656, 24 scio meliora... »das Bessere weiß ich und lob' ich, aber dem Schlechteren folg' ich« (Ovid, Metamorphoses, VII, 20; nicht wörtlich)

656, 24 Le matin je fais... »Morgens fasse ich Vorsätze, und abends mache ich Dummheiten.«

657, 34 Nil admirari. »sich durch nichts aus der Gemütsruhe bringen lassen« (Horaz, Epistulae, I, 6, 1)

657, 35 *Μηδεν αγαν.* »Nichts im Übermaß«

658, 9 *αϑαμβια, αϰαταπληξις, αϑαυμασια.* »Furchtlosigkeit«, »Unerschütterlichkeit«, »Bewunderungslosigkeit«

659, 11 das *λογιμον* [richtiger: *λογιϰον*] oder *λογιστιϰον της ψυχης.* »das den Ausdruck Betreffende oder Denkende der Seele« (Platon, De republica, IV, u.ö.)

660, 4 expédient. »Hilfsmittel«

665, 1 Quam temere in nosmet... »Wie leichtfertig erkennen wir an, was gegen uns selbst spricht!« (Horaz, Saturae, I, 3, 67)

665, 9/27 quod tibi fieri... »Was du nicht willst, daß man dir tu, das füg' auch keinem andern zu.« (negative Fassung der sog. »Goldenen Regel«; Wahlspruch des Kaisers Alexander Severus)

673, 33 *ἡ δε πλανη γεγονεν...* »Der Irrtum ging bei ihnen [Demokrit und Epikur] jedoch daraus hervor, daß sie glaubten, alles, was um eines Zweckes willen geschehe, geschehe aufgrund von Vorsatz und Überlegung, während sie andererseits sahen, daß die Naturwerke nicht so entstehen.« (Simplikios, Scholia in Aristotelem, ed. Berol., IV, p. 354)

BAND II: DIE WELT ALS WILLE UND VORSTELLUNG II

1, 10 =I 1, 10

3, 10 Paucis natus est... »Nur für wenige lebt, wer sich um seine Zeitgenossen bemüht.« (Seneca, Epistulae, 79, 17)

9, 4 Warum willst du dich... (Goethe, Zahme Xenien, I, 2)

12, 26 Cogito ergo sum. »Ich denke, also bin ich.« (Cartesius, Principia philosophiae, I, 7 u. 10)

23, 16 *ὕλη αληθινον ψευδος*... »Die Materie ist ein Trugbild, das der Wahrheit entspricht.« (Platon zugeschrieben; zitiert vermutlich nach Plotin, Enneades II, 5, 5)

24, 13 *χαλεπα τα καλα*. »Das Edle ist schwer.« (Sprichwörtlich bei Platon, Res publica, VI, 11)

24, 30 objective, subjective. »dem Gegenstand nach«, »der Wahrnehmung nach«

24, 36 = 119, 16

26, 30 *νους*. »Intellekt«

26, 31 *δημιουϱγος*. »Weltschöpfer«

26, 36 *ὕλη*. »Materie«

32, 19 regula falsi. »Regel über das notwendig Falsche« (Form des indirekten Beweises)

32, 33 penser, c'est sentir. »Denken heißt Empfinden«

32, 34 idées simples. »einfache Vorstellungen«

32, 36 idées bien simples. »ganz einfältige Vorstellungen«

33, 7 Anencephalus. »hirnloses Wesen«

33, 7 Tête de crapaud. »Krötenkopf«

39, 7 conjunctiva; meatus auditorius. »Bindehaut«; »Gehörgang«

41, 36 pons Varolii. »Varolische Brücke«

42, 1 medulla oblongata. »verlängertes Rückenmark«

42, 9 thalamis. »Sehhügeln«

42, 11 Gehirn-lobis. »Gehirnlappen«

43, 16 Es ist allemal... (Lichtenberg, Vermischte Schriften, Bd. I, S. 398)

45, 3 = 12, 26

45, 4 *το γαϱ αυτο...* »denn Denken und Sein ist dasselbe« (Parmenides, bei Clemens Alexandrinus, Stromata, VI, 2, 23)

45, 8 non-entis nulla sunt praedicata. »Über was nicht ist, gibt es keine Aussagen«.

45, 17 cogito, ergo est. »Ich denke, also ist es.«

45, 24 *εξ οἵων εις οἵα.* »aus welchem zu welchem«

46, 25 ein unendlich großer Körper... (Giordano Bruno, de l'infinito universo e mondi, secundo dialogo; vgl. Aristoteles, De coelo, Lib. 1, sap. 5, § 3)

48, 16 *ὁ χϱονος...* »Die Zeit ist die Zahl der Bewegung« (Aristoteles, Physica, IV, 11 u. 14)

50, 35 in unserer Ausgabe Band III, S. 169.

56, 19 causa est nobilior... »Die Ursache steht höher als ihre Wirkung«

56, 22 *Παν το απο...* »Alles, was aus einer unbeweglichen Ursache entsteht, hat eine unwandelbare Existenz; alles aber, was aus einer beweglichen entsteht, eine wandelbare. Denn wenn das Bewirkende in jedem Sinne unbewegt ist, wird es nicht durch eine Bewegung, sondern durch sein bloßes Sein das andere aus sich heraussetzen.« (Proclus, institutio theologica, § 76)

57, 28 forma dat esse rei. »Die Form verleiht der Sache das Sein«

57, 29 forma dat... »Die Form verleiht der Sache ihr Wesen, der Stoff verleiht ihr das Dasein«

59, 20 in unserer Ausgabe Band III, S. 45.

60, 7 in unserer Ausgabe Band I, S. 52f.

60, 8 in unserer Ausgabe Band III, S. 387ff.

60, 25 in unserer Ausgabe Band III, S. 91

61, 12 *σωμα μεν...* »[Die Materie] ist zwar kein Körper, aber doch körperhaft.« (Stobaios, Eclogae, L. I, c. 12, § 5)

62, 21 *Αΐδιον ειναι φησιν…* »Er behauptet, wenn es überhaupt etwas gebe, so müsse es ewig sein, da es unmöglich ist, daß etwas aus nichts entstehe.« (Aristoteles, De Xenophane, cap. 1; der Satz stammt von Melissos, nicht Xenophanes)

63, 23 *κατ' ενεργειαν.* »der Wirksamkeit nach«

63, 24 *κατα δυναμιν.* »nach Kräften, nach Vermögen«

74, 1 natura non facit saltus. »Die Natur macht keine Sprünge.« (Aristoteles, De incessu animalium, c. 2 u. c. 8, ed. Berol. p. 704 b 15 u. 708 a 9)

74, 20 coroner's inquest. »kronamtliche Totenschau«

75, 10 Si vis tibi… »Willst du dir alles unterwerfen, so unterwirf du dich der Vernunft.« (Seneca, Epistulae, 37, 4)

78, 6 Identitas indiscernibilium. »Die Identität der ununterscheidbaren Dinge« (Leibniz, Nouveaux essais, chap. 27, § 1, 3)

79, 6 = I 635, 5

79, 6 actu. »in Wirklichkeit«

83, 22 summus philosophus. »größter Philosoph«

84, 22 substantias primas. »primäre Wesenheiten«

84, 23 substantias secundas. »sekundäre Wesenheiten«

86, 33 le style… »Der Stil ist der Mensch selbst.« (Buffon, Discours prononcé dans l'Académie française, 25 août 1753, p. 24)

87, 25 virtualiter. »der Möglichkeit nach, bzw. sinngemäß«

89, 27 Balourdisen. »Tölpeleien«

89, 33 propositio minor. »Untersatz [im Syllogismus]«

90, 29 Personne n'est sujet… »Niemand läuft mehr Gefahr, Fehler zu begehen, als jene, die bloß nach abstrakter Überlegung handeln.« (Vauvenargues, Réflexions, 131, ed. Gilbert, Paris 1857, vol. I, p. 386)

91, 11 = I 153, 35

93, 19 daß sie ihr eigen Land… (nach Shakespeare, As You Like It, IV, 1)

93, 21 fuga vacui. »Flucht vor der Leere« (vgl. horror vacui)

94, 17 For ever reading… (Pope, The Dunciad, III, 194)

94, 22 invita Minerva. »gegen den Willen der Minerva« (sprichwörtlich, schon bei Cicero, De officiis, I, 31, 110)

95, 2 *πολυμαθια νουν ου διδασκει*... »Vielwisserei bildet den Verstand nicht« (vgl. Diogenes Laërtios, IX, 1, §1)

95, 27 daß die wirklich eigenthümlichen... (Helvétius, De l'esprit, Discours III, chap. VIII)

96, 5 avant la lettre. »vor der Schrift« (d.h. erste Abzüge z.B. bei Kupferstichen, die noch vor Einfügung der Unterschrift genommen werden)

96, 27 No more –... (Byron, Don Juan, I, 214)

97, 14 nihil est... »Es ist nichts im Intellekt, was nicht vorher in der Sinneswahrnehmung gewesen wäre.« (vgl. Aristoteles, De anima, III, 8, p. 432 a 2)

97, 26 = 87, 25

98, 36 *ἕν, πληθος*,... »Eines, Vielheit, Gutes, Hervorbringendes und Hervorgebrachtes, Selbstgenügendes, Ursache, Besseres, Bewegliches, Unbewegliches, Bewegtes«

103, 10 *Αδικια εστι αφαιρεσις*... »Jede Ungerechtigkeit ist die Entreißung eines Gutes; was aber könnte man unter einem Gut anderes verstehen als die Tugend? – Die Tugend aber ist nicht zu entreißen. Entweder kann also der, welcher die Tugend hat, kein Unrecht erleiden, oder man müßte annehmen, daß die Ungerechtigkeit nicht die Entreißung eines Gutes wäre. Denn kein Gut kann entrissen oder verloren oder weggenommen oder geraubt werden. Nun denn, der Tugendhafte kann also kein Unrecht erleiden, auch nicht von dem Bösen; denn man kann ihm nichts entreißen. Es bleibt also nur übrig, daß entweder überhaupt niemand Unrecht erleiden kann, oder nur der Böse von dem Bösen; aber der Böse hat keinen Teil an irgend einem Gut; die Ungerechtigkeit aber, sagten wir, ist die Entreißung eines Gutes; wer aber nichts hat, was ihm entrissen werden könnte, der hat auch nichts, woran ihm Unrecht geschehen könnte.« (Maximos Tyrios, Dissertationes, sermo 2, 11)

104, 16 convenire. »übereinstimmen«

104, 17 commune habere. »gemein haben«

104, 21 omnis determinatio est negatio. »Jede Bestimmung ist eine Verneinung.« (Spinoza, Epistulae, 50)

104, 32 instabilis tellus, innabilis unda. »Land, auf dem man nicht stehen kann, Wasser, in dem man nicht schwimmen kann« (Ovid, Metamorphosen, I, 16)

106, 28 monstris per excessum. »unnatürliche Ausnahmeerscheinungen«

108, 27 major. »Obersatz«

108, 29 minor. »Untersatz« (vgl. 89, 33)

110, 2 Et vous, Monsieur... »Und Sie, mein Herr, stehen Sie auch auf dem Zettel?«

110, 6 Bav [nicht »Brav«] ist... (Epigramm aus der Schäferpoesie)

110, 20 Ja, kommt nur... (Shakespeare, Romeo and Juliet, III, 1)

111, 13 utile dulci. »das Nützliche mit dem Angenehmen« (Horaz, De arte poetica, 343)

111, 25 = 111, 13

113, 6 o gran bontà... »O große Trefflichkeit der alten Ritter...« (Ariosto, Orlando furioso, I, 22)

113, 13 Daran erkenn' ich... (Schiller, Wallensteins Tod, III, 15)

114, 5 J'ai cru remarquer... »Ich glaube im Theater beobachtet zu haben, daß fast niemals ein so allgemeines Gelächter ausbricht wie bei einer auf Mißverständnissen beruhenden Handlung.« (Voltaire, Préface de l'enfant prodigue)

118, 36 = 110, 20

119, 1 Polonius: »Gnädigster Herr...« (Shakespeare, Hamlet, II, 2)

119, 6 Was sollte... (Shakespeare, Hamlet, III, 2)

119, 14 Da sitzt ein Herr... (Jean Paul, Titan, 4. Band, 31. Jobelperiode, 121. Zykel)

120, 1 Ist einer Welt... (Motto zu Sadis »Gulistan«, übersetzt von Graf)

125, 23 *επαγωγη*, inductio. »Induktion« (Schluß vom Einzelnen auf das Allgemeine)

125, 24 *απαγωγη*. »Deduktion« (Schluß vom Allgemeinen auf das Einzelne)

125, 25 instantia in contrarium. »Beweis des Gegenteils«

125, 31 modo ponente. »durch Setzen« (bejahende Schlußweise)

126, 4 modo tollente. »durch Aufheben« (verneinende Schlußweise)

126, 7 in contrarium. »für das Gegenteil«

128, 11 Wie etwas sei... (Goethe, West-östlicher Divan, IV, 4)

132, 11 nota notae est... »Ein Merkmal, das dem Prädikat zukommt, kommt auch dessen Subjekt zu, und ein Merkmal, das dem Prädikat widerspricht, widerspricht auch dem Subjekt.« (Regel der ersten Schlußfigur des Syllogismus)

132, 29 sit altera negans. »die eine Prämisse soll negativ sein«

132, 30 e meris affirmativis... »aus bloß bejahenden Prämissen folgt nichts« (Regel der zweiten Schlußfigur des Syllogismus)

133, 18 cui repugnat nota... »Dem Subjekt, dem ein Prädikat widerspricht, widerspricht auch das Subjekt dieses Prädikats.«

133, 19 notato repugnat... »Dem Subjekt eines Prädikats widerspricht jedes Subjekt, dem jenes Prädikat widerspricht.«

139, 9 Rede des Antonius. (Shakespeare, Julius Caesar, III, 2)

139, 21 argumenta ad hominem; argumenta ad rem. »persönliche Argumente; sachliche Argumente«

141, 16 Deductio ad absurdum. »Nachweisung der Widersinnigkeit«

141, 36 *Μεθοδοι δε παϱαδιδονται...* »Als Methoden werden folgende überliefert: als vortrefflichste jene, die auf analytischem Wege das, was man beweisen will, auf einen zugestandenen Grundsatz zurückführt; welche schon Platon, wie es heißt, dem Laodamas überliefert hat.« (Proklos, In primum Euclidis librum, I, 3)

147, 2 noli me tangere. »Rühr mich nicht an« (sprichwörtlich, nach Johannes 20, 17)

148, 7 pennywise and poundfoolish. »sparsam im Kleinen, verschwenderisch im Großen«

151, 8 qui ajebat... »der sagte: wie die Freier, da sie nicht mit Penelope schlafen konnten, es mit ihren Mägden taten, so verbrauchen diejenigen, die der Philosophie nicht habhaft werden konnten, in anderen, wertlosen Disziplinen ihre Kräfte.« (Plutarchos, De liberis educandis, cap. 10)

151, 27 Jahre lang schon... (Schiller, Die Philosophen, unter der Überschrift: »Rechtsfrage, gegen Pufendorfs Theorie des Rechts gerichtet«)

152, 24 *Αγεωμετρητος μηδεις εισιτω*. »Geometrieunkundigen Zutritt verboten« (Inschrift über der Platonischen Akademie)

153, 33 Sa propre expérience... »Seine eigene Erfahrung hatte ihn von dem geringen Nutzen der Mathematik überzeugt, zumal wenn man sie bloß um ihrer selbst willen treibt. – – – Nichts schien ihm unsolider, als sich mit bloßen Zahlen und imaginären Gebilden zu beschäftigen« (Baillet, Vie de Descartes, Liv. II, chap. 6; gekürzt)

162, 6 Zwar euer Bart... (Goethe, Faust I, 671)

163, 15 = 87, 25

163, 16 actualiter. »in Wirklichkeit, tatsächlich«

163, 19 = I 635, 5/6; II 79, 6

167, 8 molécules de lumière. »Lichtmoleküle«

169, 35 portentum. »Wunder«

170, 14 Il y a un mystère... »Rätselhaft ist der Geist der Leute, die keinen haben.«

170, 29 To feel me... (Byron, Prophecy of Dante, ch. 1, v. 166)

173, 26 animi impotentia. »Mangel an Selbstbeherrschung«

173, 27 ratio regendae... »eine Vernunft, die unfähig ist, den Willen zu beherrschen«

174, 8 *Παν εστι*... »Der Mensch ist ganz Zufall« (Herodot, Historiae, I, 32)

174, 20 = 75, 10

174, 25 Sustine et abstine. »Ertrage und entsage.« (Epiktet; nach Gellius, XVII, 19, 6)

174, 28 *ὁ φρονιμος*... »der Kluge strebt nach Schmerzlosigkeit, nicht nach Lust« (Aristoteles, Ethica Nicomachea, VII, 12)

175, 22 Stier des Phalaris. (nach Seneca, Epistulae, 66)

175, 29 Exponenda sunt... »Es obliegt uns, die Beweisgründe der Sterblichen darzulegen, durch welche sie versucht haben, selber sich eine Glückseligkeit *in der Unseligkeit dieses Lebens* zu erwirken; damit um so deutlicher werde, wie sehr sich das, worauf wir hoffen, von ihren eitlen Bemühungen unterscheidet. Über das höchste Gut und das höchste Übel haben die Philosophen viel miteinander gestritten; und indem sie diese Frage mit dem größten Eifer behandelten, suchten sie herauszufinden, was den Menschen glücklich mache; denn das ist, was man das höchste Gut nennt.« (Augustinus, De civitate Dei, lib. XIX, cap. 1)

176, 1 *Ἡ ευδαιμονια*... »Die Glückseligkeit besteht darin, gut zu leben: gut leben besteht darin, tugendhaft zu leben.« (Aristoteles, Ethica magna, I, 4)

176, 5 Nam, quum ea causa... »Denn da dies [das glückliche Leben] der Grund war, der jene antrieb, welche sich als erste dem Studium der Philosophie widmeten, alles andere geringer zu schätzen und sich ganz der Suche nach der besten Lebensführung hinzugeben, so haben sie wirklich in der Hoffnung auf ein glücklicheres Leben sehr viel Sorgfalt und Mühe auf dieses Studium verwendet.« (Cicero, Tusculanae disputationes, V, 1, 2)

176, 9 *Το κατα κακιαν*... »Lasterhaft leben ist das Gleiche wie unglücklich leben.« (Plutarchos, De repugnantiis stoicorum, c. 18)

176, 11 *Ἡ φρονησις…* »Besonnenes Verhalten ist nicht etwas von der Glückseligkeit Verschiedenes, sondern es ist selbst die Glückseligkeit.« (Plutarchos, De repugnantiis stoicorum, c. 26)

176, 13 *Τελος δε φασιν…* »Als Ziel nennen sie die Glückseligkeit, um deretwillen man alles tut.« (Stobaios, Eclogae, lib. II, c. 7)

176, 15 *Ευδαιμονιαν συνωνυμειν…* »Glückseligkeit und höchstes Gut erklären sie für gleichbedeutend.« (ibidem)

176, 17 *Ἡ αρετη…* »Die Tugend verheißt, daß sie Glückseligkeit verschaffe.« (Arrianus, diss. Epict., I, 4)

176, 18 Ceterum (sapientia)… »Übrigens strebt sie (die Weisheit) einem glücklichen Zustand zu, zu ihm führt sie, zu ihm öffnet sie alle Wege.« (Seneca, Epistulae, 90, 27)

176, 19 Illud admoneo… »Daran erinnere ich, daß das Hören und Lesen der Philosophen in den Plan eines glücklichen Lebens einzubeziehen ist.« (Seneca, Epistulae, 108, 35)

176, 24 *Της Κυνικης…* »Für die Philosophie der Kyniker wie auch für jede andere Philosophie gilt als Ziel und Endzweck das glückselige Leben: das glückselige Leben aber besteht darin, daß man der Natur gemäß lebt und nicht gemäß den Meinungen der Menge.« (Julian, Orationes, VI, p. 193 D)

177, 8 cogitandum est… »Man muß bedenken, wieviel geringer der Schmerz ist, etwas nicht zu haben, als es zu verlieren: und wir begreifen, daß die Armut um so weniger zu leiden hat, je weniger sie zu verlieren hat. […] Es ist erträglicher und leichter, nicht zu gewinnen, als zu verlieren. – – – Diogenes brachte es fertig, daß ihm nichts mehr geraubt werden konnte, – – – [Hältst du den für arm oder aber für göttergleich,] der sich von allem Zufälligen frei gemacht hat? – – – Mir scheint, er habe gesagt: Treibe du dein Geschäft, o Schicksal: bei Diogenes gibt es nichts mehr, was du dein nennen könntest.« (Seneca, De tranquillitate animi, VIII, 2, 3, 4, 5, 7)

177, 15 *Διογενης εφη νομιζειν*... »Diogenes sagte, er glaube das Schicksal zu sehen, wie es ihn anblicke und spreche: diesen tollen Hund kann ich nicht treffen.« (Stobaios, Eclogae, lib. II, cap. 7)

177, 20 voce. »beim Worte«

177, 22 *Γηρασκει μεν χαλκος*... »Auch das Eisen verschleißt mit der Zeit; aber nimmermehr werden / Schmälern, Diogenes, dir künftige Zeiten den Ruhm; / Denn du zeigtest allein zu selbstgenügsamem Leben, / Zu der Sterblichen Glück leichten und würdigen Weg.« (Diogenes Laërtios, VI, 2, §78)

178, 1 *Διογενης εβοᾳ πολλακις*... »Diogenes pflegte oft auszurufen, daß die Menschen von den Göttern ein leichtes Leben bekommen hätten, daß dies jedoch jenen verborgen bleibe, welche nach Honiggebäck, Salben und derartigem verlangen.« (Diogenes Laërtios, VI, 2, §44)

178, 6 *Δεον, αντι των*... »Notwendigerweise leben diejenigen glücklich, die, statt sich unnütz zu mühen, naturgemäß zu leben streben, und nur wegen ihrer Torheit sind die Menschen unglücklich. – – – Er behauptete, die gleiche Lebensweise wie Herakles zu führen, da er nichts höher schätze als die Freiheit.« (ibidem, §71)

178, 34 Crates, ut lar familiaris... »Krates wurde von den Menschen seiner Zeit wie ein Hausgott verehrt. Kein Haus war ihm je verschlossen: und es gab keinen Familienvater, der ein so verborgenes Geheimnis gehegt hätte, daß nicht Krates rechtzeitig in dasselbe eingeweiht worden wäre, um alle Streitigkeiten und Händel zwischen Verwandten zu prüfen und zu schlichten.« (Apuleius, Florida, IV)

179, 17 *ὅθεν και τον Κνυισμον*... [eigentlich: *Κυνισμον*] »Daher bezeichneten sie auch den Kynismus als den direkten Weg zur Tugend.« (Diogenes Laërtios, VI, 9, §104)

179, 24 Sapiens uno minor… »Es ist wahr, daß der Weise allein dem Jupiter nachsteht, / Reich und frei und geehrt und schön und der Könige König.« (Horaz, Epistulae, I, 1, 106)

180, 16 *προηγμενα.* »Vorzuziehendes«

180, 19 *των ουκ εφ' ἡμιν.* »nicht in unserer Macht«

181, 2 *αγαθα.* »Güter«

181, 32 Si, quid humanarum… »[dann aber wird man gefaßt sein,] wenn man bedacht hat, was die Wandelbarkeit der menschlichen Gefühle vermag, ehe man es zu fühlen bekommt.« (Seneca, Epistulae, 98, 5)

181, 34 *Ισον δε εστι…* »Der Tugend gemäß zu leben ist dasselbe wie gemäß der Erfahrung dessen, was naturgemäß zu geschehen pflegt, zu leben.« (Chrysippos bei Diogenes Laërtios VII, 1, § 87)

182, 4 = I 138, 34

182, 9 *Ει ξενος κοσμου…«* (Marcus Aurelius Antoninus, Selbstbetrachtungen, IV, 29)

182, 27 *κατα φυσιν ζην.* »der Natur gemäß leben«

182, 29 Nihil interest… »Es kommt nicht darauf an, ob du etwas nicht begehrst oder es besitzest. In beiden Fällen ist die Hauptsache dieselbe: du bist frei von Qual.« (Seneca, Epistulae, 119, 2)

182, 31 Solum habere velle… »Etwas nur haben wollen ist die größte Torheit.« (Cicero, Tusculanae disputationes IV, 26, 56)

182, 33 *Ου γαρ εκπληρωσει…* »Denn nicht durch das Erfüllen der Wünsche erlangt man Freiheit, sondern durch die Unterdrückung der Begierde.« (Epicteti dissertationes, IV, 1, 175)

182, 36 *ὁμολογουμενως ζην.* »übereinstimmend leben« (vgl. I 139, 22)

183, 4 Perfecta virtus… »Die vollkommene Tugend besteht in der Ausgeglichenheit und der stets mit sich selbst übereinstimmenden Lebensführung.« (Seneca, Epistulae, 31, 8)

183, 7 Quid est beata… »Worin besteht das glückselige Leben? In Sicherheit und unerschütterlicher Ruhe. Diese wird einem durch Seelengröße zuteil, durch eine Beständigkeit, die bei dem als richtig Erkannten beharrt.« (ibidem, 92, 3)

184, 13 Quid est Deus?… »Was ist Gott? Die Seele des Weltalls. Was ist Gott? Alles, was du siehst, und alles, was du nicht siehst. So allein wird seine Größe anerkannt, größer als welche nichts gedacht werden kann: wenn er allein alles ist, dann umfaßt er sein Werk und durchdringt es.« (Seneca, Quaestiones naturales I, praefatio, 13)

185, 15 *Δι[α] γαϱ το θαυμαζειν…* »Denn aufgrund der Verwunderung haben die Menschen, wie jetzt so auch ehedem zu philosophieren begonnen.« (Aristoteles, Metaphysica, I, 982 b 12)

188, 35 Divo Antonino und Divo Juliano. »dem Göttlichen Mark Aurel und dem Göttlichen Julian Apostata«

189, 14 nervis alienis mobile lignum. »eine Holzpuppe, die von fremden Kräften bewegt wird« (Horaz, Saturae, II, 7, 82)

190, 25 ultima ratio theologorum. »das letzte Argument der Theologen« (nach Richelieus Ausdruck »ultima ratio regum«, den er auf alle Kanonen setzen ließ)

192, 18 sensu stricto et proprio. »im strengen und eigentlichen Sinne«

192, 22 sensu proprio. »im eigentlichen Sinne«

192, 23 sensu allegorico. »im übertragenen Sinne«

193, 8 Prorsus credibile est… »Es ist durchaus glaubhaft, weil es töricht ist: – – es ist gewiß, weil es unmöglich ist.« (Tertullian, De carne Christi, c. 5)

193, 28 *φιλόσοφον πλῆθος ἀδύνατον εἶναι.* »Es ist unmöglich, daß die Menge philosophisch gebildet sei.« (Platon, Res publica, VI, 8, p. 494 A)

195, 11 impliciter, bona fide… »mit inbegriffen, auf Treu und Glauben und im eigentlichen Sinne«

198, 25 *θαυμαζειν, μαλα φιλοσοφικον παθος.* »die Verwunderung, eine sehr philosophische Gemütsstimmung« (Platon, Theaitetos, p. 155 D; vgl. I 67, 14)

199, 30 Operari; Esse. »Handeln; Sein«

199, 31 in unserer Ausgabe Band III, 416f.

199, 35 Expediens ad hoc. »Mittel zu diesem Zweck«

200, 5 punctum pruriens. »die juckende Stelle«

202, 10 = I 69, 28

203, 22 *Ει μεν ουν*… »Wenn es nun keine andere Wesenheit gibt außer den in der Natur vorkommenden, so würde die Physik die erste Wissenschaft sein; wenn es aber eine unwandelbare Wesenheit gibt, so ist diese die frühere und die Philosophie über sie die erste und darum die allgemeinste, weil sie die erste ist; und ihre Aufgabe würde es sein, nach dem Seienden als solchem zu forschen.« (Aristoteles, Metaphysica, V, 1)

203, 31 Natura naturata; Natura naturans. »geschaffene Natur«; »schaffende Natur« (Termini Spinozas und anderer Philosophen)

204, 25 accidentaliter. »zufälligerweise, nebenher«

205, 13 ex concessis. »aufgrund von Zugeständnissen«

208, 12 Du führst… (Goethe, Faust I, 3225–3234, Wald und Höhle)

213, 2 ens extramundanum. »ein außerweltliches Wesen«

217, 29 Dies eine weiß ich… (nach Platon, Apologia, cap. 6)

219, 4 Ihr folget falscher Spur… (Goethe, Ultimatum)

223, 36 = 23, 16

224, 20 = I 69, 28

230, 33 = I 559, 36

230, 33 *ὑστερον προτερον*. »das Nachfolgende anstelle des Vorhergehenden« (Verwechslung von Grund und Folge)

234, 6 *πρωτοτυπος; εκτυπος*. »Urbild; Nachbild«

234, 28 = I 153, 35

234, 33 affectionibus animi. »Seelenregungen«

234, 34 cupiditas, timor, laetitia, tristitia. »Begierde, Furcht, Freude, Traurigkeit«

234, 34 voluntas est quippe… »Der Wille allerdings ist in ihnen allen enthalten, ja, sie alle sind nichts anderes als Willensregungen: denn was sind Begierde und Freude anderes als der Wille, dem zuzustimmen, was wir wollen? und was sind Furcht und Traurigkeit anderes als der Wille, dem nicht zuzustimmen, was wir nicht wollen?« (Augustinus, De civitate Dei, XIV, 6)

235, 12 basis cerebri. »Gehirnbasis«

242, 4 *'Ηγεμονικον.* »das leitende Prinzip« (Terminus der Stoiker)

242, 8 der starke Blinde… (nach Gellerts Fabel »Der Blinde und der Lahme«)

243, 35 l'amour-propre… »die Eigenliebe ist gewandter als der gewandteste Weltmann« (Larochefoucauld, Réflexions, maxime 4)

243, 36 *γνωθι σαυτον.* »Erkenne dich selbst« (Inschrift auf dem Apollotempel in Delphi)

245, 5 *αυτοματος.* »selbstbewegend«

245, 5 *ακαματος και αγηρατος…* »unermüdlich und nicht alternd in alle Ewigkeit«

245, 13 Toutes ces passions… »Alle diese Leidenschaften, welche so rasch aufeinanderfolgen, malen sich mit soviel Offenherzigkeit auf dem beweglichen Angesicht der Kinder. Während die schwachen Muskeln ihrer Arme und Beine noch kaum imstande sind, einige unbestimmte Bewegungen auszuführen, wird von den Gesichtsmuskeln durch bestimmte Bewegungen schon fast die ganze Reihe der allgemeinen Affekte ausgedrückt, welche der Menschennatur eigen sind: und der aufmerksame Beobachter erkennt mit Leichtigkeit in diesem Bilde die charakteristischen Züge des künftigen Mannes.« (Cabanis, Rapports du physique et du moral, vol. I, p. 123; gekürzt)

246, 29 con mucho sosiego. »mit vieler Gelassenheit«

246, 33 Benjowski. (Kotzebue, Graf Benjowsky oder die Verschwörung auf Kamtschatka, 1795)

247, 15 mania sine delirio. »Raserei ohne Wahnsinn«

247, 24 vis inertiae. »Kraft der Trägheit«

248, 7 minorum gentium. »der weniger bedeutenden Leute«

248, 24 vis naturae medicatrix. »die Heilkraft der Natur«

248, 27 ordine rerum. »nach der Ordnung der Dinge«

250, 23 es la passion... [eigentlich: pasión] »Die Leidenschaft ist der erklärte Feind der Klugheit.« (Balthasar Gracián, vielleicht nach Handorakel, Regel 52 und 287)

250, 31 animi perturbatio. »Geistesverwirrung«

252, 18 Such as we know... »Was wir als falsch erkennen und doch fürchten, / Weil stets der Wahrheit nahe kommt das Schlimmste« (Byron, Lara I, 28, 31)

253, 8 Intellectus luminis sicci... »Der Intellekt hat nicht ein trockenes Licht [sc. das ohne Öl brennt], sondern er empfängt Zufluß vom Willen und von den Leidenschaften; und dieses erzeugt die Erkenntnisse, wie er sie zu haben wünscht: denn was der Mensch am meisten will, das glaubt er am liebsten. Auf unzählige, bisweilen unmerkliche Weisen beeinflußt und infiziert die Leidenschaft den Intellekt.« (Bacon, Novum Organum, I, 49)

256, 33 vexatio dat intellectum. »die Not verleiht Verstand« (sprichwörtlich, nach Jesaias 28, 19)

261, 36 furor brevis. »[der Zorn ist] eine kurze Raserei« (Horaz, Epistulae, I, 2, 62)

263, 1 Stat pro ratione voluntas. »[So will ich, soll es sein,] der Wunsch überhebt mich der Gründe.« (Juvenal, Saturae 6, 223)

263, 10 Si quelqu'un excelle... »Falls einer unter uns herausragt, soll er gehen und anderswo herausragen.« (Helvétius, nach Cicero, Tusculanae disputationes V, 36, 105, wo dieser einen Satz des Heraklit bei Strabo XIV, 25 zitiert)

264, 36 omnis animi voluptas... »Alle Wonne und alle Heiterkeit beruhen darauf, daß man Menschen habe, im Vergleich zu denen man hoch von sich selbst denken kann.« (Hobbes, De cive, I, 5)

265, 4 Gewissen Menschen... (Lichtenberg, Vermischte Schriften, neue Ausg. II, 177)

265, 6 Les gens médiocres... »Mittelmäßige Menschen haben einen sicheren und flinken Instinkt dafür, Menschen von Geist zu erkennen und zu fliehen.« (nach Helvétius, De l'esprit, Disc. II, c. III, alinea 5)

265, 8 there is nothing... (Boswell, The Life of Samuel Johnson, aetat. anno 74, A.D. 1783)

266, 21 Da coloro,... (Giovanni Rosini, Luisa Strozzi, Storia del secolo XVI., vol. IV)

267, 12 stultitia. »Dummheit«

267, 13 malitia. »Bosheit«

268, 18 a man highly gifted. »ein hochbegabter Mann«

271, 18 Ich bin ein Mann... (Shakespeare, King Lear, III, 2)

271, 28 = 264, 36

272, 4 *ὁ βιος βϱαχυς*... »Das Leben währt kurz, die Kunst aber lange.« (Hippocrates, Aphorismi, I, 1; danach Seneca, De brevitate vitae, I, 1)

272, 20 in unserer Ausgabe Band III, 649f.

276, 26 Nec cor nec caput habet. »Weder Herz noch Kopf hat er.« (Seneca, Ludus de morte Claudii Caesaris, c. 8)

277, 1 *φιλον ἦτοϱ*. »das liebe Herz« (Homer, Ilias, V, 250; XIII, 84 u.ö.)

277, 30 *ανεμων*. [eigentlich: *δνεμος*] »Wind«

278, 3 immortalis. »unsterblich«

279, 32 *βελτιον του ζῃν το ευ ζῃν*. »Gut leben ist besser als leben.« (Aristoteles, Topica, III, 2)

280, 18 horror mortis. »Grauen vor dem Tod«

281, 23 = 42, 1

282, 20 = 248, 24

283, 16 capere somnum. »Schlaf fassen«

283, 30 *ανιη και πολυς ὑπνος*... »Auch reichlicher Schlaf ist Beschwerde.« (Homer, Odyssee, XV, 394)

284, 20 = 42, 1

285, 3 Schlaf ist Schaale... (Goethe, Faust II, 4661, Eingangsszene)

288, 15 =42, 1

291, 14 =I 119, 16

293, 33 Ich denke... (Kant, Kritik der reinen Vernunft, I. Transzendentale Elementarlehre, 2. Teil, I, 1, § 16)

294, 15 ductus thoracicus. »Brustgang«

295, 12 sympathicus maximus. »das sympathische Eingeweide-Nervensystem«

295, 18 motus peristalticus. »peristaltische Verdauungsbewegung«

296, 4 vis a tergo. »eine von hinten treibende Kraft«

296, 18 Le mouvement du cœur... »Die Bewegung des Herzens, für sich betrachtet und abgesehen von allem, was nicht wesentlich sie selbst ist, wie z. B. ihre Dauer, ihre Regelmäßigkeit, ihre Intensität, hängt weder unmittelbar noch mittelbar vom zentralen Nervensystem ab, und folglich muß man das ursprüngliche und unmittelbare Prinzip dieser Bewegungen an einem ganz anderen Punkte des Systems als in den Nervenzentren selbst suchen.« (M.P. Flourens, Nouvelles expériences sur le système nerveux, in: Annales des sciences naturelles 1828, vol. 13, p. 88; gekürzt)

296, 24 La circulation survit... »Der Blutkreislauf überdauert die Zerstörung des gesamten Gehirns und des gesamten Rückenmarks.« (Cuvier, Mémoire de l'académie des sciences, 1823, vol. 6; Histoire de l'académie par Cuvier, p. CXXXIII; gekürzt)

296, 27 Cor primum vivens... »Das Herz ist das erste, was lebt, und das letzte, was stirbt.« (vgl. Albrecht von Haller, Elementa physiologiae corporis humanae, lib. XXX, 2, §23, p. 123)

298, 33 functiones vitales. »Lebensfunktionen« (Blutkreislauf)

298, 34 functiones animales. »sensible Funktionen« (Nerventätigkeit)

298, 35 functiones naturales. »organische Funktionen« (Stoffwechsel)

299, 5 cerebrum abdominale. »Bauchnervengeflecht«

300, 22 vita propria. »Eigenleben«

300, 32 sphincteres vesicae et ani. »Schließmuskeln der Harnblase und des Afters«

301, 17 = 42, 1

301, 21 der sentient and voluntary nerv[e]. »der empfindende und wollende Nerv«

301, 22 der incident and motor nerv[e]. »der reizende und bewegende Nerv«

302, 11 = 242, 4

304, 10 omne simile claudicat. »Jeder Vergleich hinkt.« (sprichwörtlich)

304, 19 = 248, 24

305, 17 in unserer Ausgabe Band III, S. 202

306, 25 Il est sans doute... »Es ist zweifellos erstaunlich, daß die Leidenschaften niemals weder ihren Endpunkt noch ihren Ausgangspunkt in den verschiedenen Organen des animalischen Lebens haben; daß vielmehr diejenigen Teile, welche den inneren Funktionen dienen, beständig durch dieselben affiziert werden und sie sogar bestimmen, je nach dem Zustand, in dem sie sich befinden. Und doch wird dies durch genaue Beobachtung erwiesen. Ich behaupte zunächst, daß die Wirkung von allen Arten der Leidenschaft beständig dem animalischen Leben fremd bleibt und vielmehr darin besteht, in dem organischen Leben eine Veränderung, irgendeine Modifikation zu veranlassen.« (Marie François Xavier Bichat, Recherches physiologiques sur la vie et la mort, I, art. 6, 4ème éd. 1822, p. 70)

307, 17 Les chants sont... »Der Gesang ist die Sprache der Leidenschaften, des organischen Lebens, wie das gesprochene Wort die des Verstandes, des animalischen Lebens ist: die Deklamation hält die Mitte, sie belebt die kalte Sprache des Gehirns durch die ausdrucksvolle Sprache der inneren Organe, des Herzens, der Leber, des Magens usw.« (Bichat, Sur la vie et la mort, p. 77)

307, 21 La vie organique... »Das organische Leben ist der Endpunkt, in welchen die Leidenschaften auslaufen, und das Zentrum, von welchem sie ausgehen.« (ibidem p. 80)

308, 2 Telle est donc... »Dies ist also der große Unterschied in den beiden Leben des Tieres (dem cerebralen oder animalen und dem organischen Leben) hinsichtlich der Ungleichheit in der Vervollkommnung der verschiedenen Systeme von Funktionen, aus denen jedes der beiden Systeme resultiert; nämlich daß in dem einen (dem animalischen Leben) die Vorherrschaft oder die Inferiorität irgend eines Systems im Vergleich mit den anderen fast immer bedingt ist durch die größere oder geringere Regsamkeit oder Trägheit dieses Systems, durch die Gewohnheit sich zu betätigen oder nicht zu betätigen; und daß hingegen in dem anderen (dem organischen Leben) diese Vorherrschaft oder Inferiorität unmittelbar mit der Textur der Organe zusammenhängt und niemals mit ihrer Erziehung. Eben dies ist der Grund, warum das physische Temperament und der *moralische Charakter* für eine Änderung durch die Erziehung durchaus nicht empfänglich sind, welche doch in so außerordentlichem Maße die Betätigungen des animalischen Lebens beeinflußt; denn alle beide (das Temperament und der Charakter) *gehören*, wie wir gesehen haben, *zum organischen Leben*. Der Charakter ist, wenn ich mich so ausdrücken darf, der Ausdruck der Leidenschaften; das Temperament ist derjenige der inneren Funktionen. Da nun die einen wie die anderen immer dieselben bleiben und eine Richtung haben, welche durch Gewohnheit und Übung niemals gestört wird, so ist es klar, daß auch das Temperament und der Charakter der Herrschaft der Erziehung entzogen bleiben müssen. Diese kann allerdings den Einfluß des Charakters mildern, das Urteil und das Nachdenken beträchtlich vervollkommnen, um ihre Herrschaft der seinigen überlegen zu machen. Sie kann weiterhin das animalische Leben kräftigen, so daß es den Antrieben des organischen Lebens Widerstand leisten kann. Wer aber durch die Erziehung dem Charakter eine andere Natur geben, die Leidenschaften, deren stetiger Ausdruck er ist, mildern oder steigern, ihre Sphäre erweitern oder einschränken wollte, der würde etwas ähnliches unternehmen, wie ein Arzt, der versuchen wollte, die dem Herzen im gesunden Zustande eigene Kraft der Zusammenziehung um einige Grade und für das ganze Leben zu steigern oder zu mäßigen, oder die den Arterien natürliche und für ihre Betätigung notwendige Bewegung für die Dauer zu beschleunigen oder zu verlangsamen. Wir würden diesem Arzte vorhalten, daß Blutkreislauf, Atmung usw. nicht unter der Herrschaft der Willkür stehen, daß sie vom Menschen nicht abgeändert werden können, ohne in einen krankhaften Zustand zu geraten usw. Die nämliche Vorhaltung machen wir denen, welche glauben, daß man den Charakter und durch ihn sogar *die Leidenschaften* abändern könne; denn diese sind *ein Produkt der Tätigkeit aller inneren Organe* oder haben wenigstens in ihnen ihren eigentümlichen Sitz.« (Bichat, Sur la vie et la mort, art. 9, §2, pp. 231–233)

309, 29 le philosophe par excellence. »der Philosoph schlechthin«

309, 30 Tout ce qui... »›Alles, was sich auf das Erkennen bezieht, gehört dem animalen Leben an‹, sagt Bichat, und soweit gibt es keinen Zweifel; ›alles, was sich auf die Leidenschaften bezieht, gehört dem organischen Leben zu‹, – und das ist völlig falsch.« (Flourens, De la vie et de l'intelligence, II, 134)

309, 32 decrevit Florentius magnus. »der große Flourens hat entschieden«

310, 8 les volontés sont des pensées. »die Willensakte sind Gedanken«

310, 16 Le premier point... »Als erstes kommt es darauf an, das zum Körper Gehörige von dem zur Seele Gehörigen zu trennen, sogar im Wortgebrauch.« (Flourens, De la vie et de l'intelligence, I, 72; gekürzt)

310, 17 diese âme réside... »diese Seele wohnt einzig und allein im Gehirn« (Flourens, De la vie et de l'intelligence, II, 137)

310, 19 spiritus animales. »Lebensgeister« (Terminus Descartes')

311, 11 = 310, 8

311, 12 Le premier service... »Der erste Dienst, den Gall der *Physiologie* erwiesen hat, war die Zurückführung des Moralischen auf das Intellektuelle, der Hinweis, daß die moralischen und die intellektuellen Fähigkeiten zu derselben Ordnung gehören, und die Tatsache, daß er sie alle, die einen ebenso wie die anderen, einzig und allein ins Gehirn verlegte.« (Flourens, De la vie et de l'intelligence, II, 144; nicht ganz wörtlich)

311, 21 Si j'en étais... »Wenn es an mir wäre, die Verdienste Galls aufzuzählen, so würde ich als erstes die Verlegung der moralischen Eigenschaften ins Gehirn nennen.« (Flourens, De la vie et de l'intelligence, II, 147/48)

311, 22 Le cerveau seul... »Das Gehirn allein ist das Organ der *Seele*, und zwar der Seele in der ganzen Fülle ihrer Funktionen...; es ist der Sitz aller moralischen wie aller organischen Fähigkeiten. --- Gall hat *das Moralische auf das Intellektuelle* zurückgeführt, er hat die moralischen Eigenschaften auf den gleichen Sitz, das gleiche Organ zurückgeführt wie die intellektuellen.« (Flourens, De la vie et de l'intelligence, II, 153/54; nicht wörtlich)

312, 2 magna est vis... »Die Macht der Wahrheit ist groß und wird den Sieg davontragen.« (vgl. Vulgata, 3 Esra IV, 41)

312, 30 = I 650, 28

314, 19 ens rationis. »Vernunftgegenstand«

315, 10 ein Posterius; das Prius. »ein Späteres«; »das Frühere«

315, 21 = I 615, 8

315, 22 =I 615, 9

319, 29 Il n'y a que... »Nur der Geist vermag den Geist zu vernehmen; er ist eine Saite, die nur im Zusammenklang ertönt.« (Helvétius, De l'esprit, Discours II, chap. IV, alinea 5; erweitert. Vgl. I 298, 33)

319, 31 *σοφον ειναι*... »Weise muß man sein, um den Weisen anzuerkennen.« (Xenophanes, bei Diogenes Laërtios, IX, 20)

322, 13 =I 60, 35

325, 6 lex parsimoniae. »Gesetz der Sparsamkeit«

325, 7 natura nihil agit... »Die Natur tut nichts vergebens und schafft nichts Überflüssiges.« (Aristoteles, De incessu animalium, cap. 2, 704 b 15)

328, 22 Er fühlet, daß... (Goethe, Hans Sachsens poetische Sendung)

331, 25 daß er allgegenwärtig... (nach Lichtenberg, Briefe aus England, Vermischte Schriften, III, p. 209)

334, 2 Sophistikationen... (Kant, Kritik der reinen Vernunft, Dialektik II, p. 339; nicht wörtlich)

334, 27 mundus phaenomenon. »Welt der Erscheinungen«

335, 6 species transitivas. »vorübergehende Erscheinungen« (Terminus der Scholastiker)

336, 23 mater rerum. »Mutter der Dinge«

336, 29 Paläotherien. »Vorfahren des Pferdes«

337, 8 quadam prodire tenus. »Fortschreiten bis zu einer gewissen Grenze« (vgl. I 547, 15; Horaz, Epistulae, I, 1, 32)

339, 4 in unserer Ausgabe Band III, S. 251ff.

341, 30 Voluntas potentia coeca... »Der Wille ist ein blindes Vermögen, nach Ansicht der Scholastiker.« (Vaninus, Amphitheatrum, Exercitatio XXVIII, p. 181)

342, 4 =245, 5

343, 23 wo die Begriffe... (nach Goethe, Faust I, 1995–96)

343, 27 anima vegetativa, sensitiva, et intellectiva. »ernährende, empfindende und denkende Seele«

343, 28 Quidditas. »Washeit, Wesen«

343, 28 plantae nutriuntur… »Die Pflanzen ernähren sich, weil sie das Vermögen der Ernährung haben.«

345, 12 = 74, 1

348, 3 omnis natura… »Jedes Naturwesen ist bestrebt, sich selbst zu erhalten.« (nach Cicero, de finibus bonorum et malorum, V, 9, 26)

350, 13 = 296, 4

350, 14 = 247, 24

353, 16 matter of fact nation. »sachliche Nation«

353, 27 primary qualities. »primäre Eigenschaften« (Terminus Lockes)

357, 14 in unserer Ausgabe Band III, 86f.

362, 17 materia appetit formam. »Der Stoff strebt nach der Form.« (nach Thomas Aquinas, Summa theologiae, Pars I, quaestio L, art. II, 4)

362, 22ff. = I 201, 7

362, 23 natura nihil facit frustra. »Die Natur tut nichts vergebens.« (Aristoteles, De incessu animalium, cap. 2; vgl. 325, 7)

362, 36 pediculus capitis; p. pubis; p. corporis. »Kopflaus; Filzlaus; Kleiderlaus«

363, 7 Phtheiriasis. »Läusesucht, Läusebefall«

367, 10 = I 559, 36

367, 20 = I 119, 16

368, 9 in rerum natura. »in der Natur der Dinge«

369, 4 Credat Judaeus Apella!. »Das glaube der Jude Apella!« (Horaz, Sermones, I 5, 100)

369, 26 Spartam, quam… »Hast du Sparta erlangt, so verschöne es!« (nach Stobaios, Florilegium, 39, 10)

370, 25 = 336, 23

370, 31ff. Quaesita. »das Gesuchte«

370, 32ff. Data. »das Gegebene«

371, 18 = I 119, 16

372, 18 *ἕν και παν*. »eines und alles« (nach Xenophanes, belegt bei Simplicius, In Aristotelis Physica commentaria, 22, 26d)

373, 34 per secula seculorum. »in alle Ewigkeit«

374, 17 *Αναγκη*. »Notwendigkeit, Zwang«

377, 13 = 203, 31

378, 16 = 337, 8

381, 31 Haud distributum animantibus... »Ungeteilt, und doch als wäre es geteilt, wohnt es den Wesen inne. Erkennen muß man es als das die Wesen Erhaltende, Verschlingende und wieder Hervorbringende.« (Bhagavadgîtâ, XIII, 16)

382, 1 animal compositum. »zusammengesetztes Lebewesen«

382, 3 Veretillum, Funiculina. »Schwimmpolyp, Seefedern«

382, 17 influxus physicus. »physischer Einfluß«

382, 17 = I 69, 28

382, 18 actio in distans. »Fernwirkung«

382, 25 = I 201, 7

383, 31 Prius. »Vorhergängiges«

385, 3 Konspiration. »Einmütigkeit«

386, 25 Babirussa. »Hirscheber«

386, 31 Cetaceen. »Walartige«

387, 2 exceptio firmat regulam. »Die Ausnahme bestätigt die Regel.« (sprichwörtlich)

387, 13 Proteus anguinus. »Grottenolm«

388, 8 = I 204, 4

388, 13 *Δυο τροποι*... »Es gibt zwei Arten von Ursachen: die Zweckursache und die notwendig wirkende Ursache; und man muß möglichst beide berücksichtigen.« (Aristoteles, De partibus animalium, I, 1)

389, 21 Chorioidea. »Aderhaut«

391, 2 natura non facit... »Die Natur macht keine Sprünge und schlägt bei allen ihren Unternehmungen den bequemsten Weg ein.« (Aristoteles, De incessu animalium, cap. 2 und cap. 8; vgl. 74, 1)

391, 21 germen. »Fruchtknoten«

391, 27 = I 119, 16

391, 32 *ἡ αιτια εξ αναγκης*. »notwendig wirkende Ursache«

391, 32 ἡ χαριν του βελτιονος. »die Ursache zum Zwecke des Besseren«

392, 12 rete Malpighi. »Malpighisches Netz« (Schleimschicht der Haut)

393, 1 Mons Veneris. »Schamhügel, Venushügel«

393, 2 Ossa pubis. »Schambeine«

393, 16 = I 208, 35

394, 11 den Ominibus. »den Omina, den Vorbedeutungen«

394, 17 = 126, 7

395, 13 = 386, 31

395, 18 Mammilarapparat. »Säugeapparat«

396, 9 = I 223, 31

396, 29 les causes finales… »die Endursachen oder, was *dasselbe* bedeutet, die Betrachtung der göttlichen Weisheit in der Ordnung der Dinge.« (Leibniz, Lettre à M. Nicaise, ed. Erdmann, p. 139a 15)

397, 3 design! design! »Absicht! Absicht!«

397, 21 Reticenzen. »Verschweigen«

397, 22 kalten Aberglauben. (genauer: der »kalte Glaube«. Fürst Pückler, Briefe eines Verstorbenen)

398, 17 das naturam nihil frustra… »…daß die Natur nichts vergeblich tut, erklärt: das heißt, was nicht zum Nutzen der Menschen dient; desgleichen: Alles in der Natur betrachten sie als Mittel zu ihrem Nutzen, und sie glauben, daß es einen anderen gebe, der diese Mittel bereitet habe; wie auch: daraus haben sie geschlossen, daß die Götter alles zum Nutzen der Menschen geschaffen haben und lenken. Darauf nun stützt er seine Behauptung: daß die Natur sich keinen Zweck vorgenommen habe und daß alle Endursachen nichts weiter seien als menschliche Erfindungen.« (Spinoza, Ethica, I, prop. 36, appendix)

398, 27 est enim verum… »Denn das Wahre legt Zeugnis ab für sich selbst wie für das Falsche.« (Spinoza, Epistulae, 76)

399, 9 ἡ φυσις ποιει… »die Natur schafft«

399, 10 ἡ φυσις πεποιηται… »die Natur wird geschaffen«

399, 12 *ματην ὁϱωμεν*... »Wir sehen, daß die Natur nichts vergeblich tut.« (Aristoteles, De respiratione, cap. 10; vgl. 325, 7/362, 23)

399, 15 *Ουδε πεϱιεϱγον*... »Die Natur schafft nichts Überflüssiges und nichts vergebens. – Die Natur schafft alles um irgendeines Zweckes willen. – Überall dort aber sagen wir, dies geschieht um jenes Zweckes willen, wo wir irgendein Endziel sehen, auf das die Bewegung hinausläuft; daher ist es klar, daß es etwas Derartiges gibt, das wir Natur nennen. – Der Körper ist nämlich ein Werkzeug; denn jeder seiner Teile dient einem Zweck, und ebenso der ganze Leib.« (Aristoteles, De generatione animalium, I, 1)

399, 27 *῾Η φυσις ουδεν*... »Die Natur schafft nichts vergebens, sondern immer dasjenige, was von dem bei jeder Tiergattung Möglichen für sie das Beste ist.« (Aristoteles, De incessu animalium, cap. 2; vgl. 325, 7/362, 23)

404, 16 fatidiker Träume. »prophetischer Träume«

404, 28 = 300, 22

407, 35 Bombex. »Seidenraupe«

408, 31 = 314, 19

409, 19 *ἡ φυσις δαιμονια*... »Die Natur ist dämonisch, nicht göttlich.« (Aristoteles, De divinatione per somnum, c. 2, ed. Berol. p. 463 b 14)

410, 7 = 370, 31/32

410, 27 = I 201, 7

412, 36 = I 69, 28

414, 23 animal nocturnum. »Nachttier«

415, 16 bellum omnium. »Krieg aller« (vgl. I 432, 33)

415, 18 in secula seculorum. »in alle Ewigkeit« (vgl. 373, 34)

416, 11 ens perfectissimum. »das allervollkommenste Wesen«

418, 7 le jeu ne vaut... »Das Spiel ist die Kerze [d. h. die Mühe] nicht wert.« (sprichwörtlich)

419, 34 *ου φυσει*... »nicht natürlich, sondern gewaltsam« (nach Aristoteles, De coelo, II, 13)

420, 5 geberdet Jeder sich... (nach Goethe, Egmont, III, 2)

420, 10 conclusio ex praemissis. »Schluß aus den Voraussetzungen«

421, 4 Et is similis… »Und er ist einem Zuschauer ähnlich, weil er von allem getrennt ein Schauspiel sieht.« (Oupnek'hat, I, 304 bzw. Maitri-Upanishad 2, 7)

424, 19 species rerum. »Arten der Dinge«

425, 27 species; genus. »Art; Gattung«

425, 35 *οἷον οικια,…* »wie ein Haus oder ein Ring, von denen es, wie sie sagen, keine Ideen gibt« (Aristoteles, Metaphysica, XIII, 5)

426, 2 *αλλ' ειπεϱ…* »Sondern wenn überhaupt Ideen angenommen werden, so nur von den Naturdingen; daher Platon nicht übel sagte, daß es so viele Ideen gebe wie Naturdinge.« (Aristoteles, Metaphysica, XII, 3; vgl. I 284, 25)

426, 6 *και τουτο αϱεσκει…* »Und das gefällt auch selbst denen, welche Ideen annehmen; denn von Kunsterzeugnissen, so sagten sie, gebe es keine Ideen, sondern nur von Naturdingen.« (Scholia in Aristot. metaph, ed. Brandis, p. 800 b 22)

426, 32 universalia ante rem; universalia post rem. »das Allgemeine vor dem Ding; das Allgemeine nach dem Ding.« (Termini der Scholastiker)

429, 16 noluntas. »Nichtwollen«

429, 17 voluntas. »Wollen«

431, 23 Nox erat… »Nacht war's, und der Mond erglänzte am heiteren Himmel, / Von kleineren Sternen umkränzt.« (Horaz, Epod., 15, 1)

436, 27 Die Sterne… (Goethe, Trost in Tränen, Str. 7)

439, 13 monstris per excessum; m. per defectum; m. per situm mutatum. »Mißbildungen aus Übermaß; aus Mangel; aus falscher Lage«

443, 33 In tristitia… »In Traurigkeit heiter, in Heiterkeit traurig« (Giordano Bruno, Motto der Komödie Il candelaio)

446, 18 omnes ingeniosos melancholicos esse. »alle genialen

Menschen seien Melancholiker« (Cicero, Tusculanae disputationes, I, 33, 80)

446, 21 Meine Dichtergluth... (Goethe, Sprüche in Reimen, »Sprichwörtlich«)

447, 12 =443, 33

449, 24 Denn aus Gemeinem... (Schiller, Wallensteins Tod, I, 4)

449, 28 daß kein Held... (vgl. Plutarch, Moralia; später auch bei Montaigne u.a. in abgewandelter Form)

449, 34 Wer *mit* einem Talente... (Goethe, Wilhelm Meisters Lehrjahre, 1. Buch, 14. Kapitel)

455, 17 Il y a peu... »Es gibt wenige Laster, die einen Menschen so sehr daran hindern, viele Freunde zu haben, wie dies zu große Vorzüge tun können.« (Chamfort, Maximes, chap. 2)

456, 10 *῾Ο καιρος ὁ εμος...* »Meine Zeit ist noch nicht gekommen; eure Zeit aber ist immer da.« (Johannes 7, 6)

456, 22 Die Nachahmung... (Goethe, Wilhelm Meisters Lehrjahre, 7. Buch, 9. Kapitel)

456, 24 Il en est... »Mit dem Wert der Menschen ist es wie mit dem der Diamanten, die bis zu einem gewissen Grade ihrer Größe, Reinheit und Vollkommenheit einen festen und bestimmten Preis haben, die aber jenseits dieses Grades keinen Preis mehr haben und auch keine Käufer finden.« (Chamfort, Maximes, chap. 1)

456, 29 Infimarum virtutum... »Die niedrigsten Tugenden finden beim Pöbel Lob, die mittleren Bewunderung, die höchsten keinerlei Verständnis.« (Bacon, De augmentis scientiarum, VI, 3)

456, 31 apud vulgus! »Beim Pöbel!«

456, 32 Nel mondo non è... (Macchiavelli, Il principe, cap. XVIII)

456, 33 daß zum großen Haufen... (Ludewig Thilo, Über den Ruhm, Halle 1803, S. 392; nicht wörtlich)

459, 24 Dans l'enfance... »In der Kindheit ist das Nervensystem im Verhältnis zum Muskelsystem weit ansehnlicher als in allen späteren Lebensaltern, während in der

Folge die meisten anderen Systeme über jenes vorherrschen. Um die Nerven gründlich zu studieren, wählt man bekanntlich immer Kinder.« (Bichat, Recherches physiologiques sur la vie et la mort, Art. 8, §6)

463, 12 L'intelligence de l'orang-outang… »Die Intelligenz des Orang-Utan, welche so hoch und so frühzeitig entwikkelt ist, nimmt mit dem Alter ab. Solange der Orang-Utan jung ist, überrascht er uns durch seinen Scharfsinn, seine Schlauheit und seine Geschicklichkeit; aber nachdem er erwachsen ist, ist er nichts als ein grobes, brutales, unzugängliches Tier. Und ähnlich wie mit dem Orang-Utan steht es mit allen Affen. Bei allen nimmt die Intelligenz ab in dem Grade, wie die Kraft zunimmt. Dasjenige Tier, welches die höchste Intelligenz besitzt, hat nur in der Jugend diese ganze Intelligenz.« (Flourens, Résumé analytique des observations de Fr. Cuvier sur l'instinct et l'intelligence des animaux, 1841, p. 50)

463, 19 Les singes… »Die Affen aller Arten zeigen dieses umgekehrte Verhältnis zwischen Lebensalter und Intelligenz. So hat z. B. der Hanuman oder Hulman (eine Meerkatzenart von der Untergattung Semnopithecus, die in der brahmanischen Religion verehrt wird) in der Jugend eine breite Stirn, eine wenig hervortretende Schnauze und einen hohen, runden Schädel usw. Mit zunehmendem Alter schwindet die Stirn und tritt zurück, die Schnauze tritt hervor, und die moralischen Eigenschaften ändern sich nicht weniger als die physischen: Stumpfheit, Gewalttätigkeit und das Bedürfnis nach Alleinsein treten an die Stelle des Scharfsinns, der Gelehrigkeit und der Zutraulichkeit. Diese Unterschiede sind so groß, wie Herr Fréd. Cuvier sagt, daß nach unserer Gewohnheit, die Handlungen der Tiere nach den unsern zu beurteilen, wir das junge Tier als ein Individuum in dem Alter ansehen würden, wo alle moralischen Eigenschaften der Spezies sich schon entwickelt haben, und den erwachsenen Hanuman als ein Individuum, welches nur erst seine physischen Kräfte besäße. Aber die Natur verfährt nicht so mit diesen Tieren, welche den engen Kreis nicht überschreiten dürfen, der ihnen vorgeschrieben ist, und welcher eben ausreicht, ihr Bestehen zu sichern. Zu diesem Zwecke war die Intelligenz notwendig, als die Kraft noch nicht da war, und nachdem diese sich entwickelt hat, verliert jede andere Fähigkeit an Nutzen.« (ibidem, p. 87)

463, 35 La conservation des espèces... »Die Erhaltung der Arten ist nicht weniger durch die intellektuellen Eigenschaften der Tiere bedingt als durch ihre organischen Eigenschaften.« (ibidem, p. 118)

470, 4 Kathartikon. »Mittel zur Läuterung«

473, 7 = 87, 25/163, 16

473, 28 Le secret... »Die Kunst, langweilig zu sein, besteht darin, alles zu sagen.« (Voltaire, Discours sur l'homme, VI, 72; nicht wörtlich)

476, 21 Quandoque dormitat bonus Homerus. »[Ungehalten bin ich,] wenn einmal Homer, der vortreffliche, schlummert« (Horaz, De arte poetica, 359)

482, 13 natura nihil agit... »Die Natur tut nichts vergebens und nichts Überflüssiges und schlägt bei allen ihren Unternehmungen den bequemsten Weg ein.« (Aristoteles, De incessu animalium, c. 2; vgl. 325, 7/362, 23)

484, 10 *Βαϱβαϱοι!* »Barbaren!«

488, 24 Daß ich mit Göttersinn... (Goethe: »Kenner und Künstler«)

493, 6 ut nosti. »wie du weißt«

495, 12 merit; modesty. »Verdienst; Bescheidenheit«

495, 16 La fausse humilité... »Falsch angebrachte Demut bringt nimmer Würden ein, / Ist dir dein Wert bewußt, wird er's auch andern sein.« (Corneille, Excuse à Ariste)

495, 18 Nur die Lumpe sind bescheiden. (Goethe, Gesellige Lieder, »Rechenschaft«)

498, 11 lenocinium. »Lockmittel«

499, 14 an heir in old age. »Ein Erbe im hohen Alter«

499, 31 bouts-rimés. »vorgeschriebene Endreime«

500, 21 à peu près. »ungefähr«

500, 33 la bég[u]eulerie... »die alberne Ziererei der französischen Sprache«

501, 21 en capa y espada. »in Mantel und Degen«

502, 22 Mai non vo' più... »Nie mehr singen will ich, wie ich gewohnt war.« (Petrarca, Rime I, Canzone IX)

505, 3 *αρκειτω βιος.* »des Lebens sei genug!« (Aischylos, Agamemnon, 1306)

507, 5 Das Leben ist... (Schiller, Die Braut von Messina, IV, Schluß)

507, 9 Qual cor tradisti... »Welch Herz du verrietest, welch Herz du verlorst« (Vincenzo Bellini, Norma, II, Finale d)

507, 32 Pensez à votre affaire! »Denken Sie an Ihre Sache!«

507, 36 exspatiatur. »es schweift ab«

508, 28 »Pflicht um Pflicht« (Drama in 1 Aufzug von Pius Alexander Wolff, 1816)

510, 18 *και φιλοσοφωτερον...* »die Dichtkunst ist sowohl philosophischer als auch wertvoller als die Geschichte« (Aristoteles, Poetica, c. 9)

510, 31 *ποιησις; ἱστορια.* »Dichtkunst; Geschichte«

513, 22 *φιλοκαθολου γαρ ὁ φιλοσοφος ...* »denn der Philosoph ist ein Freund des Allgemeinen« (nach Olympiodori in Platonis Alcibiadem Priorem Commentarii, p. 160)

516, 4 finaliter. »endlich«

516, 20 »Humor der Sache« (Shakespeare, Henry V., II, 1)

517, 13 Eadem, sed aliter. »Das gleiche, jedoch in anderer Form«

521, 24 vox humana. »menschliche Stimme« (auch Bezeichnung für ein bestimmtes Orgelregister)

523, 30 rerum concordia discors. »der Welt zwieträchtige Eintracht« (Horaz, Epistulae, I, 12, 19)

524, 29 obstrepunt sibi perpetuo. »sie lärmen immerfort gegeneinander«

528, 3 les extrèmes se touchent. »die Extreme berühren sich«

(nach Epiphanios, Adversus haereses, 3, 2; auch bei Jean de Labruyère, Caractères de Théophraste, und bei Blaise Pascal, Pensées)

528, 29 Ich habe unter meinen Papieren... (Goethes Gespräche mit Eckermann, Montag, den 23. März 1829; der Vergleich geht auf Schelling zurück)

531, 24 languor. »Mattigkeit, Schwermut«

532, 28 Et anand sroup, quod... »Und wonneartig, welches eine Art der Lust ist, wird der höchste Atman darum genannt, weil überall, wo eine Lust ist, diese ein Teilchen seiner Lust ist.« (Oupnek'hat, I, 405; II, 215)

533, 4 Tous les hommes... »Alle Menschen trachten nur danach, sich vom Tode zu befreien: sie wissen aber nicht, sich vom Leben zu befreien.« (Lao-tseu, Tao-te-king, ed. Stan. Julien, p. 184)

536, 26 *ϑανατου μελετη*. »die Vorbereitung auf den Tod« (Platon, Phaidon, p. 81 A)

538, 6 edite, bibite... »Eßt, trinkt, nach dem Tode gibt es keine Lust mehr« (nach 1. Kor. 15, 32)

539, 25 on aime la vie... »Man liebt das Leben; aber das Nichts hat auch sein Gutes.« (Voltaire, Lettre à Mme la Marquise du Deffand, 1. 11. 1769)

539, 26 je ne sais pas... »Ich weiß nicht, was es mit dem ewigen Leben auf sich hat, aber das gegenwärtige Leben ist ein schlechter Scherz.« (Voltaire, Lettre à M. Le Comte d'Argental, 27. 7. 1768)

540, 35 In gladiatoriis... »Bei den Gladiatorenkämpfen pflegen wir die Feigen, die uns anflehen und beschwören, sie leben zu lassen, sogar zu verabscheuen; die Tapferen, Mutigen, die sich selbst mit Ungestüm dem Tode darbieten, sie möchten wir am Leben erhalten.« (Cicero, Pro Milone, 34, 92)

541, 35 = I 615, 9

541, 36 = I 615, 8

542, 3 in partem ante. »auf das Vorher«

542, 21 *ὁ ϑανατος*... (Diogenes Laërtios, X, 125)

542, 31 fuga mortis. »Flucht vor dem Tode«

543, 10 Regrettirens. »Bedauerns«

544, 1 Verschwinden und Verschweben. (nach Goethe, West-östlicher Divan, Buch des Paradieses, Höheres und Höchstes)

544, 12 nach welchen schon Hamlet frägt. (Shakespeare, Hamlet, III, 1)

545, 1 cessio bonorum. »die Abtretung der Vermögensgüter« (Ausdruck der Jurisprudenz)

545, 16 aktuirte. »in Tätigkeit setzte«

546, 20 Aeternität. »ewige Dauer«

548, 21 apperçu. »Einfall«

551, 3 tour de passe-passe. »Taschenspielerstück«

551, 19 patois du pays. »Provinzialismus«

551, 20 cum grano salis. (nach Plinius, Historia naturalis, 23, 8, 149)

552, 10 *οἱοι νυν βροτοι εισιν.* »wie die Sterblichen jetzt sind« (Homer, Ilias, V, 304 u.ö.)

555, 8 *οἱη περ φυλλων…* »Gleich wie die Blätter am Baume, so sind die Geschlechter der Menschen.« (Homer, Ilias, VI, 146)

557, 24 *Παρμενιδης και Μελισσος…* »Parmenides und Melissos leugneten das Entstehen und Vergehen, weil sie das All für unbeweglich hielten.« (Stobaios, Eclogae, I, 20, 1)

557, 30 *Νηπιοι· ου γαρ σφιν…* »Toren sind sie, ermangelnd des weitausblickenden Denkens, / Die da wähnen, es könne entstehen, was nicht schon gewesen, / Oder es könne vergehen und gänzlich werden zu nichte. / Niemals wird in den Sinn dergleichen kommen dem Weisen; / Daß wir, solange wir leben, – was man so als Leben bezeichnet – / Nur so lange auch seien behaftet mit Schlimmem und Gutem, / Und daß wir vor der Geburt und nach dem Tode ein Nichts sind.« (Empedokles bei Plutarchos, Adversus Coloten, 12, p. 1113 d)

558, 10 un château immense... »ein großes Schloß, über dessen Eingangsportal zu lesen stand: ›Ich gehöre niemandem, und ich gehöre aller Welt: du warst darin, ehe du es betreten, du bleibst darin, nachdem du es verlassen.‹« (Diderot, Jacques le fataliste, ed. Paris 1796, vol. I, p. 65; verkürzt)

558, 27 = I 241, 5

560, 7 = I 166, 30

561, 10 Archaeus. »Urkraft«

561, 36 *ὁ χρονος εἰκων του αἰωνος.* »Die Zeit ist das Abbild der Ewigkeit.« (Plotinos, Enneades, III, 7, 11; nicht wörtlich; vgl. I 241, 16)

563, 8 lex parsimoniae naturae. »das Gesetz der Sparsamkeit der Natur«

563, 9 natura nihil facit supervacaneum. »die Natur schafft nichts Überflüssiges« (Aristoteles, De generatione animalium, II, 6; vgl. 325, 7)

563, 9 et nihil largitur. »und sie schenkt nichts«

563, 12 = 248, 24

565, 22 sentimus, experimurque... »Wir fühlen es, und wir erfahren es, daß wir *ewig* sind.« (Spinoza, Ethica, V, prop. 23, scholium)

565, 30 Ex nihilo nihil fit... »Aus nichts wird nichts, und nichts kann wieder zu nichts werden.« (nach Lukrez, I, 149, 205, und II, 287; Epikur bei Diogenes Laërtios, 10 und 24; Mark Aurel, Selbstbetrachtungen, IV, 4)

565, 32 Die Seel in mir... (Paracelsus, Philosophiae ad Athenienses drey Bücher, Werke, Straßburg 1603, Bd. 2, S. 6)

566, 19 Humano capiti... »Wie wenn der Maler einen menschlichen Kopf einem Pferdehals anfügen wollte« (Horaz, De arte poetica, 1)

568, 20 = I 241, 5

568, 27 *Το γαρ ὀν...* »Was nämlich ist, wird immer sein.« (Stobaios, Eclogae, I, 43, 6)

572, 5 securitati perpetuae. »zu ewiger Geborgenheit«

572, 6 bonae quieti. »zu guter Ruhe«

575, 6 natus et denatus. »geboren und entboren [sc. gestorben]«

575, 28 = 565, 22

576, 21 = I 166, 30

581, 24 Mir däuchte doch… (Goethe, Faust I, 2334, Auerbachs Keller)

582, 17 = I 166, 30

582, 35 »zu neuen Ufern… (Goethe, Faust I, 701, Nacht)

583, 11 denn Alles was entsteht… (Goethe, Faust I, 1339–40, Studierzimmer)

583, 32 *ψυχη*. »Seele«

587, 2 Cette vieille croyance… »Dieser alte Glaube hat die Reise um die Welt gemacht und war im hohen Altertum so weit verbreitet, daß ein gelehrtes Mitglied der anglikanischen Kirche über ihn urteilt: er sei ohne Vater, ohne Mutter und ohne Stammbaum.« (Obry, Du Nirvana Indien, ou de l'affranchissement de l'âme après la mort, selon les Brahmanes et les Bouddhistes, p. 13, in: Académie des sciences Amiens, 1856, vol. X, p. 523)

587, 16 *Κοινη μεν οὐν…* »Gemeinsam ist allen Griechen, die die Seele für unsterblich erklärten, die Lehre von der Wanderung aus einem Leib in den anderen.« (Nemesios, De natura hominum, cap. 2, ed. Oxford 1671, p. 83)

587, 32 Der jüngere von ihnen… (»Execution of 2 Aboriginal Natives of Australia«, The Times, Jan. 29, 1841)

588, 16 »Ich kann den Gedanken… (Lichtenberg, Vermischte Schriften, neue Ausg. Göttingen 1844, Bd. I, S. 32)

588, 25 = I 615, 9

589, 11 *ὁτι προφητης…* »daß einer der alten Propheten auferstanden sei« (Lukas, 9, 19)

590, 34 = 199, 30

590, 35 Finditur nodus cordis… »Zerspalten wird des Herzens Knoten, aufgelöst werden alle Zweifel, und seine Werke werden zu nichts.« (bei Friedrich Heinrich Hugo Windischmann, Sancara sive de theologumenis Vedanticorum, Bonnae 1833, p. 8 u. 37)

591, 23 Nirvanam en sanscrit... »Nirvana bedeutet im Sanskrit wörtlich *Erlöschen*, wie bei einem Feuer.« (Obry, Du Nirvana Indien, ou de l'affranchissement de l'âme après la mort, selon les Brahmanes et les Bouddhistes, p. 3, in: Académie des sciences Amiens, 1856, vol. X, p. 517)

591, 25 annihilatio. »Vernichtung«

593, 17 seminis emissio... »Die Ejakulation des Samens bedeutet das Wegwerfen eines Teils der Seele.« (in Celsus' Schrift De medicina nicht aufzufinden)

594, 22 Adventitium. »das Hinzukommende«

595, 29 fornix. »Bordell«

595, 29 Heic habitat felicitas. »Hier wohnt die Glückseligkeit.«

595, 35 »Dem Geiste... (vgl. Hirt, Über die Ägypter, in: Abhandlungen der Berliner Akademie, 1820–21)

596, 3 Aeneadum genetrix... »Mutter der Aeneaden, der Menschen Lust und der Götter, / Segenspendende Venus« (Lukrez, De rerum natura, I, 1)

599, 27 Muscicapa tyrannus. »Fliegenschnäpper«

600, 8 Naturae sequitur... »Jeder folgt den Anlagen seiner Natur.« (nicht Catull, sondern Propertius, Elegiae, IV, 8, 20)

600, 21 sexus potior. »das höherwertige Geschlecht«

600, 23 sexus sequior. »das minderwertige Geschlecht«

601, 25 »Der Lügner und sein Sohn« (Posse in 1 Akt nach Collin d'Harville († 1805)

601, 28 pater semper incertus. »Der Vater ist immer ungewiß.«

603, 2 fortes creantur fortibus et bonis. »Tapfere werden von Tapferen und Guten gezeugt.« (Horaz, Carmina, IV, 4, 29)

603, 23 praesagio fuit etiam... »zur Weissagung wurde auch der Ausspruch des Vaters, Domitius, der auf die Glückwünsche seiner Freunde hin erklärte, aus ihm und Agrippina habe nichts anderes als ein Scheusal und öffentliches Übel entstehen können« (Sueton, Nero, c. 6)

604, 9 bloody Mary. »Maria die Blutige«

605, 15 Diva Faustina… »die Göttliche Faustina eine verrufene Ehefrau war«

605, 23 = I 380, 22

607, 15 mater mea fuit… »Meine Mutter zeichnete sich durch ihr Gedächtnis und ihren Geist sehr aus.« (Cardanus, De vita propria, cap. 3)

607, 16 la beauté de ma mère… »die Schönheit meiner Mutter, ihr Geist, ihre Gaben – sie waren allzu glänzend für ihren Stand« (Rousseau, Confessions, I, p. 2)

607, 27 Buffon avait ce principe… »Buffon huldigte der Überzeugung, daß die Kinder im allgemeinen von der Mutter die geistigen und sittlichen Anlagen erbten: und wenn er dies in der Unterhaltung entwickelt hatte, machte er sofort die Anwendung auf sich selbst, wobei er sich in überschwenglichen Lobreden auf seine Mutter erging, welche in der Tat viel Geist, umfassende Kenntnisse und einen sehr wohl organisierten Verstand besaß.« (Flourens, Histoire des travaux de Buffon, nicht p. 288, sondern p. 286, Anm. 3)

608, 16 Nach dem eigenen Urtheil… (F. W. Schubert, Kants Biographie, Leipzig 1842; in der Kant-Ausgabe von Rosenkranz und Schubert, Bd. XI, S. 14f.)

609, 29 E duabus patriciis… »Von zwei Schwestern aus einer Patrizierfamilie, die wegen ihres Reichtums Gatten gefunden hatten, obgleich sie nahezu blödsinnig waren, sind, wie wir wissen, die Keime dieser Krankheit seit einem Jahrhundert in die vornehmsten Familien eingedrungen, so daß von allen ihren Nachkommen selbst noch in der vierten, ja der fünften Generation einige blödsinnig sind.« (Haller, Elementa physiol., Lib. XXIX, sect. 2, § 8)

612, 3 Mater prolifera promit… »Eine fruchtbare Mutter bringt vor der Zeugung einen lebenden, markartigen

Grundriß des neuen Tieres hervor, welcher ihr durchaus gleicht und *carina Malpighiana* heißt, dem Federflaum der Pflanzen ähnlich: diesen gliedert nach der Zeugung das *Herz* sich an, um ihn in den Körper zu verzweigen. Denn der springende Punkt im Ei, welches der Vogel bebrütet, zeigt zu Anfang ein zuckendes Herz und das Gehirn nebst Mark: dieses kleine Herz steht unter dem Einfluß der Kälte still, wird aber durch den warmen Hauch zur Bewegung angeregt und übt, mittels einer Luftblase, die sich allmählich ausdehnt, auf die Flüssigkeiten einen Druck längs den Flüssigkeitskanälen aus. Der Punkt der Lebensfähigkeit in den lebenden Wesen ist gleichsam eine von der ersten Zeugung an fortgesetzte *markartige Knospe in der Mutter*, welche von Anbeginn an lebt, wenn auch das Eigenleben erst mit dem *vom Vater stammenden Herzen* beginnt.« (Linné, Sÿstema Naturae, ed. 1766, Tom. I, p. 8; nicht wörtlich)

616, 3 Ihr Weisen... (Bürger, Schön Suschen, Str. 5)

616, 34 »Über die Macht der Liebe«. (in: Lichtenberg, Vermischte Schriften, 1844, Bd. II, S. 234ff.)

617, 8 Rien n'est beau... »Die Wahrheit nur ist schön; nur sie ist liebenswert.« (Boileau, Epîtres, IX, 23)

617, 20 sed ignotis... »jedoch vom Tod, den sie starben, ward keinerlei Kunde« (Horaz, Saturae, I, 3, 108)

618, 21 Amor est titillatio... »Die Liebe ist ein von der Vorstellung einer äußeren Ursache begleiteter Kitzel.« (Spinoza, Ethica, IV, prop. 44, dem.; frei zitiert)

620, 19 meditatio compositionis... »Überlegung hinsichtlich der Zusammensetzung der künftigen Generation, von der wiederum zahllose Generationen abhängen«

623, 8 to fancy each other. »voneinander angetan sein; aneinander Gefallen finden«

623, 20 *Αφϱοδιτη πανδημος* und *ουϱανια*. »die sinnliche Liebe und die himmlische« (nach Platon, Symposion, c. VIII, p. 180d)

628, 16 *ἡδονη ἁπαντων*… »Nichts prahlt so sehr wie die Lust.« (Platon, Philebos, c. XLI, p. 65 c)

631, 13 Metatarsus. »Zwischenfußwurzel«

631, 15 Plantigrade. »Sohlengänger«

632, 4 mentum prominulum. »ein hervorstehendes Kinn«

633, 13 Sic visum Veneri… »Venus treibt es nun so! Grade was sich nicht schickt, / Nicht an Seele und Leib, spannt sie ins gleiche Joch, / In das eh'rne, und lacht dazu« (Horaz, Carmina, I, 33, 10)

640, 26 Hi sunt, quos… »Diese sind es, die Gott verbunden hat, wie z. B. die Frau, welche dem Urias angehörte, und den David; obwohl dieses Verhältnis (so wenigstens glaubte der menschliche Geist überzeugt zu sein) diametral einer gerechten und gesetzmäßigen Ehe widerstritt. – Aber um des Salomo willen, *der von anderen nicht geboren werden konnte*, als von der Bathseba und dem Samen Davids, obgleich im Ehebruch, hat sie doch Gott verbunden.« (Theophrastus Paracelsus, De vita longa, I, 5)

641, 15 Saint-Preux (Held von Jean-Jacques Rousseaus Nouvelle Héloïse, 1761)

641, 27 No es necessario… (Mateo Aleman, Vida y hechos del picaro Guzman de Alfarache, Valencia, 1787, P. II, L. III, c. 5, p. 480)

642, 9 essentia aeterna. »ewige Wesenheit«

643, 2 Quand un homme… »Wenn ein Mann und ein Weib für einander heftige Leidenschaft empfinden, so kommt es mir immer vor, als ob die beiden Liebenden, welche Hindernisse auch immer sie trennen mögen, ein Gatte, Eltern usw., *durch die Natur* und nach *göttlichem Rechte* einander angehören, was auch immer Gesetze und Menschensatzungen dazu sagen mögen.« (Chamfort, Maximes, chap. VI, Bibl. Nat., p. 74)

646, 12 I ask not… (Thomas Moore, Irish melodies; »Come, rest in this bosom«; nicht wörtlich)

646, 23 Liebe der Wölfe… (vgl. Platon, Phaidros, 241 d)

647, 3 Bei aller verschmähten Liebe!... (Goethe, Faust I, 2805, Spaziergang)

647, 17 Und wenn der Mensch... (Goethe, Torquato Tasso, V, 5)

647, 33 *συ δ'ω ϑεων*... »Der du tyrannisch, Eros, Gott und Mensch beherrschst!« (Euripides, Andromeda; vgl. Stobaios, Florilegium, II, 385, 17)

648, 23 Quae res in se... »Was in sich weder Vernunft noch Maß besitzt, das kannst du nicht mit Vernunft lenken.« (Terenz, Eunuchus, v. 57–58)

651, 24 = I 166, 30

652, 21 *Οὕτως ἀναιδῶς*... »›So schamlos hast du auszusprechen dich erkühnt / Ein solches Wort und glaubst der Strafe zu entgehn?‹ / – ›Entgangen bin ich; denn die Wahrheit zeugt für mich.‹« (Sophokles, Oedipus rex, 354)

653, 28 Apud Graecos opprobrio... »Bei den Griechen galt es als schimpflich für Jünglinge, keinen Liebhaber zu haben.« (Cicero, De re publica, IV, 3, 3)

654, 30 Naturam expelles... »Treib die Natur mit der Heugabel aus – sie kehret doch wieder.« (Horaz, Epistulae, I, 10, 24)

655, 15 *τα γαϱ των πϱεσβυτεϱων*... »Denn die Kinder zu alter wie die zu junger Eltern geraten unvollkommen an Leib und Geist; Kinder von Greisen sind jedoch geistig und körperlich schwächlich.« (Aristoteles, Politica, VII, 16)

655, 23 *πϱος την ϱωμην*... »Um Kraft und Vollkommenheit des Körpers zu erzielen, dürften weder zu junge noch zu alte Leute die Ehe eingehen, denn in beiden Lebensaltern werde nur Unvollkommenes erzeugt, und schließlich würden nur noch Schwächlinge geboren.« (Stobaios, Eclogae physicae et ethicae, lib. 2, cap. 7)

656, 1 = 74, 1

656, 10 deklinirenden. »sich neigenden«

658, 15 *῾Ο παιδικος εϱως*... »Die Knabenliebe stellt sich spät ein, nach der Blüte des Lebens, eine unechte und düstere

Liebe, und vertreibt die echte und ursprüngliche.« (Plutarch, Liber amatorius, c. 5, p. 751 f.; nicht wörtlich)

660, 8 deconcertirten. »aus der Fassung gebrachten«

661, 17 =I 166, 30

662, 17 ce que c'est que l'amour. »was die Liebe ist«

662, 21 Homini tantum primi... »Nur der Mensch empfindet nach dem ersten Koitus Reue: es ist allerdings bezeichnend für das Leben, daß man über seinen Ursprung Reue empfindet.« (Plinius, Historia naturalis, X, 83)

663, 28 The tree of knowledge... (Byron, Don Juan, I, 127, 4; nicht 128)

663, 31 *αρρητον*. »worüber man nicht sprechen darf«

664, 13 poenitenda origo. »jenen zu bereuenden Ursprung«

664, 24 = 203, 32

665, 3 =I 241, 5

665, 18 le jeu vaut-il... »Ist das Spiel den Aufwand wert?« (sprichwörtlich; vgl. 418, 7)

667, 25 Und das mit Recht:... (Goethe, Faust I, 1339, Studierzimmer; vgl. 583, 11)

668, 4 Then old age... (Schlußverse eines z. Zt. Karls I. erschienenen, später Rochester zugeschriebenen Gedichts »A Satyr against Mankind«; zitiert in S. Johnsons Werken, English Poets, 1779, X, p. 318–326; bei Goethe zitiert in Dichtung und Wahrheit, 13. Buch)

669, 24 le bonheur n'est... »Das Glück ist nur ein Traum, und wirklich ist der Schmerz;... Seit achtzig Jahren mache ich diese Erfahrung. Ich weiß nichts Besseres als mich darein zu ergeben und mir zu sagen, daß die Fliegen dazu da sind, um von den Spinnen, und die Menschen, um von ihren Kümmernissen aufgefressen zu werden.« (Voltaire, Lettre à M. le Marquis de Florian, Ferney, le 16 mars 1774)

670, 3 Mille piacer'... (Petrarca, Il canzoniere, sonetto 195)

670, 16 Our life is... (Byron, Childe Harold, IV, 126)

671, 30 =I 208, 35

672, 31 Que tout le monde... »Durch meine Freude hier sei alle

Welt beglückt.« (Helvétius, De l'esprit, Discours III, chap. XII, Anmerkung)

675, 15 Sumus autem nos… »Wir alle aber sind mit unseren Körpern und unseren Dingen dem Teufel unterworfen und sind Fremdlinge auf der Welt, deren Fürst und Gott er ist. Darum steht alles unter seiner Herrschaft, das Brot, das wir essen, das Getränk, das wir trinken, die Kleider, die wir anziehen, ja selbst die Luft und alles, wodurch wir im Fleische leben.« (Luther, zum Galaterbrief, 3. Kapitel)

676, 9 conditiones sine quibus non. »unerläßliche Bedingungen«

677, 11 identitas indiscernibilium. »die Identität der nicht unterscheidbaren Dinge«

677, 25 primum vivere. »zuerst leben«

677, 32 = I 24, 6

679, 30 W. z. b. w. »Was zu beweisen war«

681, 1 = I 559, 36

681, 32 *Τον φυντα θρηνειν…* »Geborne zu beklagen, weil viel Schlimmem sie / Entgegengehen, aber die Gestorbenen / Mit Freude zu geleiten und mit Segnungen, / Weil sie so vielen Leiden jetzt entronnen sind.« (Euripides, Cresphontes; bei Plutarch in: De audiendis poetis, cap. 14, p. 36f.)

682, 2 die Mexikaner… (Bibliothèque universelle de Genève, No. 81, 1842, p. 6)

682, 18 *Τῳ ουν βιῳ…* »Des Lebens Name ist zwar Leben, sein Werk aber ist Tod.« (Etymologicum magnum, voce *βιος*; auch Eustathios ad Iliad. I, p. 31)

682, 22 *Αρχην μεν μη φυναι…* »Gar nicht geboren zu werden, das wäre für Menschen das Beste, / Nimmer des Sonnengotts sengende Strahlen zu schaun; / Ist man aber geboren, so schnell, wie es geht, in des Hades / Pforten zu dringen und dort unter der Erde zu ruhn.« (Theognis, v. 425 ff.)

682, 32 *Μη φυναι τον ἁπαντα…* »Nie geboren zu sein, das ist

/ Weit das Beste; doch wenn man lebt, / Ist das Zweite, woher man kam, / Dorthin zu kehren, so schnell wie möglich.« (Sophokles, Oedipus Coloneus, v. 1225ff.)

683, 2 *Πας δ’ οδυνηϱος βιος…* »Voll Elend ist der Menschen Leben und kein Ende des Jammers.« (Euripides, Hippolytos, 189)

683, 8 *Ου μεν γαϱ τι…* »Denn nicht ist auf der Welt ein jammervolleres Wesen / Als der Mensch, unter allem, was atmet und kriecht auf der Erde.« (Homer, Ilias, XVII, 446)

683, 13 Quapropter hoc primum… »Deshalb möge jeder als Heilmittel seines Gemüts zuallererst den Gedanken anerkennen, daß unter allen Gütern, welche die Natur dem Menschen beschert hat, keines wertvoller ist als ein zeitiger Tod.« (Plinius, Historia naturalis, XXVIII, 2)

683, 18 O heaven!… (Shakespeare, Henry IV., Part II, III, 1; verkürzt)

683, 27 Count o’er the joys… (Byron, Euthanasia, Str. 9)

685, 14 operari sequitur esse. »Handeln folgt aus Sein.« (Pomponatius, De animi immortalitate, p. 76)

686, 12 e quovis ligno fit Mercurius. »aus jedem Holze läßt ein Gott sich schnitzen« (vgl. Apuleius, De magia, XLVIII; Jesaia, c. 44, 14–17)

686, 14 subornirter. »angestifteter«

687, 24 = I 547, 15

688, 16 *Φευ· ειϑ’ ην εμαυτον…* »Weh! Ach wär’ es mir vergönnt, mich selber doch zu sehn, / Wie ich da steh und weine über meine Not!« (Euripides, Hippolytos, 1084)

690, 12 »Edward! Edward!« (die schottische Ballade »Edward«, bei Herder in: Stimmen der Völker, 3. Buch, Nr. 16)

691, 17 = I 208, 35

694, 4 = I 451, 22

694, 6 Pönitentiarsystem. (Strafsystem in den USA)

694, 35 Wird uns eine rechte… (Goethe, Sprichwörtlich)

696, 8 in unserer Ausgabe Band III, S. 408ff.

697, 13 thoughts beyond… »[daß wir Narren der Natur / So

fürchterlich uns schütteln mit] Gedanken, / Die unsre Seele nicht erreichen kann« (Shakespeare, Hamlet, I, 4)

698, 35 =I 295, 9

699, 5/10 =I 166, 30

701, 9 das *αγαϑον*, honestum. »das Gute, das Tugendhafte«

701, 10 culpa omni carens. »frei von jeder Schuld« (Cicero, Tusculanae disputationes, V, 1,4)

701, 11 =I 336, 28

701, 25 =685, 14

701, 30 final emancipation. »endgültige Befreiung«

702, 7 =I 186, 1

702, 16 =I 380, 22

703, 24 Samanäischen. »Indischen«

703, 27 redeeming feature. »versöhnende Eigenschaft«

704, 9 abnegatio sui ipsius. »Verleugnung seiner selbst« (nach Matthäus, 16, 24)

704, 13 =I 166, 30

706, 9 = 590, 35

706, 30 *μετανοια και αφεσις ἁμαϱτιων*. »Buße und Vergebung der Sünden« (Lukas, 24, 47)

708, 35 in unserer Ausgabe Band III, S. 627f.

714, 4 Saniassithum. »indisches Einsiedlertum«

714, 8 Cantico. »Gesang«

716, 18 =83, 22

716, 19 Car ils suivront... »Denn sie gehorchen stets dem Glauben und der Wahl / Der dummen, ignoranten großen Zahl, / Die sich den Plumpesten zum Richter wählt.« (Rabelais, Gargantua, chap. 68, v. 45–47)

717, 26 *Τῃ Σαλωμῃ*... »Als Salome den Herrn fragte, wie lange der Tod herrschen werde, sprach er: ›Solange Ihr Frauen Kinder gebärt.‹ Das bedeutet: solange die Begierden die Oberhand haben.« (Clemens Alexandrinus, Stromata, III, 6, 45; III, 9, 45; zusammengezogen)

717, 33 *Πυνϑανομενης της Σαλωμης*... »Als Salome fragte, wann das, wonach sie gefragt habe, offenbar werde, antwortete der Herr: ›Wann Ihr die Hülle der Schamhaftigkeit unter die Füße treten werdet, wann die beiden Geschlechter eines werden und wann das männliche wie das weibliche sein und es weder ein männliches noch ein weibliches geben wird.‹« (ibidem, 13, 92)

718, 14 Nuptias damnant… »Sie verwerfen die Ehe und stellen sie der Unzucht und anderen Verderbtheiten gleich: auch nehmen sie in ihre Reihen keine Verheirateten auf, weder Männer noch Frauen. Sie essen kein Fleisch und verabscheuen es alle.« (Augustinus, De haeresibus ad quod vult Deum, 1. I, 25)

718, 20 *ὅτι ὑποπιπτοντες εςμεν*… [eigentlich: *εσμεν*] »daß wir der Verdammnis unseres Stammvaters unterliegen; – – – denn der Zweck, den Gott ins Auge gefaßt hatte, war nicht, daß wir durch Heirat und Verderbnis geboren werden sollten; aber die Übertretung des Gebotes Gottes, Adams Ungehorsam, veranlaßte die Zeugung.« (Athanasius, Expositio in psalmis, 50)

718, 28 genus mali inferioris… »eine Art kleineren Übels, aus Nachsicht hervorgegangen« (Tertullian, De pudicitia, cap. 16; nicht wörtlich)

718, 29 Matrimonium et stuprum… »Die Ehe ist wie die Unzucht eine fleischliche Vermischung: denn der Herr hat das Verlangen nach ihr der Unzucht gleichgestellt. Also, mag man einwenden, du verwirfst auch die allererste und damals einzige Ehe? Gewiß, und mit Recht, denn auch sie besteht in dem, was man Unzucht nennt.« (Tertullian, De exhortatione castitatis, cap. 9)

718, 34 Novi quosdam… »Ich kenne einige, welche murren und sagen: Wie nun, wenn alle sich jeder Begattung enthalten wollten, wie könnte dann das Menschengeschlecht bestehen? Möchten sie's doch alle wollen! wofern es nur geschähe in Liebe, aus reinem Herzen, mit gutem Gewissen und aufrichtigem Glauben: dann würde das Reich Gottes weit schneller verwirklicht werden, indem das Ende der Welt beschleunigt würde.« (Augustinus, De bono conjugali, c. 10)

719, 2 Non vos ab hoc... »Möge euch in diesem Streben, durch welches ihr viele anregt, euch nachzueifern, die eitle Klage derjenigen nicht irre machen, welche fragen, wie denn das Menschengeschlecht bestehen könne, wenn alle Enthaltsamkeit üben wollten. Als ob dieser Welt noch aus einem anderen Grunde Frist gegeben würde, als damit die vorbestimmte Zahl der Heiligen voll würde; je schneller sie aber voll wird, umso weniger braucht das Ende der Welt hinausgeschoben zu werden.« (Augustinus, De bono viduitatis, c. 23, 28)

721, 1 *παντα καλα λιαν.* »[und Gott sah an] alles [, was er gemacht hatte; und siehe, es] war sehr gut.« (1. Mose, 1, 31)

721, 29 *προσαποτεινομενον...* »daß Paulus [durch Worte wie Röm. 7, 18] sich in Gegensatz zu dem Schöpfer stelle« (Clemens Alexandrinus, Stromata III, 11, 76)

722, 11 *αντιτασσομενοι τῳ ποιητῃ...* »indem sie sich ihrem Schöpfer widersetzen, – – – sie beharren in der Feindschaft gegen ihn, indem sie keinen Gebrauch von seinen Schöpfungen machen wollen, – – – und verlassen die naturgemäße Gesinnung in frevelhaftem Kampfe gegen Gott.« (ibidem, III, 3, 12)

722, 25 Alle die Weisesten... (Goethe, Kophtisches Lied)

723, 1 *εγκρατεια.* »Enthaltsamkeit«

723, 17 *δι' εγκρατειας ασεβουσι...* »Denn durch die Enthaltsamkeit versündigen sie sich gegen die Schöpfung und den heiligen Schöpfer, den allmächtigen, einigen Gott, und lehren, daß man nicht in die Ehe treten und Kinder zeugen, nicht noch weiter unglückliche Wesen in die Welt setzen und dem Tod neues Futter vorwerfen dürfe.« (Clemens Alexandrinus, Stromata, III, 6, 45)

723, 30 *αυτος ειπεν ὁ Σωτηρ*... »Es heißt, daß der Erlöser selbst gesagt habe: ›Ich bin gekommen, die Werke des Weibes aufzulösen‹: des Weibes, das heißt der Begierde; diese Werke aber sind Zeugung und Vernichtung« (ibidem, III, 9, 63)

724, 8 *ὑπακοη και παρακοη*. »Gehorsam und Ungehorsam«

724, 9 *ἡμιν, τοις πεπλασμενοις*... »uns, die wir durch den Willen des Allmächtigen geschaffen sind« (Clemens Alexandrinus, Stromata, III, 14, 95)

724, 16 1) dolor,... »1) Schmerz, 2) die Entstehung des Leidens, 3) die Aufhebung des Leidens, 4) der zur Aufhebung des Leidens führende achtteilige Weg« (Dhammapadam, ed. Fausböll, p. 35 u. 347; vgl. Lalita Vistara, ed. Radschendra Lala Mitra, 1859–1870, p. 541)

724, 21/726, 4 = 721, 1

726, 29 in unserer Ausgabe Band III, S. 305ff.

729, 26 Ubi natura... »Wo die Natur, wie sie uns von Gott eingepflanzt ist, mit Gewalt ausgerissen wird, *kann es in keiner Weise vorkommen*, daß außerhalb der Ehe keusch gelebt wird.« (Luther, Catechismus major, praeceptum 6, alinea 5)

730, 27 = I 635, 6

731, 24 = 192, 22

731, 25 = 192, 23

732, 23 lusus ingenii. »spielerischer Einfall«

732, 25 = I 504, 26

736, 1 out of these convertites... (Shakespeare, As You Like It, V, 4)

736, 10 *μακαριοι οἱ πτωχοι*. »Selig sind die Armen«; *τῳ πνευματι*. »im Geiste«; *πεινωντες*. »die Hungernden«; *την δικαιοσυνην*. »nach der Gerechtigkeit«

736, 17 *ουαι*. »wehe!«

736, 18 den *πλουσιοις, εμπεπλησμενοις* und *γελωσι*. »den Reichen, Satten und Lachenden«

736, 28 Gnome vom Kameel... vgl. I 489, 16

738, 5 Ach, warum sind der Thränen... (Christian Adolf Overbeck, Trost für mancherley Thränen, 1. Strophe, in: Sammlung vermischter Gedichte, Lübeck und Leipzig 1794)

738, 18 disappointment. »Enttäuschung«

739, 5 bonum tunc habebis… »Dann wirst du dein eigenes Glück empfinden, wenn du einsehen wirst, daß die Glücklichsten am unglücklichsten sind.« (Seneca, Epistulae, 124, 24)

739, 15 = I 559, 36

740, 12 = I 504, 26

740, 19 Tu me traites… »An dir erkenne ich, daß mir der Himmel hold, / Wenngleich ein Tränenstrom mir aus dem Auge rollt, / Wohlan! willkommen sind die Seufzer, die du schickst, / Weiß ich doch, daß du mich durch Not und Leid beglückst. / Ich fühle, wo mir selbst die Kraft zum Kampfe fehlt, / Wie durch dich eine Kraft des Himmels mich beseelt. / Nicht Tod der Seele ist's, wenn mich der Schmerz durchdringt, / Der wahres Leben mir, Heil und Genesung bringt.« (Lamartine, Harmonies poétiques et religieuses, Hymne à la douleur, II, 7, v. 59ff.)

742, 28 = I 504, 26

744, 17 = 590, 35

745, 35 = I 60, 35

746, 20 de mirabili divina… »über das wunderbare göttliche Nichtwissen, vermöge dessen Gott nicht versteht, was er selbst ist« (Scotus Erigena, De divisione naturae, lib. II, cap. 28)

747, 3 = 104, 32

747, 17/747, 32 = 372, 18

747, 33 *παν θεος*. »alles ist Gott« (Losung des Pantheismus)

748, 10 animi causa. »zum Vergnügen«

749, 32 substantia aeterna. »ewiger Wesenskern«

749, 36 = 721, 1

750, 3 vivere, agere… »leben, handeln, sein Da-Sein erhalten, in dem er von Grund aus seinen eigenen Nutzen sucht« (Spinoza, Ethica, IV, prop. 67, demonstratio)

750, 15 quo semel est ... »den Geruch dessen, mit dem es einmal gefüllt war, wird [ein Riechfläschen lange] behalten« (Horaz, Epistulae, I, 2, 69)

750, 32 Unusquisque tantum juris ... »Ein jeder hat soviel Recht, wie er durch Macht vermag.« (Spinoza, Tractatus theologico-politicus, cap. 2, § 8)

750, 32 Fides alicui ... »Ein jemandem gegebenes Versprechen bleibt so lange gültig, wie der Wille dessen, der es gegeben hat, sich nicht ändert.« (ibidem, § 12)

750, 33 Uniuscujusque jus ... »Jedes Menschen Recht wird bestimmt durch seine Macht.« (Spinoza, Ethica, IV, prop. 37, scholium 1)

751, 21 non datur tertium. »Eine dritte Möglichkeit gibt es nicht.«

BAND III: KLEINERE SCHRIFTEN

Ueber die vierfache Wurzel des Satzes vom zureichenden Grunde:

7, 6 *Ναὶ μα τον...* »Bei ihm, der einpflanzte die Vierzahl unserem Geiste, / Sie, die Quelle und Wurzel der ewig strömenden Schöpfung.« (Schwurformel der Pythagoreer)

9, 13 etiamsi omnibus tecum... »Wenn auch allen, die mit dir lebten, der Neid Schweigen auferlegt hat, so werden doch Leute kommen, die ohne Mißgunst und ohne Gunst sachlich urteilen.« (Seneca, Epistulae, 79, 17)

10, 19 = II 686, 12

15, 17 entia praeter necessitatem... »man darf die Anzahl der seienden Wesenheiten nicht unnötigerweise vergrößern« (Grundsatz, auf dem William von Occam seinen Nominalismus aufbaute)

15, 19 entium varietates... »man darf die Mannigfaltigkeit der seienden Wesenheiten nicht grundlos vermindern« (Kant, Kritik der reinen Vernunft, 2. und 5. Auflage, S. 680)

18, 10 *ϰαι γαϱ αἱ δοξαι...* »Denn auch die wahren Meinungen sind nicht viel wert, bis jemand sie durch Erbringung ihrer Ursache anbindet.« (Platon, Menon, p. 97E–98A; gekürzt)

18, 18 *πασα επιστημη διανοητιϰη...* »Jedes Wissen, das theoretischer Art ist oder irgendwie mit Theorie zusammenhängt, hat mit Ursachen und Prinzipien zu tun.« (Aristoteles, Metaphysica, V, 1)

18, 31 Nihil est sine... »Nichts ist ohne Grund, weshalb es eher ist, als daß es nicht ist.« (Wolff, Ontologia, §70)

19, 17 *αναγκαιον, παντα τα...* »Es ist notwendig, daß alles, was entsteht, durch eine Ursache entsteht; denn wie könnte es ohne sie entstehen?« (Platon, Philebos, p. 26E)

19, 20 *παν δε το γιγνομενον...* »Alles, was entsteht, muß notwendig aus einer Ursache entstehen; denn es ist unmöglich, daß irgend etwas ohne Ursache entstehe.« (Platon, Timaios, p. 28A)

19, 25 *μαλιστα μεν και πϱωτον...* »Das Wichtigste und Erste scheint zu sein, daß nichts ohne Ursache geschieht, sondern gemäß vorhergegangenen Ursachen.« (Plutarchos, De fato, c. 11, p. 574E)

19, 30 *επιστασθαι δε οιομεθα...* »Zu verstehen glauben wir jede Sache ohne weiteres, wenn wir die Ursache zu erkennen glauben, wegen welcher die Sache da ist, und daß es die Ursache dieser Sache ist und daß es sich unmöglich anders verhalten könne.« (Aristoteles, Analytica posteriora, I, 2, p. 71 b 9; gekürzt)

20, 6 *πασων μεν ουν κοινον...* »Allen Prinzipien ist daher gemein, daß sie das Erste sind, wodurch etwas ist oder geschieht oder erkannt wird.« (Aristoteles, Metaphysica, IV, 1, p. 1013 a 17)

20, 12 *αιτιαι δε τεσσαϱες...* »Der Ursachen gibt es jedoch vier: die erste besteht in dem, was das Wesen der Sache ausmacht, die zweite in dem, was, wenn etwas vorhanden ist, notwendig vorausgesetzt werden muß, die dritte in dem, was zuerst etwas bewegte, die vierte, um derentwillen etwas da ist.« (Aristoteles, Analytica posteriora, II, 11, p. 94 a 21)

20, 19 causas materiales, formales... »stoffliche, formale, bewirkende und End-Ursachen«

21, 8 *αιτιαι του συμπεϱασματος.* »Ursachen des Schlusses« (Aristoteles, Analytica posteriora, I, 2, p. 71 b 22)

21, 14 non causae ut causa... »auf Grund der Nichtursache als Ursache« (Aristoteles, De sophisticis elenchis, c. 5, p. 167 b 21)

21, 24 fallaciarum extra dictionem. »Trugschlüsse, die nicht bloß auf Worten beruhen«

21, 24/30 fallacia non causae... »Trugschluß auf Grund einer Ursache, die nicht Ursache ist«

22, 12 non inquirimus... »Wir untersuchen nicht, ob es eine Ursache gibt, weil nichts an und für sich gewisser ist.« (Suarez, Disputationes metaphysicae, 12, sect. 1)

22, 26 Nulla res existit... »Es existiert kein Ding, von dem nicht gefragt werden könnte, aus welcher Ursache es existiere. Denn dieses kann sogar in bezug auf Gott gefragt werden, nicht als ob er irgendeiner Ursache bedürfte, um zu existieren, sondern weil gerade die Unendlichkeit seiner Natur die Ursache [causa] oder der Grund [ratio] ist, wegen dessen er keiner Ursache bedarf, um zu existieren.« (Cartesius, Meditationes de prima philosophia, Responsio ad secundas obiectiones, axioma 1)

23, 16 immensitas. »Unermeßlichkeit«

23, 17 in conceptu entis... »Im Begriff des allervollkommensten Wesens ist seine Existenz notwendig enthalten.« (Cartesius, Meditationes, axioma x; nicht wörtlich)

23, 18 = II 551, 3

23, 20 in majorem Dei gloriam. »zum höheren Ruhme Gottes« (nach den Canones consilii Tridentini; Wahlspruch der Jesuiten)

24, 3 Wär' der Gedank'... (Schiller, Wallenstein, Die Piccolomini, II, 7)

24, 9 sinciput. »Halbkopf«

24, 23 *το δ' ειναι*... »Das Dasein gehört nicht zum Wesen einer Sache: denn Sein ist kein Merkmal.« (Aristoteles, Analytica posteriora, II, 7)

25, 28 Deus, sive substantia... »Gott, oder die beharrende Substanz mit unendlich vielen Eigenschaften. – Gott, oder alle Eigenschaften Gottes« (Spinoza, Ethica, I, prop. 11)

26, 11 Ex necessitate divinae... »Aus der Notwendigkeit der

göttlichen Natur muß alles folgen, was unter den Begriff des unendlichen Intellekts fallen kann.« (ibidem, I, prop. 16; gekürzt)

26, 14 Quidquid existit Dei… »Alles, was existiert, bringt die Macht Gottes, die die *Ursache* aller Dinge ist, zum Ausdruck.« (ibidem, I, prop. 36, demonstratio; gekürzt)

26, 15 Deus est omnium… »Gott ist die immanente, nicht aber die transzendente *Ursache* aller Dinge.« (ibidem, I, prop. 18)

26, 16 Deus non tantum… »Gott ist die *bewirkende Ursache* nicht nur des Daseins, sondern auch des Wesens der Dinge.« (ibidem, I, prop. 25)

28, 18 ex data quacunque… »Aus einer gegebenen beliebigen *Idee* muß notwendigerweise irgendeine *Wirkung* folgen.« (ibidem, III, prop. 1, demonstratio)

26, 19 Nulla res nisi… »Keine Sache kann zerstört werden, es sei denn, durch eine äußere Ursache. – Beweis: Die Definition irgendeiner Sache bejaht ihr Wesen und verneint es nicht: mit anderen Worten, sie behauptet das Wesen der Sache und leugnet es nicht. Wenn wir daher auf die Sache selbst achten und nicht auf äußere Ursachen, so können wir in ihr nichts bemerken, was imstande wäre, sie zu zerstören.« (ibidem, III, prop. 4 und demonstratio)

26, 35 ratio seu causa. »Grund oder Ursache«

27, 14/19/20/25/29 causa sui. »Ursache seiner/ihrer selbst« (Spinoza, Ethica, I; vgl. I 124, 34)

27, 14 per causam sui… »unter einer Ursache seiner selbst verstehe ich das, dessen Wesenheit (Begriff) das Dasein in sich schließt.« (ibidem)

27, 24 Schacko. »Stoffhelm«

27, 31 ex data cujuscunque… »Aus der gegebenen Definition irgend einer Sache schließt der Intellekt auf weitere Eigentümlichkeiten, welche tatsächlich aus ebenderselben Definiton notwendig folgen.« (ibidem, I, prop. 16, demonstratio; gekürzt)

27, 33 ex necessitate divinae... »Aus der Notwendigkeit der göttlichen Natur müssen unendliche Bestimmungen auf unendlich viele Arten sich ergeben.« (ibidem, I, prop. 16; gekürzt; vgl. 26, 11)

28, 1 Deum omnium rerum... »Gott sei die bewirkende Ursache aller Dinge.« (ibidem, I, prop. 16, corollarium; gekürzt; vgl. 26, 14–16)

28, 15 = 27, 14

28, 22 Hoc quidem vere... »das ist wirklich ein Meisterstück«

28, 32 *Δεγουσι γαϱ τινα*... »Denn sie behaupten, daß in unsichtbarer und unsagbarer Erhabenheit ein gewisses vollkommenes Weltalter präexistiere; dieses aber nennen sie den Uranfang und Urvater und Urgrund. – – Indem es aber unfaßbar und unsichtbar, ewig und unentstanden vorhanden gewesen sei, habe es sich in Stille und großer Ruhe befunden während unendlicher Ewigkeiten von Zeiten. Es habe aber zugleich mit ihm bestanden die Einsicht, welche sie auch die Gnade und das Schweigen nennen; da habe einstmals jener Urgrund den Gedanken gehabt, aus sich selbst den Anfang der Welt hervorgehen zu lassen, und dieses Hervorgehen (welches hervorgehen zu lassen er den Gedanken gehabt hatte) habe er gleich wie den Samen in einen Mutterschoß in das mit ihm gleichzeitig bestehende Schweigen gesenkt. Dieses aber, nachdem es diesen Samen empfangen habe und schwanger geworden sei, habe den Intellekt geboren als ähnlich und gleich mit dem, der ihn hervorgehen ließ, und als allein fähig, die Größe des Vaters zu fassen. Diesen Intellekt aber nennen sie den Eingeborenen und den Ursprung des Weltalls.« (Irenaeus, Contra haereses, lib. I, c. 1)

29, 33 en vertu du principe... »Kraft des Satzes vom zureichenden Grunde nehmen wir an, daß keine Tatsache wahr oder wirklich, kein Urteil richtig sein kann, ohne einen zureichenden Grund, weshalb es so und nicht anders ist.« (Leibniz, Monadologie, § 32)

30, 17 principium rationis sufficientis. »der Satz vom zureichenden Grunde«

30, 22 principium cognoscendi. »Erkenntnisgrund«

30, 25 principium dicitur id... »Prinzip wird das genannt, was in sich den Grund [ratio] für ein anderes enthält.« (Wolff, Ontologia, § 866)

30, 27 principium fiendi. »den Grund des Werdens (Ursache)«

30, 28 ratio actualitatis alterius... »Grund für die Wirklichkeit eines anderen: z. B. wenn ein Stein sich erwärmt, so sind Feuer oder Sonnenstrahlen die Gründe dafür, daß dem Stein Wärme innewohnt.« (Wolff, Ontologia, § 874, p. 648; frei zitiert)

30, 30 principium essendi. »Grundsatz des Seins«

30, 30 ratio possibilitatis alterius... »Grund für die Möglichkeit eines anderen: im gleichen Beispiel liegt der Grund für die Möglichkeit, daß der Stein Wärme in sich aufnehmen kann, in dem Wesen bzw. in der Art der Zusammensetzung des Steins.« (Wolff, Ontologia, § 874, p. 648; frei zitiert)

31, 27 causa impulsiva... »die treibende Ursache, oder der den Willen bestimmende Grund«

31, 33 ratio essendi. »Grund des Seins«

32, 1 ratio cognoscendi. »Erkenntnisgrund«

32, 31 = I 60, 35

35, 15 Cirkel. »Zirkelschluß, Fehlschluß«

35, 24 *λογον ζητουσι*... »sie suchen einen Grund für das, was keinen Grund hat; denn das Urprinzip des Beweises ist nicht wiederum ein Beweis.« (Aristoteles, Metaphysica, IV, 6, p. 1011 a 12)

38, 4 infecta facta... »Ungeschehenes zu Geschehenem, aber nimmermehr Geschehenes ungeschehen werden kann« (nach Plautus, Aulularia, IV, 10, 15)

43, 33 = I 153, 35

44, 25 *κατ' εντελεχειαν*. »der Verwirklichung nach«

44, 26 = II 63, 24

44, 36 harmonia praestabilita. »vorherbestimmte Harmonie«

(Grundbegriff der Leibnizschen Philosophie; von Gott geordnetes, harmonisches, aber nicht kausal bezogenes Verhältnis von Leib und Seele)

48, 6 in unserer Ausgabe Band II, S. 56ff.

48, 26 causa est principium ... »Die Ursache ist das Prinzip, von dem die Existenz oder die Wirklichkeit eines anderen Seienden abhängt.« Wolff, Ontologia, §881, p. 652)

49, 29 causa prima. »die erste [Welt-]Ursache« (Begriff des vorkantischen Dogmatismus)

49, 30 = 27, 14

49, 35 the first cause. »die erste Ursache«

52, 14 harum, horum. »Burschen« (nach einem Studentenlied; vgl. »hör auf die Worte harum, horum«: Goethe, Zeichen der Zeit)

52, 15 auf Universitäten ... (Bacon, vermutlich nach De augmentis scientiarum, VI, 4)

53, 8 = 49, 29

54, 16 in unserer Ausgabe Band II, S. 53.

54, 24 in unserer Ausgabe Band I, S. 585–589

57, 4 in unserer Ausgabe Band I, S. 623f.

57, 5 Sempiternität. »Unvergänglichkeit«

57, 33 in unserer Ausgabe Band I, S. 193f.

58, 20 = I 119, 16

58, 28 cause ou force. »Ursache oder Kraft«

58, 29 ratio sive causa. »Grund oder Ursache«; = 26, 35

60, 13 in unserer Ausgabe Band III, S. 387

62, 22 Zitto, zitto. »Leise, leise«

62, 36 *δος μοι που στῳ.* »Gib mir einen Standort [und ich bewege die Erde]« (Ausspruch des Archimedes, nach Pappus, VIII, p. 1060, ed. Hultsch)

63, 24 in unserer Ausgabe Band III, S. 202

71, 28 humor aqueus, lens et corpus vitreum, »wäßrige Flüssigkeit, Linse und Glaskörper«

79, 24 mutationes oculi internae. »innere Veränderungen des Auges«

79, 29ff. vgl. 71, 28

83, 3 Rilievo. »Relief«

84, 32 *Νους ὁρῃ και νους...* »Der Verstand sieht, der Verstand hört; alles andere ist blind und taub. [...] weil die Empfindung in den Augen und den Ohren keine Sinneswahrnehmung bewirkt, wenn nicht das Denken hinzukommt.« (Plutarch, De sollertia animalium, cap. 3, p. 961 A)

85, 1 *Στρατωνος του φυσικου...* »Es ist die Lehre des Physikers Straton, der beweist, daß ein Wahrnehmen ohne Verstand ganz unmöglich sei« (ibidem)

85, 4 *ὁθεν αναγκη...* »Daher müssen alle wahrnehmenden Wesen auch Verstand haben, wenn wir nur durch den Verstand wahrnehmen.« (ibidem, p. 961 B)

85, 10 *Ευμαιε, το σοφον...* »Die Klugheit, o Eumaios, kommt nicht uns nur zu: Denn jedes Wesen, das da lebt, hat auch Verstand.« (Diogenes Laërtios, III, I, 16)

91, 20 in unserer Ausgabe Band I, S. 39

92, 24 Präkonen. »Lobpreisern«

97, 7 *το συμβεβηκος* von *συμβαινειν*. »das zufällig Geschehene von zusammentreffen« (vgl. Aristoteles, Analytica posteriora, I, 4)

98, 15 la verité des choses... »Die Wahrheit der Sinnendinge besteht nur in der Verknüpfung der Erscheinungen, welche ihren Grund haben muß, und das ist es, was sie von den Träumen unterscheidet.– – – – Das wahre Kriterium, wo es sich um Sinnendinge handelt, ist die Verknüpfung der Erscheinungen, welche die tatsächlichen Wahrheiten hinsichtlich der Sinnendinge außer uns verbürgt.« (Leibniz, Nouveaux essais sur l'entendement, L. IV, c. 2, § 14; gekürzt)

102, 6 *Αχλυν δ'αν τοι...* »Auch den Nebel nahm ich hinweg, der auf den Augen dir lag.« (Homer, Ilias, V, 127)

102, 18 in unserer Ausgabe Band II, S. 49ff.

103, 11 cavalièrement. »leichthin«

103, 13/21 *εξαιφνης*. »plötzlich« (Platon, Parmenides, XXI, p. 156D)

104, 36 *ουκ εστι[ν] αλληλων*... »es ist unmöglich, daß Augenblicke aneinander grenzen« (Aristoteles, Physica, IV, 10, p. 218a 18; gekürzt)

105, 7/9 lex continuitatis; loi de la continuité. »Gesetz der Stetigkeit« (Leibniz, Nouveaux essais, IV, 16, p. 392a)

107, 27ff. = II 425, 27

108, 19 = I 166, 30

108, 32 sermo obliquus. »indirekte Rede«

111, 4 = 86, 27

111, 6 *ανευ μεν γαρ*... »denn ohne das Allgemeine ist Wissen unmöglich« (Aristoteles, Metaphysica, XII, c. 9, p. 1086b 5)

112, 6 entre chien et loup. »zwischen Hund und Wolf«; redensartlich: »im Zwielicht«

113, 10 quae voce meliora sunt. »welche für Worte zu gut sind« (Apuleius, Metamorphoses, 11, 23)

113, 15 *ουδεποτε νοει ανευ*... »Nie denkt die Seele ohne ein Phantasiebild.« (Aristoteles, De anima, III, c. 7, p. 431 a 16)

113, 16 *όταν θεωρη*... »Wenn man etwas denkt, muß man zugleich ein Phantasiebild mitdenken.« (Aristoteles, De anima, III, c. 8, p. 432 a 8)

113, 18 *νοειν ουκ εστι*... »Es gibt kein Denken ohne ein Phantasiebild.« (Aristoteles, De memoria, c. 1, p. 449 b 31)

113, 23 Necesse est, eum... »Wer überlegt und denkt, muß notwendigerweise auf Phantasiebilder hinblicken.« (Pico della Mirandola, De imaginatione, c. 5)

113, 24 oportet intelligentem... »Wer denkt, muß notwendigerweise auf Phantasiebilder hinblicken.« (Melanchthon, De anima, p. 130)

113, 25 dicit Aristoteles... »Aristoteles sagt: Wer wissen will, muß auf Phantasiebilder hinblicken.« (Giordano Bruno, De compositione imaginum, Frankfurt 1591, p. 10, 1)

117, 29 quia Logicae suscepi... »Weil ich die Verteidigung der Logik übernehme, heißt mein Buch Metalogicus.« (Johannes Sarisberriensis, Metalogicus, prologus)

119, 32 Ratio et oratio… »Die Vernunft und die Rede, die durch Lehren, Lernen, Mitteilen, Verhandeln und Urteilen die Menschen untereinander zu Freunden macht.« (Cicero, De officiis, I 16, 50)

120, 3 rationem dico… »Vernunft nenne ich es oder, wenn's beliebt, mit mehreren Worten: Geist, Überlegung, Denken, Umsicht.« (Cicero, De natura deorum, II, 7, 18)

120, 4 ratio, qua una… »die Vernunft, die allein unseren Vorrang vor den Tieren ausmacht, durch die wir die Macht haben, vorauszusehen, zu beweisen, widerlegen, darzulegen, etwas auszurichten, zu schließen« (Cicero, De legibus, I, 10, 30)

120, 15 in unserer Ausgabe Band I, S. 651–661

120, 16 in unserer Ausgabe Band III, S. 502–508

121, 6 = 23, 20

122, 6 Wolkenkukuksheim. (nach Aristophanes, Die Vögel, 821 u.ö.)

126, 11 in unserer Ausgabe Band I, S. 651 f.

126, 12 in unserer Ausgabe Band III, S. 505 f.

127, 13 rari nantes in gurgite vasto. »vereinzelte Schwimmer im unermeßlichen Gewoge« (Vergil, Aeneis, I, 118; vgl. I 315, 32)

127, 15 die Form zerbrach. (vgl. Ariosto, Orlando furioso, X, 84)

127, 26 *ονος προς λυραν.* »der Esel vor der Leier« (sprichwörtlich)

129, 1 bon sens; raison transcendentale. »Gesunder Menschenverstand; transzendentale Vernunft«

129, 8 ex tripode. »vom Dreifuß [der weissagenden Pythia] aus«

129, 11 in unserer Ausgabe Band III, S. 502 f.

130, 1 wasch' mir den Pelz… (angeblich von Herzog Georg von Sachsen gegenüber Erasmus von Rotterdam gebrauchte Redensart)

133, 11 per fas aut nefas. »zu Recht oder Unrecht«

134, 14 affirmanti incumbit probatio. »dem, der eine Behauptung aufstellt, obliegt der Beweis«

141, 12 ratio; rationata. »Grund; begründet«

141, 27 =I 615, 8

141, 28 =I 615, 9

141, 31 series rationum essendi. »die Reihe der Gründe des Seins«

141, 32 series rationum fiendi. »die Reihe der Gründe des Werdens«

143, 22 *ετι δε, παρα...* »Ferner behauptet er, daß im Vergleich mit den Sinnendingen und den Ideen die mathematischen Gebilde die Mitte halten: sie unterscheiden sich von den Sinnendingen dadurch, daß sie ewig und unbewegt sind, von den Ideen aber dadurch, daß ihrer viele und gleiche sind, jede einzelne aber nur als Einheit besteht.« (Aristoteles, Metaphysica, I, 6, p. 987 b 14)

144, 6 *εν τουτοις...* »bei jenen ist Gleichheit dasselbe wie Einheit« (Aristoteles, Metaphysica, X, 3, p. 1054 b 3)

144, 10 =II 677, 11

149, 29 Id videndum non est... »Es ist nicht zu sehen: es sieht alles; es ist nicht zu hören: es hört alles; es ist nicht zu wissen: es weiß alles; und es ist nicht zu erkennen: es erkennt alles. Außer diesem Sehenden, Wissenden, Hörenden und Erkennenden gibt es kein anderes Wesen.« (Oupnek'hat, Vol. I, 201 f.)

151, 9 *ἡ ψυχη τα οντα...* »Die Seele ist in gewissem Sinne alles, was ist.« (Aristoteles, De anima, III, 8, p. 431 b 21)

152, 24 =I 153, 35

153, 26 =I 119, 16

158, 10 *και μαθησεως...* »Beim Unterricht ist mitunter nicht mit dem ersten und dem Anfang der Sache zu beginnen, sondern mit dem, von wo aus man sie am leichtesten lernt.« (Aristoteles, Metaphysica, IV, 1, p. 1013 a 2)

159, 17 in unserer Ausgabe Band II, S. 52 f.

162, 30 ff. =I 615, 8

162, 31 series in infinitum. »Reihe ins Unendliche«

163, 5 =I 615, 9

164, 9 a parte priori. »hinsichtlich des Früheren«

165, 11 in unserer Ausgabe Band II, S. 148f.

165, 29 *αει γιγνομενον…* »immer Entstehende und Vergehende, in Wahrheit aber nie Seiende […] eine bloße Vorstellung mittels vernunftloser Wahrnehmung« (Platon, Timaios, c. V, p. 28A)

166, 35 in unserer Ausgabe Band I, S. 592f.

Ueber den Willen in der Natur

169, 10 *Τοιαῦτ᾽ ἐμοῦ λόγοισιν…* »Ich spann am Webstuhl der Gedanken mein Gespinst: / Sie hielten's nicht der Mühe wert, nur hinzusehn; / Doch alles macht fortschreitend offenbar die Zeit.« (Aischylos, Prometheus, 214f., 981)

173, 29 legor et legar. »Man liest mich und wird mich lesen.«

173, 35 Est et fideli… »Auch treuem Schweigen wird sicherer Lohn gewiß zuteil« (Horaz, Carmina, III, 2, 25)

175, 16 extra haec non datur salus. »außer diesem ist kein Heil zu finden« (nach Apostelgeschichte, 4, 12)

175, 35 =I 153, 35

176, 25 gagne-pain. »Broterwerb«

177, 36 in unserer Ausgabe Band IV, S. 161f.

179, 18 de l'espace; du temps. »vom Raum; von der Zeit«

180, 8 wer mit einem Narren… (Jesus Sirach, 22, 8–9)

180, 11 non avenue. »nicht vorhanden«

181, 7 =II 78, 6

181, 23 en examinant la ligue… »Wenn man beobachtet, wie die Dummköpfe sich gegen die Leute von Geist zusammenschließen, so möchte man glauben, eine Verschwörung der Diener zum Sturz ihrer Herren zu sehen.« (Chamfort, Œuvres choisies de Chamfort, Bibliothèque Nationale, T. II, p. 44)

182, 2 Schillers Epigrammen (in Schillers Xenien, 383, steht jedoch richtig: »Du kannst, denn du sollst.«

182, 8 hanc veniam damus... »Diese Freiheit gewähren wir uns und erbitten sie gleichfalls.« (Horaz, De arte poetica, cap. 11; nicht wörtlich)

182, 24 specimina eruditionis. »Musterbeispiele der Gelehrsamkeit«

183, 13 man kann Kantische Philosophie... (Lichtenberg, Vermischte Schriften, Göttingen 1844, I, S. 1907)

183, 26 Du Kräftiger... (Goethe, Zahme Xenien, I, 153ff.)

183, 32 = 23, 20

184, 7 ancilla theologiae. »die Magd der Theologie« (nach einer Schrift von Rob. Baronius, »Philosophia Theologiae ancillans«)

184, 35 in unserer Ausgabe Band IV, S. 182ff.

186, 11 Es will der Spitz... (Goethe, Kläffer, in: Parabolisch; nicht wörtlich)

195, 15 Ἡρακλῆς καὶ πίθηκος! »Herakles und der Affe!« (sprichwörtlich)

195, 18 such stuff as madmen... (Shakespeare, Cymbeline, V, 4)

195, 22 mea caligine tutus. »in meiner Finsternis sicher«

196, 16 fair is foul... (Shakespeare, Macbeth, I, 1)

202, 12 in unserer Ausgabe Band II, S. 304f.

202, 26 in unserer Ausgabe Band III, S. 650

202, 36 in unserer Ausgabe Band III, S. 687

203, 17 de bonne prise. »als gute Beute«

203, 21 in unserer Ausgabe (Fassung der zweiten Auflage) §12

204, 16 pickpocketing. »Taschendiebstahl«

205, 5 Judex damnatur... »Die Freisprechung des Schuldigen ist die Verurteilung des Richters.« (Publilius Syrus, Sententiae, Nr. 257)

205, 9 accedas socius... »Werde Kumpan und lobe, damit man dich wieder lobt, wenn du fern bist.« (Horaz, Saturae, II, 5, 72)

206, 3 après moi le déluge. »nach mir die Sintflut«

206, 4 après moi le mépris. »nach mir die Verachtung«

206, 13 beneficium perpetui silentii. »die Wohltat ewiger Vergessenheit«

207, 2/15 anima rationalis. »vernünftiger Seelenteil«

207, 13 =I 119, 16

207, 17 Die Wahrheit… (vgl. Demokrit bei Diogenes Laërtios, IX, 72)

207, 36 das posterius. »das Spätere« (vgl. II 315, 10)

208, 2 =II 315, 10

209, 14 =II 230, 33

210, 35 in unserer Ausgabe Band III, S. 387

211, 5 =I 380, 22

211, 24 =II 299, 5

211, 31/32 =II 298, 33–35

212, 10 =II 300, 22

212, 35 principia praeter necessitatem… »man darf die Anzahl der Prinzipien nicht unnötigerweise vergrößern« (vgl. 15, 17)

217, 35 1. Sanguis est determinans… »1. Das Blut ist es, welches die Form des sich entwickelnden Organismus bestimmt. – 2. Die organische Entwicklung wird durch die Tätigkeit des inneren Lebens und durch den *Willen* bestimmt.«

219, 27 unter Tausend… (Koheleth, 7, 29)

220, 23 in unserer Ausgabe Band III, S. 202f.

224, 32 a terrore. »vom Schrecken her«

224, 32 =I 649, 13

225, 9 nervus probandi. »Nerv der Beweisführung«

225, 12 in unserer Ausgabe Band I, S. 673f.

225, 25 sicut lux se ipsa… [eigentlich: ipsam] »So wie das Licht sich selbst und die Finsternis offenbar macht, ist die Wahrheit der Maßstab ihrer selbst und auch des Falschen.« (Spinoza, Ethica, II, prop. 43, scholium)

226, 32 Nil ideo quoniam… »Weil doch nichts im Körper entsteht, damit wir es brauchen, / Sondern das, was entstanden, ist Ursache, daß wir es brauchen.« (Lukrez, IV, 831f.)

227, 35 =II 563, 8

229, 7 *δια το θυμον*… »weil sie Kampflust haben, haben sie eine Waffe« (Aristoteles, De partibus animalium, IV, 6, p. 683 a 7)

229, 9 *Τα δ' οϱγανα*… »Die Natur schafft die Organe um der Betätigung willen, aber nicht die Betätigung um der Organe willen.« (ibidem, IV, 12, p. 964 b 13)

229, 19 Nonvertebrata. »Wirbellose«

232, 34 Silurus, Gymnotus. »Wels, Zitteraal«

233, 21 Armadille. »Gürteltiere«

234, 1 =II 407, 35

234, 2 Parnope. »Skorpionsfliege«

234, 23 Prolifikation. »Fortpflanzung«

235, 31 =II315, 10

235, 32 =207, 36

236, 7 =II 563, 8

236, 15 =II 325, 7

238, 14 os coccygis. »Steißbein«

238, 20 Metacarpus. »Mittelhandknochen«

238, 23 os humeri. »Oberarmknochen«

238, 24 Carpus, Metacarpus… »Handwurzel-, Mittelhandknochen und Fingerglieder«

239, 27 *αναγκαια φυσις*. »notwendige Naturbeschaffenheit« (Aristoteles, De partibus animalium, III, 2, p. 663 b 22)

239, 29 *την κατα λογον*… »die zweckentsprechende Naturbeschaffenheit« (ibidem, p. 663 b 23)

239, 30 sub finem: *πως δε*… »gegen Schluß: Über die Naturbeschaffenheit usw.«

240, 36 =I 181, 19

241, 15 =II 314, 19

241, 23 =I 201, 7

245, 13 =I 170, 31

245, 28 Nervimotilität. »Beweglichkeit der Saftgefäße«

248, 7 Ampelopsis quinquefolia. »fünfblättrige Zaunrebe«

248, 16 sur les mouvements… »über die spontanen sich rückwärts rollenden Bewegungen bei den Pflanzen«

248, 20 Bryonia alba. »Zaunrübe«

248, 21 la vrille. »die Ranke«

248, 31 Stylidium graminifolium. »die grashalmige Säulenblume«

248, 36 Parnassia palustris; Ruta graveolens. »Studentenröschen; Weinraute«

249, 1 Saxifraga tridactylites. »Fingersteinbrech«

249, 15 Cuscuta. »Flachsseide«

249, 23 vegetable instinct. »Pflanzeninstinkt«

249, 31 convolvolus. »Winde«

250, 7 plumula; radicula. »Federchen bzw. Blattanlage; Keimwurzel«

255, 3 = I 60, 35

256, 13 = II 334, 27

256, 32 Ita res accendent lumina rebus. »So bringt eine Sache das Licht in die andere.« (Lukrez, I, 1109)

257, 20 = 62, 36

257, 32 Radiarien, Akalephen, Acephalen. »Strahlentieren, Quallen, Weichtieren«

262, 24 Buridan. (Schüler Occams. Das ihm zugeschriebene Gleichnis vom Esel, der zwischen zwei Heubündeln verhungert, findet sich bei ihm nicht, dafür bei Aristoteles, De coelo, II, 14)

263, 16 wo die Weltkörper... (vermutlich nach Schiller, Die Größe der Welt)

264, 35 in unserer Ausgabe Band II, S. 49ff.

265, 9 in unserer Ausgabe Band II, S. 52

265, 13/22 = II 548, 21

267, 4 *το ὑφ' ἑαυτου...* »das sich von innen Bewegende und das, was die Bewegung von außen empfängt« (Platon, Phaidros, 245 E; ed. Bip. p. 319)

267, 7 *ἁπαν το φερομενον...* »Alles, was seinen Ort verändert, wird entweder von sich selbst bewegt oder von etwas anderem.« (Aristoteles, Physica, VII, 2, p. 243 a 11)

267, 15 j'apperçois... »Ich bemerke in den Körpern zwei Arten der Bewegung, nämlich: übertragene Bewegung oder spontane, eigenwillige Bewegung: in der ersteren ist die bewegende Ursache dem bewegten Körper fremd; in der zweiten liegt sie in ihm selbst.« (Rousseau, Emile, IV, ed. Bip. p. 27)

267, 28 si omnes patres... »Wenn auch alle Kirchenväter so sagen, ich sage nicht so.« (Abälard, dessen bekannteste Schrift Sic et non hieß)

273, 25 Pudel, dessen Kern... (nach Goethe, Faust I, 136, 13)

275, 23 Tempo è galant-uomo... »Die Zeit ist ein Ehrenmann (wenn auch sonst niemand).« (italienisches Sprichwort)

275, 32 punctum controversiae. »Streitpunkt«

277, 5 = I 38, 35

277, 8 wenn man viel selbst... (Lichtenberg, Vermischte Schriften, Göttingen 1844, I, S. 326)

277, 18 In his, ignibus... »Hierbei geht es dem Feuer wie den Bäumen, deren biegsame Wipfel so nach unten gezogen werden können, daß sie sogar die Erde berühren; aber wenn du sie losläßt, werden sie an ihren Ort emporfahren. Es ist daher nicht angemessen, bei einem Ding diejenige Lage im Auge zu haben, die nicht *nach seinem Willen* ist. Wenn du dem Feuer erlaubst zu gehen, wohin es *will*, so wird es zum Himmel emporstreben.« (Seneca, Quaestiones naturales, II, 24, §2–3)

277, 22 nec quaerenda in ulla... »Auch ist nicht Vernunft in irgendeinem Teile der Natur zu suchen, sondern Wille.« (Plinius, Historia naturalis, XXXVII, 15)

277, 25 *μικρον μεν μοριον*... »Wenn irgendein Teilchen der Erde hochgehoben und dann losgelassen wird, so stürzt es hinunter und *will* nicht bleiben.« (Aristoteles, De coelo, II, c. 13, p. 294 a 13)

277, 28 *Δει δε ἑκαστον*... »Man muß aber von jedem Ding sagen, daß es so ist, wie es seiner Natur nach sein *will* und ist, nicht aber, was es durch Gewalt und gegen seine Natur ist.« (ibidem, c. 14, p. 297 b 21)

278, 5 *παρα φυσιν*... »etwas gegen ihre Natur oder gegen das, was sie *wollen*, zu tun« (Aristoteles, Ethica magna, I, c. 14, p. 118 b 7)

278, 9 *῞Ελικας δ’ ελευθέρουςγ*… »Doch die Windungen der Locken / Lasse, wenn das Haar du ordnest, / Frei so, wie sie *wollen*, flattern« (Anacreontea, 16, 7)

278, 12 hinab *will* der Bach… (Bürger, An die kalten Vernünftler)

278, 14 Le feu ne veut… »Das Feuer will nicht brennen; – der Strick, einmal gedreht, will sich immer zurückwinden.«

278, 21 the water wants… »das Wasser will austreten; – der Dampf will sich einen Weg bahnen«

278, 23 vuol piovere; … »es will regnen; – diese Uhr will nicht gehen«

278, 26 vi vuol un contrapeso… »es erfordert ein Gegengewicht; – es erfordert Geduld«

278, 31 Yang, seu materia… »Das Yang, der himmlische Stoff, *will* wieder dorthin gelangen, oder (um die Worte des Dr. Tsching-tse zu gebrauchen) *will* wieder am höheren Orte sein; denn so bringt es das Prinzip seiner Natur bzw. das innewohnende Gesetz mit sich.« (Y-king, ed. J. Mohl, 1834, Vol. I, p. 341)

280, 19 dies diem docet. »ein Tag lehrt den anderen« (sprichwörtlich, nach Publilius Syrus, Spruch 123)

281, 20 l’action du magnétisme… »Die Tätigkeit des Magnetiseurs hängt zwar nur vom Willen ab, aber da der Mensch *eine äußere und sinnlich wahrnehmbare Gestalt* besitzt, so muß alles, was zu seinem Gebrauch dient, alles, was auf ihn einwirken soll, notwendigerweise auch eine solche Gestalt besitzen, und damit der Wille wirken kann, muß er eine Handlungsweise in Anwendung bringen.«

284, 4 = II 382, 18

284, 15 die PRAKTISCHE METAPHYSIK… (Bacon, De augmentis scientiarum, III, 5)

285, 25 mehr Dinge im Himmel… (Shakespeare, Hamlet, I, 5)

286, 30 Saludadores. »Gesundbeter«

287, 5ff. Maleficium; Fascinatio. »Zauberei; Behexung«

289, 9 =II 382, 17

289, 13 übernatürliche Physik. (Lichtenberg, Vermischte Schriften, 1844, III, S. 185)

290, 21 nexum physicum. »physische Verknüpfung«

290, 26 nexum metaphysicum. »metaphysische Verknüpfung«

290, 31/32 =II 203, 31

291, 23 Der Gott, der mir... (Goethe, Faust I, 1566–1569)

297, 2 Jungfrauenwachs. »unverfälschtes weißes Bienenwachs«

298, 30 Efficiunt alii... »Fremder Einfluß kann bewirken, daß ein Mann den Geschlechtsakt nicht vollbringen kann, wenn er nur an seine Unfähigkeit glaubt; denn er kann nicht tun, was er nicht tun zu können glaubt.« (Campanella, De sensu rerum et magia, L. IV, c. 18)

298, 34 Non minus subjicitur... »Der Körper ist dem Einfluß eines fremden Geistes nicht weniger unterworfen als dem eines fremden Körpers.« (Agrippa von Nettesheim, De occulta philosophia, L. I, c. 65 – nicht 66)

298, 35 Quidquid dictat animus... »Alles, was der Geist eines zutiefst haßerfüllten Menschen diktiert, hat die Wirkung zu schaden und zu zerstören; und ähnlich steht es bei allem, was sonst der Geist mit sehr starkem Verlangen begehrt. Denn alles, was er dann tut und diktiert mittels Schriftzeichen, Figuren, Worten, Gebärden und derartigem, das alles unterstützt das Verlangen der Seele und gewinnt gewisse wunderbare Kräfte, sei es von seiten dessen, der in dieser Stunde sich abmüht, wenn ein derartiges Verlangen seine Seele besonders erfüllt, sei es von seiten eines himmlischen Einflusses, der den Geist alsdann in eine solche Erregung bringt.« (ibidem, c. 67; nicht wörtlich)

299, 5 Inest hominum animis... »Dem Geiste des Menschen wohnt eine bestimmte Kraft inne, Dinge und Menschen zu bestimmen und zu binden an das, was er verlangt, und alle Dinge gehorchen ihm, wenn er in eine große Regung irgendeiner Leidenschaft oder Tatkraft gerät, in solchem Maße, daß er diejenigen überwindet, welche er bindet. Die Ursache einer derartigen Bindung ist die heftige und maßlose Aufregung der Seele selbst.« (ibidem, c. 68; gekürzt)

299, 11 Vehementem imaginationem... »Daß eine heftige Einbildung, welcher Geist und Blut gehorchen, eine in der Vorstellung gefaßte Sache in Wahrheit zu bewirken vermag, nicht nur im Innern, sondern auch außerhalb.« (Julius Caesar Vaninus, De admirandis naturae arcanis, L. IV, dial. V, p. 434)

299, 18 Quum hostis naturae... »Da der Feind der Natur (der Teufel) von sich aus die Anwendung nicht selbst auszuführen vermag, so erweckt er die Vorstellung eines heftigen Verlangens und Hassens in der Zauberin, um durch Erborgung jener geistigen und willkürlichen Medien seinen Willen zu übertragen, durch welchen er alles zu beeinflussen strebt, zu welchem Zwecke er namentlich auch die Verwünschungen mit der Vorstellung des Verlangens und Schreckens diesen seinen höchst widerwärtigen Säuen vorschreibt. – Denn jenes Verlangen, wie es eine Leidenschaft in der Einbildungskraft ist, so erzeugt es auch eine Vorstellung, welche nicht etwa bloß leer ist, sondern wirkt und die Bezauberung veranlaßt. – Wie ich denn schon gezeigt habe, daß die hauptsächliche Kraft der Bezauberung von der natürlichen Vorstellung der Zauberin abhängt.« (Joh. Bapt. van Helmont, Ortus medicinae, Amsterdam, 1698, Recepta injecta §§ 12, 13, 19, pp. 571, 572, 573)

299, 27 Saga, per ens... »Die Zauberin formt vermöge ihres natürlichen Wesens in ihrer Einbildungskraft eine willkürliche, natürliche und schädigende Vorstellung. ––– Die Zauberinnen wirken durch ihre natürliche Kraft. ––– Der Mensch entläßt auch aus sich ein fremdes, ausströmendes und gebietendes Medium, welches die

Wirkung hat, einen Menschen zu bezaubern. Dieses Medium ist die Vorstellung eines heftigen Verlangens. Es ist nämlich von dem Verlangen untrennbar, auf das Gewünschte hin sich zu bewegen.« (ibidem, De injectis materialibus, §15)

299, 32 Ideae scilicet desiderii... »Die Vorstellungen des Verlangens werden nämlich auf dem Wege himmlischer Einflüsse in ihren Gegenstand hineingeworfen, wie weit er auch örtlich entfernt sein mag. Denn sie werden gelenkt von dem Verlangen, das sich ein spezielles Objekt setzt.« (ibidem, De sympatheticis mediis, §2)

299, 35 Igitur in sanguine... »Es liegt also in dem Blute eine gewisse ekstatische Macht, die, wenn sie einmal durch ein brennendes Verlangen erregt worden ist, durch den Geist des äußern Menschen auch auf irgendeinen abwesenden Gegenstand hinübergeleitet wird: diese Macht ist in dem äußern Menschen latent und gleichsam potentiell vorhanden; und wird nicht aktuell, wenn sie nicht durch Aufheizung der Einbildungskraft mittels eines brennenden Verlangens oder eines ähnlichen Kunstgriffs erregt wird. – Die Seele, welche ganz und gar Geist ist, würde durchaus nicht imstande sein, den Lebenshauch (welcher nämlich körperlich ist) und noch viel weniger das Fleisch und die Knochen zu bewegen oder zu erregen, wenn nicht eine gewisse, ihr von Natur innewohnende Kraft, welche jedoch magisch und geistig ist, aus der Seele in Geist und Körper hinabstiege. Sage nur, auf welche Art könnte der körperliche Geist dem Befehl der Seele gehorchen, wenn nicht ein solcher Befehl vorhanden wäre, den Geist und ihm folgend den Körper zu bewegen? Aber du wirst sofort gegen diese magische Bewegungskraft einwenden, daß dieselbe innerhalb des ihr Eigenen, ihrer natürlichen Behausung, bleiben müsse und daß daher, wenn wir sie auch magisch nennen, dieses nur Verdrehung und Mißbrauch des Namens sei, indem die wahre und abergläubische Magie ihre Basis nicht aus der Seele entnehmen könne, da eben diese in keiner Weise imstande wäre, außerhalb ihres Körpers etwas zu bewegen, zu verändern oder zu erregen. Darauf antworte ich, daß jene der Seele natürliche Kraft und Magie, welche nach außen hin wirkt, kraft des Ebenbildes Gottes schon dunkel im Menschen verborgen liegt und gleichsam schlummert (nach dem Sündenfalle) und der Erregung bedarf; daß aber dieselbe, wenn auch schläfrig und gleichsam trunken, immerhin stets in uns vorhanden ist, wobei sie immerhin hinreicht, die Verrichtungen in dem eigenen Körper zu vollbringen; es schläft mithin das magische Wissen und Können, und nur auf Anregung hin wird es im Menschen wirksam. – Der Satan also ist es, welcher diese magische Kraft (welche gewöhnlich schlummert und durch das Bewußtsein des äußern Menschen niedergehalten wird) in denen, die sich ihm verschrieben haben, erregt, und ihnen steht sie zu Gebote, ein Schwert in der Hand des Mächtigen, d.h. der Zauberin. Und wirklich trägt der Satan nichts weiter zum Menschenmorde bei, als daß er jene schlummernde Kraft erregt. – Die Zauberin kann in einem entfernten Stalle das Pferd töten: eine gewisse natürliche Wirkungskraft geht von dem Geiste der Zauberin und nicht von Satan aus, welche imstande ist, den Lebenshauch des Pferdes zu unterdrücken und zu erwürgen. – Als Schutzgeister des Magnetismus bezeichne ich nicht die, welche vom Himmel herabkommen, und noch weniger ist hier von höllischen die Rede; sondern von jenen, die im Menschen selbst entstehen, wie das Feuer aus dem Kieselstein: aus dem Willen des Menschen wird nämlich ein klein wenig von dem einflußreichen Lebensgeiste entnommen, und eben dieses nimmt eine ideale Wesenheit an, gleichsam eine Form, um sich zu vervollständigen. Nachdem er diese Vervollständigung erlangt hat, nimmt der Geist eine Art mittlerer Beschaffenheit zwischen dem Körperlichen und Unkörperlichen an. Er läßt sich aber dahin schicken, wohin ihn der Wille lenkt; jene ideale Wesenheit also – – – wird durch keine Schranken der Orte, Zeiten oder Abstände gehemmt; sie ist kein Dämon oder irgendeine Wirkung eines solchen, sondern sie ist eine geistige Wirkung des Betreffenden, welche uns ganz natürlich und vertraut ist. – Das ungeheure Geheimnis kundzumachen habe ich bisher aufgeschoben, nämlich handgreiflich zu zeigen, daß im Menschen eine Energie liegt, vermöge deren er es vermag, durch den bloßen Willen und die Einbildungskraft außerhalb seiner zu wirken und eine Kraft zum Ausdrucke zu bringen, wie auch einen beharrenden Einfluß, der sich auf ein noch so weit entferntes Objekt erstrecken kann.« (ibidem, De magnetica vulnerum curatione, §§76, 98, 102, 106, 139, 168; pp. 764, 768, 769, 773, 778)

301, 4 Sic contigit... So kommt es, daß es Menschen gibt, die derartige Kräfte in ihrer Gewalt haben; und wenn sie sich durch die Kraft ihrer Einbildung und ihres Begehrens wirklich betätigen, so beginnt diese Kraft wirksam zu werden und erregt das Blut und den Geist; durch Ausdünstung streben solche Kräfte nach außen und bringen derartige Wirkungen hervor.«

303, 5 Magia ist die Mutter... (Jakob Böhme, Werke, ed. Schiebler, VI, S. 407–409; frei zitiert)

303, 14 Mulieres quaedam... »Einige Weiber hatten sich verabredet, zu ihrer Erholung in einen Lustgarten zu gehen. Eine von ihnen kam nicht. Die übrigen nahmen im Scherze eine Orange und durchstachen sie mit scharfen Nadeln, wobei sie sagten: ›So durchstechen wir das Weib, das sich geweigert hat, mit uns zu gehen‹; darauf warfen sie die Orange in einen Brunnen und gingen davon. Sie fanden sodann jenes Weib in Schmerzen, wobei sie das Gefühl hatte, gleichsam von scharfen

Nägeln durchbohrt zu werden, und zwar seit jener Stunde, in welcher die übrigen die Orange durchstochen hatten; und so wurde sie sehr gepeinigt, bis die andern die Nadeln aus der Orange herauszogen und ihr Wohlsein und alles Gute wünschten.« (Campanella, De sensu rerum et magia, L. IV, c. 18, p. 341)

304, 15 vgl. 284, 15

304, 20 Malleus maleficarum. »Hexenhammer«

304, 33 in unserer Ausgabe Band IV, S. 269f.

308, 1 die drei Lehren... (das chinesische Sprichwort lautet: san kiao, i kia – »drei Lehren, eine Familie«)

304, 34 e consensu gentium. »aus der Übereinstimmung der Völker«

315, 16 = I 598, 22

316, 26 lucus a non lucendo. »der Wald [lucus], der so heißt, weil es darin nicht leuchtet [lucere]« (nach Quintilian, De institutione oratoriae, 6, 34)

317, 1 *ἁπλους ὁ μυθος*... »Wer Wahres hat zu sagen, drückt sich einfach aus.« (Euripides, Phoenissae, v. 469)

317, 7 = II 685, 14

317, 9 unde esse inde operari. »wovon das Sein kommt, daher rührt auch sein Wirken«

317, 13 ea res libera... »Dasjenige wird frei zu nennen sein, das aus der bloßen Notwendigkeit seiner Natur existiert und nur durch sich selbst zum Handeln bestimmt wird.« (Spinoza, Ethica, I, definitio 7)

317, 29 *ταυτα αλληλοις ακολουθει*... »dies folgt aus einander: das Unentstandene ist unvergänglich, und das Unvergängliche unentstanden. --- Denn Entstandensein und Vergänglichsein folgen aus einander. -- Ist etwas entstanden, so muß es auch vergänglich sein.« (Aristoteles, De coelo, I, 12, p. 282 a 30)

317, 35 in unserer Ausgabe Band IV, S. 125ff.

318, 33 La clarté... »Die Klarheit ist der Kreditbrief der Philosophen.« (Vauvenargues, Réflexions et maximes, 729)

318, 34 = II 314, 19

319, 2 =I 644, 12
321, 31 =184, 7
321, 34 You, that way... (Shakespeare, Love's Labour's Lost, V, 2, Schluß)

Die beiden Grundprobleme der Ethik

323, 12 =II 312, 2
328, 30 omisso enim eo... »indem er das überging, was vor allem andern gefordert worden war«
328, 33 principii ethicae... »er hat den Zusammenhang des Prinzips seiner Ethik mit seiner Metaphysik erörtert«
329, 28 Ubinam sunt quaerenda... »Wo sind *die Quelle und das Fundament der Moralphilosophie* zu suchen? Sind sie zu suchen in der Erklärung der Idee der Moralität, die in einem unmittelbaren Bewußtsein besteht? Oder in einem anderen Erkenntnisgrunde?«
331, 8 fundamentum philosophiae moralis. »Fundament der Moralphilosophie«
331, 27 ipsum thema. »Thema selbst«
331, 35 Ipsum thema... »Das Thema selbst forderte eine Untersuchung, in der vor allen Dingen der Zusammenhang der Metaphysik mit der Ethik klargelegt würde. Aber der Autor hat das, was vor allem andern gefordert wurde, übergangen und geglaubt, die Aufstellung irgendeines Prinzips der Ethik werde verlangt: daher hat er den Teil der Abhandlung, in dem er den Zusammenhang des von ihm aufgestellten ethischen Prinzips mit seiner Metaphysik erörtert, nur in einem Anhang dargelegt, in dem er mehr, als gefordert war, darbot.« (vgl. S. 632)
335, 32 pour la rareté du fait. »wegen der Seltenheit der Sache«
336, 1 scriptor neque ipsa... »Der Autor hat uns auch nicht

durch die Form seiner Abhandlung befriedigt.« (vgl. S. 632)

336, 7 ἔστ' ἄν ὕδωρ... »Solange fließet das Wasser und wachsen mächtige Bäume, / Solange aufgeht die Sonne und scheint, solange der Mond glänzt / Und die Flüsse ihr Wasser, die Meere ihr Rauschen behalten, / Werde ich melden dem Wandrer, daß hier liegt Midas begraben.« (vgl. Platon, Phaidros, p. 264 D)

336, 21 neque reapse... »auch hat er diese Grundlage wirklich nicht als ausreichend nachgewiesen« (vgl. S. 632)

336, 28 Sie sagen: das muthet... (Goethe, Sprichwörtlich)

337, 3 quin ipse contra... »ja, er hat sich vielmehr genötigt gesehen, selbst das Gegenteil einzugestehen« (vgl. S. 632)

337, 16 plures recentioris aetatis... »mehrere *der größten Philosophen* der Neuzeit werden so unziemlich erwähnt, daß es gerechten und schweren Anstoß erregt« (vgl. S. 632)

337, 24ff. = II 83, 22

339, 3 Qualem commendes... »Wen du empfehlen willst, den prüfe ernstlich, damit du / Nicht zu erröten brauchst über Sünden, die andre begangen.« (Horaz, Epistulae, I, 18, 76)

339, 20 πρόσϑε λέων... »vorn ein Löwe, von hinten ein Drache, eine Ziege inmitten« (Homer, Ilias, VI, 181)

339, 35 assecla. »Nachtreter«

340, 36 e meris affirmativis... »aus bloß bejahenden Voraussetzungen läßt sich in der zweiten Figur kein Schluß ziehen« (vgl. II 132, 30)

343, 22 ex ungue leonem. »an seiner Pranke erkennt man den Löwen« (von Plutarch, De defectu oraculorum, c. 3, p. 410 C, auf Alkaios zurückgeführt)

343, 22 decenter oder indecenter. »ziemlich oder unziemlich«

343, 23 ex aure asinum. »an seinem Ohre erkennt man den Esel«

343, 24 speciminibus philosophiae Hegelianae. »Mustern Hegelscher Philosophie«

343, 25 indecenter commemoravit. »unziemlich erwähnt«

343, 27 ex cathedra academica. »aus akademischer Unfehlbarkeit heraus«

344, 9 speciminibus in physicis. »Beispielen aus der Physik«

345, 3 Sie sehen stolz... (Goethe, Faust I, 2177; Verse in umgekehrter Reihenfolge)

345, 10 Estime sur parole. »Hochachtung auf bloße Versicherung hin«

347, 17 Exempla sunt odiosa. »Beispiele sind lästig«

347, 20 le degré d'esprit... »Das Maß an Geist, das erforderlich ist, um uns zu gefallen, ist ein ziemlich genauer Gradmesser für das Maß unseres eigenen Geistes.« (Helvétius, De l'esprit, discours II, ch. 10, note)

348, 5 La faveur prodiguée... »Die Gunst, die man an schlechte Werke verschwendet, ist dem Fortschritt des Geistes ebenso hinderlich wie der heftige Angriff gegen gute Werke.« (Voltaire, Lettre à la Duchesse du Maine, als Vorrede zum Oreste)

348, 7 Der eigentliche Obskurantismus... (Goethe, Nachgelassene Werke, IX, S. 54; Reflexionen und Maximen, II, 84)

348, 15 Ich sah des Ruhmes... (Schiller, Die Ideale, Str. 9)

348, 36 veritas odium parit. »Die Wahrheit gebiert Haß«

349, 37 profundidades y sentencias. »tiefe Gedanken und Aussprüche«

350, 35 lectio spuria, uncis inclusa. »unechter Zusatz, in Klammern gesetzt«

351, 35 l'écriture a dit... »Die Heilige Schrift hat gesagt, der Anfang der Weisheit ist die Furcht vor Gott; ich aber glaube, es ist die Furcht vor den Menschen.« (Chamfort, Maximes et pensées, chap. II)

355, 22 in unserer Ausgabe S. 328–338.

357, 12 tam justam et gravem offensionem. »so gerechten und schweren Anstoß« (vgl. S. 632)

357, 16 Das Schlechte kannst du... (Goethe, Zahme Xenien, V, v. 1315ff.)

357, 27	in unserer Ausgabe Band III, S. 59ff.
358, 2	= 23, 20
359, 7	= I 519, 16
363, 6	*το ἑκούσιον*... »das Freiwillige und Unfreiwillige im Hinblick auf das Denken« (Aristoteles, Ethica ad Eudemium, II, 7)
363, 16	liberum arbitrium. »freie Willensentscheidung«
367, 10ff.	= I 380, 22
368, 6	conscientia. »Bewußtsein, Gewissen«
368, 20	du kannst... (vgl. 182, 2)
369, 34	= II 234, 33
369, 35	= II 234, 34
372, 31	Libertatis autem... »Hingegen sind wir uns unserer Freiheit und Bestimmungslosigkeit so bewußt, daß wir nichts anderes so klar und vollkommen begreifen.« (Cartesius, Principia philosophiae, I, §41)
373, 7	Omnes actiones sunt... »Alle Handlungen sind bestimmt und niemals unbeeinflußt, weil immer ein Grund da ist, der uns geneigt macht, auch wenn er nicht nötigt, daß wir so und nicht anders handeln.« (Leibniz, De libertate; Opera, ed. Erdmann, p. 669)
381, 18	= I 615, 9
381, 19	= I 615, 8
382, 25ff.	= 363, 16
382, 32	a non posse ad non esse. »von der Unmöglichkeit auf die Nichtwirklichkeit« (vgl. 500, 25)
389, 18	Mimosa pudica, Hedysarum gyrans und Dionaea muscipula. »Rührmichnichtan, Schildklee und Venusfliegenfalle«
394, 25	= I 380, 22
396, 35	in unserer Ausgabe Band III, S. 263ff.
397, 14	terminus ad hoc. »hierfür bestimmten Begriff«
397, 23	= 257, 32
398, 25	= I 380, 22
401, 9	Velleitas. »Willensregung«
401, 10	= II 429, 17

402, 23 mention honorable. »lobende Erwähnung«

402, 28 pourquoi démontrer... »Wozu beweisen, wo die bloße Feststellung genügt? – Die Freiheit ist eine Tatsache und nicht ein Glaube.« (richtig: vol. I, p. 50)

404, 15 = I 380, 22

410, 4 in unserer Ausgabe Band V, S. 210f.

411, 13 = I 214, 35

411, 24 Oratio de magia. »Rede über die Magie«

411, 26 Certum indicem cujusque... »daß ein sicherer Beweis im Charakter jedes Menschen liege, welcher, von Natur aus stets in derselben Weise zur Tugend oder Bosheit veranlagt, ein sicheres Argument für das Begehen oder die Verschmähung eines Verbrechens darstellt.«

412, 10 *οὐκ ἐφ' ἡμῖν*... »es stehe nicht bei uns, ob wir gut oder böse sind.« (Aristoteles, Ethica magna, I, 9, p. 1187 a 7)

412, 15 *Πᾶσι γὰρ δοκεῖ*... »Es scheint nämlich, daß allen die einzelnen Charakterzüge schon irgendwie von Natur aus eigen sind; denn gerecht und mäßig und tapfer und anderes mehr zu sein, ist uns schon von Geburt an zu eigen.« (Aristoteles, Ethica ad Nicomachum, 6, 13, p. 1144 b 4)

413, 6 Homo virtuti consimillimus... »Ein Mann, mit der Tugend verschwistert, in allen Stücken durch seine Naturanlage den Göttern näher als den Menschen: der niemals recht handelte, um als Rechthandelnder gesehen zu werden, sondern weil er *nicht anders handeln konnte*.« (Vellejus Paterculus, II, 35, 2)

413, 21 = I 380, 22

415, 26 Wie an dem Tag... (Goethe, Gott und Welt, Urworte, Orphisch)

416, 4 = II 685, 14

416, 13 Ens metaphysicum. »metaphysisches Wesen«

417, 5 = 363, 16

417, 29 = 262, 25

417, 33 *καὶ ὁ λόγος*... »ebenso das Beispiel des in hohem Grade, aber gleich stark, Hungernden und Dürstenden, wenn er von Speise und Trank gleich weit entfernt ist: er muß notwendigerweise still stehen bleiben.« (Aristoteles, De coelo, II, 13, p. 295 b 32)

419, 16 Fatum; *εἱμαρμενη*. »Schicksal«

419, 22 Piaculum. »Vergehen«

421, 12 De servo arbitrio. »Vom unfreien Willen«

421, 17 Quare simul in omnium... »Darum finden wir in alle Herzen eingeschrieben, daß der freie Willen nichts ist; wenn auch diese Überzeugung durch so viele gegenteilige Behauptungen und die Autorität so vieler Männer verdunkelt wird. – Hier möchte ich die Verfechter der Willensfreiheit daran erinnern, daß sie mit der Behauptung der Willensfreiheit Christus verleugnen. – Gegen die Freiheit des Willens streiten alle Zeugnisse (der Schrift), die von Christus handeln. Deren sind aber unzählige, ja die ganze Schrift handelt von ihm. Wenn wir daher die Schrift zum Richter in der Sache machen, so werde ich auf alle Weise darin obsiegen, daß nicht ein Jota oder Strichlein übrigbleibt, welches nicht die Lehre vom freien Willen verdammt.« (Luther, De servo arbitrio, ed. Seb. Schmidt, Straßburg 1707, pp. 145, 214, 220)

422, 5 *ἑκουσιον και ἀκουσιον*. »willkürlich oder unwillkürlich«

422, 14 *τὸ μὲν οὖν*... »Was aber die Naturanlage betrifft, so ist klar, daß sie nicht in unserer Gewalt liegt, sondern vermöge göttlicher Ursachen den wahrhaft Glücklichen zu eigen ist. – Bald darauf: Es muß also der Charakter irgendwie vorhanden sein, wie er, als der Tugend verwandt, das Gute liebt und das Böse verabscheut.« (Aristoteles, Ethica ad Nicomachum, X, 10, p. 1179 b 21/29)

422, 23 *Οὐκ ἔσται ὁ προαιρούμενος*... »Man kann nicht durch den bloßen Vorsatz der Beste werden, wenn nicht die Naturanlage dazu vorhanden ist, wohl aber kann man besser werden.« (ibidem, I, 11, p. 1187 b 28)

423, 6 ἡ γὰρ οὗ ἕνεκα... »denn der Zweck ist eine von den [vier] Arten von Ursachen« (Aristoteles, Ethica Eudemia, II, cap. 10, p. 1226 b 26)

423, 28 ὀυτε δε οἱ ἐπαινοι... »Weder Lob noch Tadel, noch Ehrungen, noch Strafen sind gerechtfertigt, wenn die Seele nicht das Vermögen des Erstrebens und des Ablehnens besitzt, sondern das Laster unfreiwillig ist.« (Clemens Alexandrinus, Stromata, I, c. 17, § 83)

423, 34 ἱν' ὁτι μαλιστα... »so daß umso mehr Gott für uns nicht die Ursache des Lasters sei« (ibidem, § 84; vgl. Platon, Res publica, p. 617E)

424, 26 Nunc autem homo... »Nun aber ist der Mensch nicht gut und hat es nicht in seiner Gewalt, gut zu sein, mag er nun nicht sehen, wie er sein sollte, oder mag er es sehen und nicht so sein wollen, wie er sieht, daß er sein müßte. – Bald darauf: Mag er nun aus Unkenntnis nicht die freie Willensentscheidung besitzen, das zu wählen, was er eigentlich tun sollte; oder mag er vermöge der fleischlichen Gewohnheit, die sich durch die Macht der todbringenden Erbsünde gewissermaßen noch gesteigert hat, zwar sehen, wie er richtig handeln sollte, und es auch wollen, aber es nicht durchführen können.« (Augustinus, De libero arbitrio, III, c. 18, § 51)

424, 32 Voluntas ergo ipsa... »Wenn also der Wille selbst nicht durch die göttliche Gnade von der Knechtschaft, durch die er zum Knecht der Sünde geworden ist, befreit und in der Überwindung der Laster unterstützt wird, so kann von den Sterblichen nicht recht und fromm gelebt werden.« (Augustinus, Argumentum de libero arbitrio, Retract. I, c. 9)

425, 5 datum est liberum... »der Seele ist die freie Willensentscheidung gegeben, und wer dies durch possenhafte Vernünfteleien zu erschüttern sucht, ist so blind, daß er... usw.« (Augustinus, De animae quantitate, letztes Kapitel)

425, 11 Quid enim tam... »Denn was liegt so sehr in der Macht des Willens wie der Wille selbst?« (Augustinus, De libero arbitrio, I, c. 12, §26)

425, 22 Dic mihi... »Sag mir bitte, ob nicht Gott der Urheber des Bösen ist?« (ibidem, I, c. 1, §1)

425, 23 Movet autem animum... »Folgende Frage bewegt aber mein Gemüt: Wenn die Sünden aus der Seele kommen, die Gott geschaffen hat, jene Seelen aber aus Gott kommen: wieso fallen dann die Sünden nicht mittelbar auf Gott zurück?« (ibidem, c. 2, §4)

425, 26 Id nunc plane... »Jetzt hast du geradezu das gesagt, was mich beim Nachdenken nicht wenig quält.« (ibidem, §5)

425, 29 At talem oportere... »Aber daß Gott ein solcher sein muß, welcher vermöge seiner *Freiheit* uns der *Notwendigkeit* unterwirft, das muß schon die natürliche Vernunft zugeben. – Wenn man die Allwissenheit und Allmacht zugesteht, so folgt naturgemäß und unwidersprechlich, daß wir nicht durch uns selbst gemacht sind oder leben oder irgend etwas tun, sondern nur durch seine Allmacht. – – Die Allwissenheit und Allmacht Gottes steht in diametralem Widerspruch zu der Freiheit unseres Willens. – Alle Menschen werden mit unvermeidlicher Konsequenz gezwungen, anzuerkennen, daß wir nicht durch unseren Willen, sondern vielmehr aus Notwendigkeit; so tun wir also nicht was uns beliebt, nach dem Gebot unseres freien Willens, sondern handeln so, wie Gott es vorhergesehen hat und durch unfehlbaren und unwandelbaren Ratschluß und Willen *ausführt*.« (Luther, De servo arbitrio, ed. Seb. Schmidt, p. 144)

426, 9 Si Deus vult peccata... »Wenn Gott die Sünden will, also macht er sie auch: es steht nämlich geschrieben: ›alles, was auch immer er wollte, hat er gemacht‹. Wenn er sie nicht will, so werden sie dennoch begangen: also müssen wir ihn entweder für nicht voraussehend oder für nicht allmächtig oder für grausam erklären; da er dann seinen Ratschluß nicht ausführt, sei es durch Unwissenheit oder Ohnmacht oder Nachlässigkeit. – – – – Die Philosophen sagen: wenn Gott nicht wollte, daß die schändlichen und niederträchtigen Handlungen in der Welt bestünden, so würde er ohne Zweifel mit einem Winke alle Schandtaten aus der Welt verbannen und vernichten. Denn wer wäre von uns imstande, dem göttlichen Willen zu widerstehen? Wie sollten die Verbrechen gegen Gottes Willen vollbracht werden, wenn er doch bei jeder sündigen Handlung dem Verbrecher die Kraft dazu verleiht? Ferner, wenn der Mensch entgegen dem Willen Gottes strauchelt, so ist also Gott schwächer als der Mensch, der sich ihm widersetzt und obsiegt. Hieraus ergibt sich, daß Gott die Welt so will, wie sie ist, und daß, wenn er eine bessere Welt haben wollte, er eine bessere haben würde.« (Vaninus, Amphitheatrum aeternae providentiae, exercitatio 16)

426, 20 Instrumentum movetur… »Ein Werkzeug wird so bewegt, wie es von seinem Besitzer gelenkt wird; aber unser Wille verhält sich bei seinen Verrichtungen wie ein Werkzeug, Gott hingegen wie das eigentlich Handelnde; wenn folglich der Wille schlecht handelt, so trägt Gott daran die Schuld. – – – Unser Wille hängt nicht nur hinsichtlich seines Wirkens, sondern auch hinsichtlich seines Wesens ganz von Gott ab. Es gibt also nichts, was man in Wahrheit dem Willen zuschreiben könnte, weder nach seinem Wesen noch nach seinem Wirken, sondern alles ist Gott zuzuschreiben, der den Willen so gebildet hat und so bewegt. – – – Da das Wesen und die Betätigung des Willens von Gott herrühren, so müssen diesem die guten wie die bösen Wirkungen des Willens zugerechnet werden, wenn nämlich der Wille sich zu ihm verhält wie ein Werkzeug.« (ibidem, exercitatio 44)

426, 35 tanquam re bene gesta. »als hätte er seine Sache gut gemacht«

429, 5 = 363, 16

429, 16 = II 685, 14

429, 20 = 317, 9

430, 2 ea res libera... »Dasjenige wird frei zu nennen sein, das aus der bloßen Notwendigkeit seiner Natur existiert und nur durch sich selbst zum Handeln bestimmt wird; dasjenige aber heißt notwendig oder vielmehr gezwungen, das von einem andern zur Existenz und zum Wirken bestimmt wird.« (Spinoza, Ethica, I, def. 7; vgl. 317, 13)

431, 14 pro ara et focis. »für Haus und Herd« (nach Cicero, De natura Deorum, III, 40, 94)

433, 1 Fertur unusquisque... »Jedermann wird getrieben, zu begehren, was für ihn gut, und zu meiden, was für ihn schlecht ist, am meisten aber das, was das größte der natürlichen Übel ist: den Tod; und das geschieht aus einer Naturnotwendigkeit, die nicht geringer ist als die, vermöge deren der Stein nach unten fällt.« (Hobbes, De cive, c. 1, §7)

433, 9 Voluntas non potest... »Der Wille kann nicht eine freie, sondern nur eine notwendige Ursache genannt werden. – Denn der Wille bedarf ebenso wie alles andere einer Ursache, von welcher er zum Handeln in bestimmter Weise gezwungen wird.« (Spinoza, Ethica, I, prop. 32, coroll. 2)

433, 12 Quod denique... »Was endlich die vierte Einwendung (von der Eselin des Buridan) betrifft, so erkläre ich, ganz und gar zuzugeben, daß ein Mensch, wenn er sich in solch einer Gleichgewichtslage befände, (nämlich daß er nichts anderes wahrnähme als Durst und Hunger, und dabei Speis und Trank in gleicher Entfernung sähe) vor Hunger und Durst sterben müßte.« (ibidem, II, prop. 49, schol.)

433, 16 Mentis decreta... »Die Beschlüsse des Geistes entstehen in dem Geiste mit derselben Notwendigkeit wie die Ideen der in Wirklichkeit existierenden Dinge. Wer also glaubt, daß er aus freiem Entschluß des Geistes redet oder schweigt oder sonst etwas tut, der träumt mit offenen Augen. – Jedes Ding wird mit Notwendigkeit von irgendeiner äußeren Ursache bestimmt, in gewisser und determinierter Weise zu existieren und zu wirken. Z.B. der Stein empfängt von einer äußeren Ursache, die ihn antreibt, ein bestimmtes Quantum von Bewegung, kraft dessen er sich weiterhin mit Notwendigkeit bewegen muß. Nun nimm an, der Stein, der sich weiterhin bewegt, denke und sei sich dessen bewußt, daß er nach Kräften bestrebt ist, in der Bewegung fortzufahren. Dann wird dieser Stein, da er nur seiner Bestrebung sich bewußt und keineswegs dagegen gleichgültig ist, glauben, ganz frei zu sein und aus keiner anderen Ursache in seiner Bewegung zu beharren, als weil er es will. Und so ist es auch mit jener menschlichen Freiheit, die zu haben sich alle rühmen und die nur darin besteht, daß die Menschen sich ihres Wollens bewußt sind, aber die Ursachen, durch welche sie bestimmt werden, nicht kennen. – – Damit habe ich zur Genüge erklärt, wie ich über die freie und erzwungene Notwendigkeit und die eingebildete Freiheit des Menschen denke.« (Spinoza, Epistola LXII; frei zitiert)

434, 9 Si enim hominem… »Denn wenn wir uns einen Menschen anstelle einer Eselin in solcher Gleichgewichtshaltung vorstellen, und er stürbe vor Hunger und Durst, so müßten wir ihn nicht für ein denkendes Wesen, sondern für den dümmsten aller Esel halten.« (Spinoza, Cogitata metaphysica, II, cap. 12)

437, 1 Archimède est également… »Archimedes ist mit gleicher Notwendigkeit gezwungen, in seinem Zimmer zu bleiben, wenn man ihn darin einschließt, wie wenn er so sehr in ein Problem vertieft ist, daß er nicht daran denkt, hinauszugehen: ›Den Willigen führt das

Geschick, den Widerwilligen schleppt es.‹ [Seneca, Epistulae, 107, 11] *Der Tor, der so denkt, hat nicht immer so gedacht,* aber er wurde schließlich gezwungen, sich zu ergeben.« (Voltaire, Le philosophe ignorant, chap. 13; nicht wörtlich)

437, 8 Une boule, qui… »Eine Kugel, die auf eine andere stößt, ein Jagdhund, der notwendig und mit Willen einen Hirsch verfolgt, dieser Hirsch, der einen breiten Graben mit nicht weniger Notwendigkeit und Willen überspringt, all dieses ist nicht unwiderstehlicher determiniert, als wir es sind bei allem, was wir tun.« (Voltaire, Le principe d'action, chap. 13, Mélanges de philosophie, ed. 1781, XX, p. 255)

439, 19 (Schelling, Untersuchung über die menschliche Freiheit. Philosophische Schriften, 1809, I, S. 465–471)

440, 33 das Knabenvolk… (Goethe, Parabolisch, 7, 8)

442, 4 le premier métaphysicien… »der führende französische Metaphysiker unserer Zeit«

442, 6/9 = I 380, 22

442, 27 = I 615, 34

443, 3 = I 380, 22

443, 23 = II 263, 1

445, 30 Des Menschen Thaten… (Schiller, Wallensteins Tod, II, 3, Ende)

446, 8 = 382, 32

450, 2 *'Εγκωμιάζομεν πράξαντας…* »Wir loben die, welche eine Tat vollbracht haben; Taten aber sind Anzeichen für den Charakter; so würden wir denn auch jemanden loben, der die Tat nicht vollbracht hat, wofern wir nur glaubten, daß er ihrer fähig wäre.« (Aristoteles, Rhetorica, I, 9, p. 1367 b 31)

451, 11 = I 380, 22

453, 14 = II 685, 14

453, 20/23 = II 199, 30

453, 21 = II 230, 33

453, 26 = I 380, 22

454, 22 =I 519, 16

457, 1 manslaughter. »Totschlag«

457, 9 =363, 6

457, 12 Medicina forensis. »Gerichtsmedizin«

459, 7 in unserer Ausgabe Band III, S. 315

464, 27 Tenebrae in philosophia... »Die Dunkelheit in der praktischen Philosophie wird nur vertrieben, wenn das Licht der Metaphysik sie erhellt.« (Christian Wolff, Philosophia practica, pars II, §28)

465, 15 *Ψυχης οὐν φυσιν...* »Hältst du es für möglich, die Natur der Seele richtig zu erkennen, ohne die Natur des Weltganzen zu kennen?« (Platon, Phaidros, p. 270 C)

467, 17 =II 312, 2

469, 29 non est pro magno... »Man soll nicht für wichtig halten, was die Menschen meinen, sondern was die Wahrheit der Dinge ist.« (nach Augustinus, De civitate Dei, L. XIX, c. 3)

469, 30 *γλαυκας εἰς Αϑηνας κομιζειν.* »Eulen nach Athen tragen« (sprichwörtlich, nach Aristophanes, Aves, v. 301)

473, 30 in unserer Ausgabe Band I, S. 135ff. und Band II, S. 172ff.

476, 3 =I 559, 36

482, 23 volenti non fit injuria. »Dem, der es so will, geschieht kein Unrecht.« (nach Aristoteles, Ethica ad Nicomachum, V, cap. 15, p. 1138a; vgl. auch Ulpianus, L. 56 ad Edicta)

482, 29 Liebe deinen Nächsten... (Matthäus, 22, 39)

483, 2 opus supererogationis. »eine Leistung über die Forderung hinaus« (theologischer Ausdruck des Mittelalters)

484, 27 =482, 23

488, 9 anima rationalis, sensitiva, vegetativa. »der vernünftige, wahrnehmende, vegetative Seelenteil«

490, 28 Deisidämonie. »Dämonenfurcht«

492, 15 des Pudels Kern. (Goethe, Faust I, 1323; vgl. 273, 25)

492, 27ff. *ὅ, τι.* »Daß«

492, 28ff. *διότι.* »Deshalb«

493, 2 *Πενια; Ποϱος.* »Armut; Überfluß« (vgl. Platon, Symposion, p. 203 B)

493, 17 Neminem laede... »Verletze niemanden, vielmehr hilf allen, soviel du kannst.«

493, 33 = I 665, 9

494, 3 = 493, 17

494, 5 = 492, 28

496, 4 einen erklecklichen Satz... (Schiller, Die Philosophen)

496, 26 docendo disco. »Indem ich lehre, lerne ich.« (nach Seneca, Epistulae, 7)

496, 27 semper docendo nihil disco. »Durch ständiges Lehren komme ich nicht zum Lernen.«

496, 29 Und diese Lehrer... (Diderot, Rameaus Neffe, übersetzt von Goethe, S. 104; gekürzt)

496, 35 Ich habe das... (Lichtenberg, Vermischte Schriften, 1844, I, S. 169)

498, 4 = I 119, 16

498, 30 ex hypothesi. »der Annahme zufolge«

500, 19 idealiter. »als Idee«

500, 21 Du kannst: denn du sollst. (bei Kant nirgends in dieser Formulierung zu finden, jedoch bei Schiller; vgl. 182, 2)

500, 25 a non posse... »Was nicht möglich ist, das ist auch nicht wirklich.«; vgl. 382, 32)

502, 5 prius *κατ' ἐξοχην.* »das schlechthin Frühere« (vgl. II 315, 10; I 153, 35)

502, 14 profanum vulgus. »gemeiner Pöbel« (nach Horaz, Carmina, III, 1, 1)

502, 14 ignavum pecus. »feiges Gesindel« (nach Horaz, Epistulae, I, 19, 19; vgl. I 314, 1)

503, 6/25 = 129, 8

504, 12f. = 122, 6

506, 1 = 84, 32

507, 14 = I 548, 22

508, 32 Substantia cogitans... »Die denkende Substanz und die ausgedehnte Substanz sind eine und dieselbe Substanz, die bald unter dem einen, bald unter dem anderen

Merkmal aufgefaßt wird.« (Spinoza, Ethica, II, prop. 7, scholium)

509, 14 intellectus purus. »reiner Intellekt«

509, 19 = I 60, 35

509, 34 Non nisi eadem … »Es ist nur ein und derselbe Wille, der einerseits das sinnliche Begehren genannt wird, wenn er durch Urteile, die im Gefolge der Sinneswahrnehmungen entstehen, erregt wird; der andererseits vernünftiges Begehren genannt wird, wenn der Geist über seine eigenen Ideen Urteile bildet, unabhängig von den verworrenen Vorstellungen der Sinne, welche die Ursachen seiner Neigungen sind. ––– Was aber Veranlassung war, daß man jene beiden verschiedenen Neigungen des Willens für zwei verschiedene Begehrungsvermögen hielt, das war der Umstand, daß sehr häufig das eine Begehrungsvermögen sich dem andern entgegensetzt, weil die Vorsätze, welche der Geist auf seinen eigenen Wahrnehmungen aufbaut, nicht immer übereinstimmen mit den Gedanken, die ihm von den körperlichen Zuständen eingegeben werden, durch die er oft bestimmt wird, etwas zu wollen, während seine Vernunft ihn bestimmen möchte, etwas anderes zu wollen.« (De la Forge, Tractatus de mente humana, c. 23, Amsterdam 1669, p. 194 f.)

511, 17 Handle nur … (Kant, Grundlegung zur Metaphysik der Sitten, Rosenkranz, VIII, 47)

512, 8 jus primi occupantis. »das Recht der ersten Besitzergreifung«

513, 13 = I 665, 1

514, 18 upon the simple plan … (Wordsworth, Rob Roy's Grave)

514, 30 = I 665, 9

515, 3 = 665, 9

515, 6 = 493, 17

515, 11 Neminem juva … »Hilf niemandem, vielmehr verletze alle, wenn es dir gerade nützt.«

515, 12 Imo omnes… »Vielmehr verletze alle, so sehr du kannst.«

516, 2 eludirt. »umgangen«

517, 18 simplex sigillum veri. »Das Einfache ist ein Kennzeichen des Wahren.« (Ausspruch des Arztes Hermann Boerhave [1668–1738], Inschrift auf seinem Denkmal in Leyden)

519, 6 per fas et nefas. »mit rechten und unrechten Mitteln«

519, 13 = I 665, 9

519, 16 = 493, 17

519, 30 = II 548, 21

519, 34 partie honteuse. »Schandfleck«

522, 21 Difficile est… »Es fällt schwer, keine Satire zu schreiben.« (Juvenal, Saturae, I, 30)

523, 14 *τὴν δε ἀξίαν…* »Der Wert ist das Entgelt für ein Abgeschätztes, nach der Schätzung eines Sachkundigen; wie wenn man sagt, man tauscht Weizen gegen Gerste mitsamt dem Esel.« (Diogenes Laërtios, VII, c. 1, § 105 – nicht c. 106)

523, 24 Doch eben wo Begriffe… (Goethe, Faust I, 1995–96)

526, 7 = 368, 6

526, 28 conscire sibi, pallescere culpa. »sich einer Schuld bewußt sein, vor der Schuld erblassen« (nach Horaz, Epistulae, I, 1, 61)

526, 29 *συνειδησις*. »Bewußtsein, Gewissen«

528, 24 *ἐγγύα, πάρα δ' ἄτα!* »Übernimm eine Bürgschaft, und schon ist das Unheil da!« (Delphische Inschrift; vgl. Platon, Charmides, 165 A, und bei Stobaios, Florilegium)

530, 3 *Μῆτις*. »Klugheit«

531, 32 = I 380, 22

533, 25 = II 685, 14

533, 27 = I 635, 6

533, 28 = I 635, 5

534, 7 = II 685, 14

534, 9 ff. = II 199, 30

535, 7 quisque praesumitur... »Von jedem nimmt man im voraus an, daß er gut ist, solange nicht das Gegenteil sich erweist.«

535, 8 foro. »Gerichtshof«

536, 5 *Τὸ γαρ ὅλον βούλημα...* »Denn alles, was Platon sagen will, scheint folgendes zu sein: Ehe sie in die Leiber und verschiedenen Lebensformen eingehen, haben die Seelen die Freiheit, die eine oder die andere Lebensform zu wählen, welche sie sodann durch das entsprechende Leben und den der Seele angemessenen Leib zur Ausführung bringen (denn er sagt, daß es bei ihr stehe, das Leben eines Löwen oder das eines Menschen zu erwählen). Jene Willensfreiheit aber ist aufgehoben, sobald die Seele irgendeine derartige Lebensform erlangt hat. Denn nachdem die Seelen in die Körper gelangt und aus freien Seelen zu Lebewesen geworden sind, haben sie nur diejenige Freiheit, die der Beschaffenheit des betreffenden Lebewesens eigen ist, so daß sie manchmal sehr verständig und vielfach erregbar sind, wie in einem Menschen, manchmal hingegen wenig erregbar und einfältig, wie beinahe bei allen anderen Lebewesen. Die Art der Freiheit aber hängt von der jedesmaligen Beschaffenheit ab, indem sie zwar aus sich selbst heraus sich betätigt, aber geleitet wird gemäß der aus der jedesmaligen Beschaffenheit entspringenden Gesinnung.« (Stobaios, Eclogae, II, c. 8, § 39)

538, 18 = I 380, 22

539, 34 = I 548, 22

539, 35 = 62, 36

540, 13 = 195, 15

540, 28 c'est tout dire. »das sagt alles«

542, 33 *οὔτε ἀγαθόν τί ἐστι...* »Von Natur gibt es weder Gutes noch Böses, sondern diesen Unterschied hat menschliche Meinung gemacht, wie Timon sagt.« (Sextus Empiricus, Adversus mathematicos, XI, 140)

543, 33 =II 685, 14
544, 27 Deus Eventus. »der Gott Erfolg«
544, 34 in unserer Ausgabe Band I, S. 435 ff.
544, 35 in unserer Ausgabe Band II, S. 692 ff.
547, 26 To be honest... (Shakespeare, Hamlet, II, 2)
548, 2 conscientia spuria. »ein unechtes Gewissen«
548, 24 Balourdise. »Tölpelei«
552, 32 in unserer Ausgabe Band II, S. 142 ff.
554, 25; 555, 24 =I 432, 33
555, 19 daß in dieser Welt... (Goethe, Wahlverwandtschaften, 1. Teil, Kapitel 3, Schluß)
556, 10 *Φϑονος ἀϱχηϑεν*... »Der Neid ist von Anfang an dem Menschen eingeboren.« (Herodot, III, 80)
556, 16 Di lor par più... (Petrarca, Trionfo del Tempo, 91 ff.)
556, 26 Hic niger est... »Dieser ist schwarz, den sollst du meiden, Römer.« (Horaz, Saturae, I, 4, 85)
557, 2 = 515, 11
557, 4 = 515, 12
559, 33 Aequi; Iniqui. »Gerechte; Ungerechte«
567, 1 Première maxime... »Erste Regel: Es liegt dem menschlichen Herzen nicht, sich in die Lage von Leuten zu versetzen, die glücklicher sind als wir, sondern nur von jenen, die beklagenswerter sind.« (Rousseau, Emile, IV, ed. Paris 1872, p. 242)
567, 12 Il n'est de vrais plaisirs... »Es gibt keine echten Genüsse ohne echte Bedürfnisse« (Voltaire, Précis de l'Ecclésiaste, v. 30)
568, 29 =493, 17
569, 21 vgl. II 425, 27
570, 12 =512, 8
570, 16 Ad neminem ante... »Bei keinem stellt sich die gute Gesinnung früher ein als die böse.« (Seneca, Epistulae, 50, 7)
570, 24; 571, 12 neminem laede. »verletze niemanden« (vgl. 493, 17)
572, 25 ff. =I 635, 6; II 79, 6

573, 20 δικαιοσυνη πανδημος; οὐρανια. »die irdische und die himmlische Gerechtigkeit«

574, 3 Jus hic nihil aliud... »Recht bedeutet hier nichts anderes als das, was gerecht ist, und zwar mehr in verneinendem als in bejahendem Sinne, indem Recht ist, was nicht ungerecht ist.« (Grotius, De jure belli et pacis, L. I, c. 1, § 3)

574, 10 = 570, 24

574, 21 In meinem Lande... (nach Büsching, Charakter Friedrichs II., Königs von Preußen, Halle 1788, S. 118)

574, 28 Nulla res efficacius... »Nichts regiert die Menge so wirksam wie der Aberglaube; sobald sie, die in der Regel zügellose, grausame und wankelmütige, vom Religionswahn ergriffen ist, gehorcht sie eher ihren Priestern als ihren Heerführern.« (Q. Curtius Rufus, IV, 10, 7)

575, 4 causa causae est causa effectus. »Die Ursache einer Ursache ist auch die Ursache von deren Wirkung.«

580, 33 Scire volunt secreta... »Des Hauses Geheimnisse wollen sie wissen, um dadurch furchtbar zu werden.« (Juvenal, Saturae, 3, 113)

582, 18 L'homme a reçu... »Der Mensch hat die Sprache erhalten, um seine Gedanken verbergen zu können.« (nach Talleyrands Ausspruch zu dem spanischen Gesandten Izquierdo, in: Barère, Mémoires, Paris 1842, 4, 447)

584, 15 omnes, quantum potes, juva. »Hilf allen, soviel du kannst« (vgl. 493, 17)

585, 23 μη γνώτω... »Laß deine linke Hand nicht wissen, was die rechte tut.« (Matthäus, 6, 3)

587, 21 = 584, 15

587, 23 = 570, 24

587, 34 καινη ἐντολη. »das neue Gebot« (Johannes, 13, 34)

588, 10 experimentum crucis. »entscheidende Probe«

589, 15 Homini nihil utilius... »Nichts ist dem Menschen nützlicher als der Mensch: daher habe ich den Menschen nicht töten wollen.« (Spinoza, Ethica, IV, prop. 18, scholium)

591, 17 Gebern. »Parsen«

593, 29 *δεινότεϱον δέ ἐστι…* »Es ist schlimmer, einem Unglücklichen Unrecht zu tun als einem Glücklichen.« (Aristoteles, Problemata, 29, 2, p. 950 b 3)

594, 26 habeat sibi sua. »möge er das Seinige für sich behalten«

594, 30 *γελῶσι δ'ἐχθϱοι…* »die Feinde triumphieren« (Sophokles, Elektra, 1153)

594, 34 diffugiunt cadis… »Sind die Krüge erst leer, so fliehn mit dem Reste die Freunde.« (Horaz, Carmina, I, 35, 26)

595, 26 la pitié, dont… »das Mitleid, denn es läßt, siehst du des Feindes Not, / An dem du dich gerächt, vernehmen sein Gebot.« (Voltaire, Semiramis, V, 6)

596, 24 Les animaux… »Gehn auch die Tiere wohl zur Universität? / Und schreiben sie sich ein bei einer Fakultät?« (Boileau, Satire, VIII, 165)

597, 19 generis neutrius. »sächlichen Geschlechts«

598, 3 foetor Judaicus. »Judengestank«

600, 8 = II 397, 22

603, 34 Il y a un autre… »Es gibt ein anderes Prinzip, welches Hobbes gar nicht bemerkt hat und welches dem Menschen verliehen worden ist, um unter gewissen Umständen die Wildheit seiner Eigenliebe zu mildern und um den Eifer, den er für sein eigenes Wohlergehen hat, zu dämpfen *durch ein angeborenes Widerstreben, seinesgleichen leiden zu sehen.* Ich glaube keinen Widerspruch befürchten zu müssen, wenn ich dem Menschen *die einzige natürliche Tugend* zuschreibe, welche der eifrigste Verächter der menschlichen Tugenden anzuerkennen gezwungen ist. Ich meine *das Mitleid* usw. – Mandeville hat richtig erkannt, daß die Menschen mit aller ihrer Moral nie etwas anderes gewesen wären als Scheusale, hätte nicht die Natur ihnen zur Unterstützung ihrer Vernunft *das Mitleid* gegeben; aber er hat nicht gesehen, daß *allein aus dieser Eigenschaft alle sozialen Tugenden* entspringen, welche er den Menschen absprechen will. Und in Wahrheit, was sind Großmut, Milde, Humanität anderes als ein *Mitleid*, welches sich der Schwachen, der Schuldigen, ja der ganzen Menschheit annimmt? Das Wohlwollen und selbst die Freundschaft sind, recht verstanden, die Folgen eines beständigen Mitleids, welches sich auf einen besonderen Gegenstand richtet; denn zu wünschen, daß jemand nicht leide, ist doch nichts anderes als zu wünschen, er möge glücklich sein. – – Das Mitgefühl wird um so stärker sein, je inniger sich *der Zuschauer mit dem Leidenden identifiziert*. – Es ist also ganz gewiß, daß das Mitleid ein natürliches Gefühl ist, welches in jedem Individuum die Liebe zu sich selbst mildert und dadurch zur wechselseitigen Erhaltung der ganzen Gattung beiträgt. Das Mitleid ist es, welches jeden rohen Wilden abhalten wird, einem schwachen Kinde oder einem hilflosen Greise seine mühsam erlangte Subsistenz zu rauben, solange er selbst hoffen kann, die seinige auf anderem Wege zu finden; das Mitleid ist es, welches statt jener erhabenen Maxime der vernunftgemäßen Gerechtigkeit: ›Behandle den andern, wie du willst, daß man dich behandle‹, allen Menschen jene andere, weniger vollkommene, aber vielleicht nützlichere Maxime der natürlichen Güte einflößt: ›Betreibe dein Wohlsein so, daß die andern möglichst wenig darunter leiden.‹ Mit einem Worte, *in diesem natürlichen Gefühl, viel mehr als in subtilen Argumenten, hat man die Ursache zu sehen für das Widerstreben, welches jeder Mensch empfindet, Böses zu tun*, ganz unabhängig von Grundsätzen der Erziehung.« (Rousseau, Discours sur l'origine de l'inégalité, Œuvres, ed. Bip., T. I, pp. 91, 92, 94)

604, 32 En effet,... »In der Tat, wie ist es möglich, daß wir uns zum Mitleid bewegen lassen, wenn nicht dadurch, daß wir uns außerhalb unserer selbst versetzen *und uns mit dem Wesen, welches leidet, identifizieren, dadurch daß wir sozusagen unser Selbst aufgeben, um das seinige anzunehmen.* Wir leiden dabei nur in dem Maße, wie wir glauben, daß es leidet; *nicht in uns leiden wir, sondern in ihm.* ––– man muß dem jungen Menschen Gegenstände vorführen, bei welchen die expansive Kraft des Herzens sich betätigen kann, welche es ausweiten, welche es über die andern Wesen ausdehnen, welche ihn veranlassen, *sich* überall *außerhalb seiner wiederzufinden*; und hingegen sorgfältig alles vermeiden, was sein Herz verengen und zusammenziehen, was die Triebfeder *des menschlichen Ich* anspannen könnte, usw.« (Rousseau, Emile, L. IV, ed. Bip. p. 115f.)

605, 13 *'Αϑηναίοις δὲ ἐν τῇ ἀγορᾷ…* »Die Athener haben auf dem Markt einen Altar des Mitleids, einer Gottheit, welcher sie allein unter den Griechen Verehrung erweisen, weil sie am meisten unter allen Göttern im menschlichen Leben und bei den Wechselfällen der Dinge von Einfluß ist.« (Pausanias, I, 17, 1)

605, 21 *οὔτε ἐξ ἱερου…* »Man darf den Altar nicht aus dem Tempel und das Mitleid nicht aus dem Menschenherzen reißen.« (Stobaios, Florilegium, I, 31)

605, 25 *Λέγεται γὰρ…* »Es heißt, daß das Mitleid für die erste aller Tugenden gehalten wird.« (Sapientia Indorum, sect. III, p. 220)

605, 28 = 598, 3

606, 20 = I 385, 33

606, 24 *ἀλλὰ διδάσκων…* »doch durch Belehrung / wird nie der böse Mensch zu einem guten gemacht« (Theognis bei Platon, Menon, p. 96A)

606, 27 *'αρετὴ, ἂν εἴη οὔτε…* »Tugend ist weder angeboren noch lehrbar, sondern sie wird durch göttliche Fügung, ohne den Verstand, denen zuteil, welchen sie zuteil wird.« (Platon, Menon, p. 99 E)

607, 1 = 412, 10

607, 4 = 412, 15

607, 15 *Τὰς γὰρ λόγοις*… »Denn diejenigen Tugenden, welche auf Belehrung und Beweisen beruhen, muß man als ein Wissen bezeichnen, die ethische Tugend aber, welche die beste ist, vielmehr als eine Anlage des unvernünftigen Teils der Seele, auf Grund deren wir angesehn werden als eine bestimmte ethische Beschaffenheit besitzend, zum Beispiel als freigebig, gerecht und mäßig.« (Archytas bei Stobaios, Florilegium, I, §77)

607, 34 Seroit-il vrai… »Kann es wahr sein, daß wir, um vollkommen gut zu sein, es vermöge einer verborgenen, natürlichen und allgemeinen Beschaffenheit, ohne Gesetz, ohne Vernunft, ohne Beispiel sein müssen?« (Montaigne, Essais, L. II, chap. 11)

608, 1 Alle Tugend aus Vorsatz… (Lichtenberg, Vermischte Schriften, 1844, I, S. 142)

608, 6 *ὁ ἀγαθὸς ἄνθρωπος*… »Ein guter Mensch bringt Gutes hervor aus dem guten Schatz seines Herzens; und ein böser Mensch bringt Böses hervor aus dem bösen Schatz seines Herzens.« (Lukas, 6, 45)

609, 8 in unserer Ausgabe Band III, S. 408 ff.

609, 23 = II 685, 14

609, 27 = I 380, 22

610, 7 dum alteri noceat… »wenn er nur andern schaden kann, nimmt er keine Rücksicht auf sich selbst« (Seneca, De ira, I, 1, 1)

612, 28 = 570, 24

612, 28 Omnes juva. »Hilf allen« (vgl. 493, 17)

613, 1 Du bist am Ende… (Goethe, Faust I, 1806–09)

613, 11 = II 199, 30

614, 26 les âmes bien nées. »Seelen von guter Geburt« (= hochherzige Charaktere)

614, 27 bien nacido. »wohlgeboren« (= gesittet)

614, 28 generosioris animi amicus. »ein Freund edlerer Gesinnung«

618, 20 *Δεῖ τίθεσθαι*… »Man muß sich jenen Zeitpunkt vor Augen halten, zu dem das Ende herannaht und man das

Leben verlassen muß. Denn alle werden von Reue ergriffen, wenn sie sterben sollen und an begangenes Unrecht denken, und von dem Wunsch, jederzeit gerecht gehandelt zu haben.« (Stobaios, Florilegium, 44, §20)

620, 35 =483, 2

621, 33 *Διϊπετης*. »vom Himmel Gefallenen«

622, 28 Pereat mundus… »Mag die Welt untergehen, solange ich nur gerettet werde.«

624, 5 =I 166, 30

625, 13 *διὰ τὴν ἑνότητα*… »daß wegen der Einheit aller Dinge alle Seelen eine seien« (vgl. Plotinos, Enneades, IV, 9)

626, 17 =II 372, 18

626, 31 On peut assez longtemps… »Man kann zwar der Vernunft für lange Zeit / Bei Menschen, wie wir's sind, die Tür versperren, / Doch wenn sie eindringt mit Geschicklichkeit, / Bleibt sie im Haus und macht sich bald zum Herren.« (Voltaire, Lettre à Saurin, 10. 11. 1770)

627, 21 =I 166, 30

628, 2/26 =I 295, 9

628, 15 =I 166, 30

628, 19 *φιλια* oder der *νεῖκος*. »die Liebe oder der Haß« (Termini des Empedokles)

631, 8 Eundem in omnibus… »Den einen höchsten Gott in allen Wesen stehend, / Und lebend, wenn sie sterben, wer diesen sieht, ist sehend. / Denn welcher allerorts den höchsten Gott gefunden, / Der Mann wird durch sich selbst sich selber nicht verwunden: / Er wird von dort aus seinen Weg zum Höchsten nehmen.« (Bhagavadgîtâ, XIII, 27–28)

632, 1 Judicium Regiae Danicae Scientiarum Societatis… »Urteil der Königlich Dänischen Gesellschaft der Wissenschaften. Die im Jahre 1837 aufgestellte Preisfrage: ›Ist die Quelle und Grundlage der Moral zu suchen in einer unmittelbar im Bewußtsein (oder Gewissen) liegenden Idee der Moralität und in der Analyse der übrigen, aus dieser entspringenden Grundbegriffe, oder in einem anderen Erkenntnisgrunde?‹ hat nur ein Bewerber zu beantworten unternommen, dessen deutsch geschriebene und mit dem Motto: ›Moral predigen ist leicht, Moral begründen ist schwer‹ versehene Abhandlung wir nicht als des Preises würdig haben erklären können. Denn indem er das überging, was vor allem andern gefordert worden war, hat er geglaubt, daß es sich darum handele, irgendein Prinzip der Ethik aufzustellen, daher er den Teil seiner Abhandlung, in welchem er den Zusammenhang des von ihm aufgestellten ethischen Prinzips mit seiner Metaphysik erörtert, nur in einem Anhange dargelegt hat, in dem er mehr als gefordert darbot, während doch das Thema gerade eine solche Untersuchung gefordert hatte, in der vor allen Dingen der Zusammenhang der Metaphysik mit der Ethik klargelegt würde. Wenn aber der Verfasser versucht, die Grundlage der Moral in dem Mitleide nachzuweisen, so hat er uns weder durch die Form seiner Abhandlung befriedigt, noch auch in der Sache diese Grundlage als ausreichend nachgewiesen: vielmehr sich genötigt gesehen, selbst das Gegenteil einzugestehen. Auch kann nicht verschwiegen werden, daß mehrere hervorragende Philosophen der Neuzeit so unziemlich erwähnt werden, daß es gerechten und schweren Anstoß erregt.«

Ueber das Sehn und die Farben

633, 5 =II 398, 27

636, 1 as a snatcher-away... »als ein Aufschnapper von unbedeutenden Kleinigkeiten« (Shakespeare, Winter's Tale, IV, 3, 26; genauer: snapper-up)

636, 4 in unserer Ausgabe Band III, S. 202

641, 11 Büffon. (Buffon, Dissertation sur les couleurs accidentelles, in: Histoire de l'Académie Royale des Sciences, 1743, Paris 1746, Mémoires, p. 147–158)

641, 12 Waring Darwin. (New Experiments on the Ocular Spectra of Light and Colours, communicated by Erasmus Darwin, in: Philosophical Transactions, 1786, vol. 76, p. 313)

641, 12 Himly. (Einiges über die Polarität der Farben, in: Ophthalmologische Bibliothek, Bd. I, St. 2, 1803, S. 1 ff.)

641, 21 jede Revolution äußert sich... (Jean Paul, Vorschule der Aesthetik, 3. Abt., 1. Misericordias-Vorlesung)

643, 12 Sicut lux se ipsa... »Wie das Licht sich selbst und die Finsternis offenbar macht, so ist die Wahrheit der Maßstab für sich selbst und das Falsche.« (Spinoza, Ethica, II, prop. 43, scholium; vgl. II 398, 27)

643, 22 Es giebt eine zarte... (Goethe, Zur Naturwissenschaft, Über Naturwissenschaft im Allgemeinen, einzelne Betrachtungen und Aphorismen; Werke, Ausgabe letzter Hand, 50. Bd., S. 150)

643, 24 Das Höchste wäre... (ibidem, S. 152)

643, 27 Wenn ich mich... (ibidem)

643, 36 in unserer Ausgabe Band V, S. 159 f.

645, 3 Briefwechsel mit Staatsrath Schultz. (Brief vom 19. 7. 1816)

645, 18 Trüge gern noch länger... (Goethe, Epigrammatisch, Lähmung)

645, 21 Dein Gutgedachtes... (ibidem)

645, 35 in unserer Ausgabe Band V, S. 157–181

649, 36 in unserer Ausgabe Band III, S. 202

653, 21 Armer empirischer Teufel… (Goethe/Schiller, Xenien, Empirischer Querkopf)

657, 19 in der ophthalmologischen Bibliothek. (Albers, Plötzlich entstandenes Schielen und Doppeltsehen durch Galvanismus geheilt, in: Ophth. Bibl. Bd. 3, St. 3, 1807, S. 164ff.)

657, 23 Home. (The Croonian Lecture, in which Some of the Morbid Actions of the Straight Muscles and Cornea of the Eye Are Explained, in: Philosophical Transactions of the Royal Society of London, 1797, Vol. 87, p. 1)

657, 28 Büffon. (Buffon, Dissertation sur la cause du strabisme ou des yeux louches, in: Mémoires de l'Académie Royale des Sciences, 1743, Paris 1746, p. 242)

658, 2 motus spontaneus in victu sumendo. »die willkürliche Bewegung bei der Nahrungsaufnahme«

658, 24 = I 170, 31

659, 14 in unserer Ausgabe Band III, S. 387ff.

659, 16 in unserer Ausgabe Band III, S. 58f.

662, 11 *των γαρ εναντιων*… »denn vom Entgegengesetzten ist das Entgegengesetzte die Ursache« (Aristoteles, De generatione et corruptione, II, 10)

662, 29 *ου μονον πασχει*… »Das Vermögen des Farbensinnes erleidet nicht nur Eindrücke, sondern es reagiert auch darauf.« (Aristoteles, De insomniis, c. 2)

666, 8 = I 69, 28

670, 29 *χρωματα κατ' εξοχην*… »die Farben schlechthin bzw. im wahrsten Sinne des Wortes«

672, 15 *εστι μεν ουν οὕτως*… Die Stelle lautet vollständig: »Es ist somit folgende Annahme zu machen, daß es eine Mehrzahl von Farben außer Weiß und Schwarz gibt sowie daß viele davon durch ein rationales Verhältnis bestimmt sind, denn es liegt so, daß die einen zu einander im Verhältnis von drei zu zwei und drei zu vier und anderen Zahlen stehen, die anderen aber insgesamt in keinem Verhältnis nach rationalen Zahlen, sondern nur nach einem unregelmäßigen Mehr oder Weniger, und daß es sich also bei diesen Dingen genauso verhält wie bei den Harmonien der Töne; daß nämlich die einen Farben, die sich nach gut begreiflichen Zahlen richten wie dort die Harmonien, diejenigen sind, die am angenehmsten erscheinen, wie Blau und Purpur und wenige andere dergleichen, wenige aus demselben Grunde, aus dem auch die Harmonien nur wenige sind, daß aber die andern, die man nicht in Zahlen fassen kann, die übrigen Farben sind, oder auch, daß alle Farben der Zahlengesetzlichkeit unterliegen, bald aber geordnet, bald ungeordnet, und ein und dieselben, sobald sie nicht rein sind, derartig werden, weil sie sich der rationalen Farbengesetzlichkeit entziehen.« (Aristoteles, De sensu et sensibili, cap. 3, p. 439 b)

672, 16 *τϱια γαϱ… τα μεν.* »denn… drei… die einen«

673, 34 anticipationem, quam appellat… »Eine Antizipation, welche Epikur *πϱοληψις* nennt, d.h. eine im Bewußtsein gefaßte Vorstellung des Dinges, ohne welche sich gar nichts erkennen, fragen und erörtern läßt.« (Cicero, De natura deorum, I, 16)

676, 15 in specie; in genere, »der [besonderen] Art nach; der [allgemeinen] Gattung nach«

676, 32 *επειδη ουν ἡ φυσις…* »Nachdem nun die Natur in zwei Teile zerschnitten war, sehnte sich ein jedes nach der ihm zugehörigen Hälfte und vereinte sich mit ihr.« (Platon, Symposion, XV, 191 A)

677, 16 pigmentum nigrum. »der schwarze Farbstoff [der Aderhaut]«

677, 27 ff. *σκιεϱον.* »Schattiges«

679, 18 daß die Farben… (nach Newton, Optics, I, 1, prop. 2, theor. 2, schol., third edition 1721, p. 53)

679, 25 Spartam quam nactus es orna! »Das erlangte Sparta verschöne!« (nach Stobaios, Florilegium, 39, 10, aufgrund eines Verses in Euripides' verlorener Tragödie Telephos)

679, 28 =I 119, 16

680, 25 Non aliter... »Ebenso, falls es erlaubt, mit Großem das Kleine zu messen« (Vergil, Georgica, IV, 176)

680, 30 =II 243, 36

681, 15 Hält man dem Stier... (Goethe, Zur Farbenlehre, Einleitung)

681, 19 qualitas occulta (colorifica). »eine verborgene (farbenerregende) Eigenschaft«

685, 6ff. =677, 27

686, 3 Göthe selbst... (Goethe, Zur Farbenlehre, Polemischer Theil, §556)

689, 12 ex suppositis. »aus den Voraussetzungen«

689, 22 l'orangé et le vert... [eigentlich: órange] »Orange und Grün ergeben Gelb« (Pouillet, Eléments de physique expérimentale et de météorologie, 5ème éd., 1847, t. II, p.223).

690, 17 Scherffer. (Abhandlung von den zufälligen Farben, Wien 1765, S. 32, §17)

691, 8 Göthe (Goethe, Zur Farbenlehre, Didaktischer Theil, §583)

693, 17 Multi pertransibunt... »Viele werden es durchforschen, und das Wissen wird vermehrt werden.« (nach Daniel, 12, 4; Schlußwort von Goethes Farbenlehre, Didaktischer Theil; in leicht abgewandelter Form von Schopenhauer als Motto seiner Skitze einer Geschichte vom Idealen und Realen, in unserer Ausgabe: IV 9, 5, verwendet)

695, 14/28 ex hypothesi. »der Annahme zufolge«

697, 36 =II 74, 1

704, 2 Göthe. (Goethe, Zur Farbenlehre, Didaktischer Theil, §40)

708, 12 =275, 32

709, 4 =44, 36

709, 21 potentialiter. »potentiell, der Möglichkeit nach«

712, 1 =662, 11

713, 3 conversa causa, convertitur effectus. »bei Umkehrung der Ursache kehrt sich auch die Wirkung um« (vgl. 662, 11)

714, 11 lignum nephriticum. »blaues Sandelholz« (enthält ein blaues Pigment)

715, 9 =I 119, 16

716, 7 des goûts et… »Über Geschmack und Farben soll man nicht streiten.« (sprichwörtlich)

716, 8 nimium non crede colori. »Nicht allzusehr traue der Farbe.« (Vergil, Eclogae, II, 17; nicht wörtlich)

718, 33 cura Lichtenberg. (1775, Bd. I, S. 93 ff.)

721, 5 *Φαινεται το λαμπρον*… »Das Leuchtende erscheint durch Schwarzes hindurch oder in Schwarzem (denn das macht keinen Unterschied) rötlich. Man kann sehen, daß das Feuer von frischem Holz die Flamme rot zeigt, weil das eigentliche leuchtende und weiße Feuer mit vielem Rauch vermischt ist; sogar die Sonne erscheint durch Finsternis und Rauch hindurch rötlich.« (Aristoteles, Meteorologica, III, 4)

721, 17 pereant qui ante… »Nieder mit denen, die vor uns unsere Gedanken ausgesprochen haben!« (nach Eusebius Hieronymus Stridonensis, Commentarius in Ecclesiasten, in: Migne, Patrologia Graeca, t. XXIII, p. 1018 f.)

721, 30 Obductum tenuitque… »Und was die geizige Zeit so lange verborgen gehalten, / Bring' ich – sei's mir vergönnt! – tief aus dem Dunkel herauf.« (Giordano Bruno, Della causa, principio ed uno, praefatio, 19)

722, 22 *Μηδεν ἁμαρτειν*… (Simonides von Keos zugeschrieben; vgl. Demosthenes, De Corona, §89)

722, 29 credite, posteri! »Nachwelt, o glaub es ja!« (Horaz, Carmina, II, 19, 2)

723, 17 Uebersetzung der Farbenlehre Göthe's. (Charles Lock Eastlake, Goethe's Theory of Colours, 1840)

723, 29 *πυξ και λαξ*. »mit Händen und Füßen«

724, 14 si on réfracte... »wenn man ein Bündel Sonnenstrahlen durch ein Prisma sich brechen läßt, so unterscheidet man ziemlich deutlich sieben Arten von Farben, nämlich: Rot, Orange, Gelb, Grün, Blau, Indigo [....] und Violett.« (Edmond Becquerel, Mémoire sur la constitution du spectre solaire, présenté à l'Académie des Sciences, le 13 juin 1842; gekürzt)

724, 21 assez nettement. »ziemlich deutlich«

725, 3 ignoratio elenchi! »Unkenntnis des Gegenbeweises«

725, 26 in majorem Neutoni gloriam. »zum größeren Ruhme Newtons« (vgl. III 23, 20)

725, 30 Newtonisch Weiß... (Goethe, Dem Weißmacher)

726, 28 Pouillet von Joh. Müller. (Pouillet–Müller, Lehrbuch der Physik und Meteorologie, 2. Auflage 1844/45)

727, 30 turpe putant... »Schimpf ist's, meinen sie, [Jüngern zu folgen / Und] was sie bartlos lernten, im Alter als unhaltbar zu erkennen.« (Horaz, Epistulae, II, 1, 84f.)

727, 35 daß das Treffliche... (Goethe, Wilhelm Meisters Lehrjahre, 7. Buch, 9. Kapitel, im »Lehrbrief«)

727, 36 daß das Absurde... (Goethe, Dichtung und Wahrheit, 3. Teil, 15. Buch)

728, 4 le mérite est... »Das Verdienst ist wie Pulver: seine Explosion ist um so stärker, je mehr es eingeengt worden.« (Helvétius, De l'esprit, Discours II, chap. X)

BAND IV: PARERGA UND PARALIPOMENA I

3, 8 Vitam impendere vero. »das Leben der Wahrheit weihen.« (Juvenal, Saturae, 4, 91)

9, 5 Multi pertransibunt... »Sehr viele werden (das Buch) durchgehen, und das Wissen wird sich vermehren.« (Daniel, 12, 4; vgl. III 693, 17)

11, 28 *ου γαϱ τις αυτου*... »Denn es gibt für dieses Weltall keinen andern Ort als die Seele.« (Plotinos, Enneades, III, lib. 7, eigtl. cap. 11, und *τουδε* statt *τουτου*.)

11, 30 *δει δε ουϰ εξωϑεν*... »Man darf aber die Zeit nicht außerhalb der Seele annehmen, wie auch nicht die Ewigkeit des Jenseitigen außerhalb des Seienden.« (Plotinos, Enneades III, lib. 7, cap. 11)

12, 5 *οὗτος ὁ βιος*... »Dieses Leben erzeugt die Zeit; weshalb es auch heißt, daß die Zeit zugleich mit diesem Weltall entstanden sei, denn die Seele hat sie zugleich mit diesem Weltall erzeugt.« (Plotinos, Enneades, III, lib. 7, cap. 12)

12, 15 dubito, cogito, ergo sum. »Ich zweifle, ich denke, also bin ich.« (Descartes, Principia philosophiae, I, 7 passim)

13, 9 causes occasionelles. »Gelegenheitsursachen«

14, 4/36 = III 44, 36

15, 15 substantia cogitans. »die denkende Substanz«

15, 16 substantia extensa. »die ausgedehnte Substanz«

15, 25 Sic etiam, modus... »So ist auch die Art der Ausdehnung und die Idee dieser Art eines und dasselbe.« (Spinoza, Ethica, II, prop. 7, schol.)

16, 11 argumentum ad hominem. »persönlicher Beweisgrund« (vgl. II 139, 21)

16, 30 in unserer Ausgabe Band II, S. 15

16, 35 rerum singularium ideae... »Die Ideen der einzelnen

Dinge anerkennen als Ursache nicht die Objekte der Ideen selbst oder die wahrgenommenen Dinge, sondern Gott selbst, soweit er ein denkendes Wesen ist.« (Spinoza, Ethica, II, prop. 5)

17, 6 ordo et connexio... »Die Ordnung und Verbindung der Ideen ist die gleiche wie die Ordnung und Verbindung der Dinge.« (Spinoza, Ethica, II, prop. 7)

17, 7ff. = III 44, 36

17, 23 nec impraesentiarum... »Und ich kann dies vorderhand nicht deutlicher erklären.« (Spinoza, Ethica, II, prop. 7, schol.)

17, 29 quodcunque ostendis... »Was du mir auch so zeigst, ich glaube es nicht und hasse es.« (Horaz, De arte poetica, 188)

18, 2 Deus, substantia, perfectio. »Gott, Substanz, Vollkommenheit«

18, 6 in unserer Ausgabe Band II, S. 750

19, 3 una eademque res. »eine und dieselbe Sache«

19, 26 per *voluntatem* intelligo... »Unter dem *Willen* verstehe ich die Fähigkeit des Bejahens und des Verneinens.« (Spinoza, Ethica, II, prop. 48, schol.)

19, 27 concipiamus singularem aliquam... »Nehmen wir einen bestimmten Willensakt, nämlich die Denkweise, mit der der Verstand bejaht, daß die drei Winkel des Dreiecks gleich groß seien wie zwei rechte.« (ibidem, prop. 49, demonstratio)

19, 36 Kotzebues ›Benjowsky‹. »Graf Benjowsky oder die Verschwörung in Kamtschatka«, 1795; vgl. II 246, 33)

22, 35 until they be shamed... »bis sie vor Scham gesunden Menschenverstand annehmen«

24, 30 in unserer Ausgabe Band III, S. 91 und Band I, S. 37f.

28, 11 ein φιλαυτος, kein φιλοσοφος. »Ein Freund des eigenen Ichs, kein Freund der Weisheit«.

33, 34 conte bleu. »Ammenmärchen«

34, 16 substantia cogitans... »Die denkende Substanz und die ausgedehnte Substanz sind eine und dieselbe Substanz, die bald unter diesem, bald unter jenem Attribut begriffen wird.« (Spinoza, Ethica, II, prop. 7, schol.)

34, 17 scilicet mens et corpus… »Geist und Körper sind nämlich eine und dieselbe Sache, die bald unter dem Attribut des Denkens, bald unter dem der Ausdehnung aufgefaßt wird.« (Spinoza, Ethica, III, prop. 2, schol.)

35, 25 in et extra naturam. »in und außerhalb der Natur.«

36, 15 du même fonds… »Aus demselben Grunde, aus dem man einen Mann von Verdienst links liegen läßt, vermag man auch einen Dummkopf zu bewundern.« (Labruyère, Les Caractères, chapitre des jugements [fragment])

41, 9 *τα κατα δοξαν*. »die Lehre von der Meinung«

41, 11 *τα κατ' αληθειαν*, »die Lehre von der Wahrheit«

41, 13 *εν τοις προς*… »Während er [Melissos] in der Lehre von der Wahrheit erklärt, daß das Seiende eines sei, behauptet er in der Lehre von der Meinung, daß deren zwei [eigentlich *πολλα* = »viele«] seien.« (Scholion des Philoponos zu Aristoteles, Physica 2, 6)

41, 26 = II 26, 30

41, 26 *ὁμοιομεριαι*. »gleichartige Grundstoffe«

41, 26 *φιλια και νεικος*. »Liebe und Haß« (vgl. III 628, 19)

41, 28 *ειδωλοις*. »Abbilder«

41, 33 *παντα εν πασιν*. »Alles ist in allem.«

41, 36 partes similares. »gleichartige Bestandteile«

42, 1 partes dissimilares. »verschiedenartige Bestandteile«

42, 9 *παλιν γαρ παν*… »auch ist ja alles allem beigemischt« (Scholia in Aristotelem)

43, 18 *Ατης λειμων*. »Ein Gefilde des Unheils« (vgl. Empedocles, Fragmenta)

43, 34 consensus gentium. »die Übereinstimmung der Völker«

44, 29 *τα γαρ παθη*… »denn die Eigenschaften und Verhältnisse der Zahlen sind die Ursache für die Eigenschaften und Verhältnisse der Dinge, wie z. B. das Doppelte, das

Vierdrittelfache, Anderthalbfache« (Scholia in Aristotelem, p. 543a et 829)

44, 36 *ελεγον δε Πυϑαγοϱειοι*… »Die Pythagoreer sagten, daß sich in der Mitte und im Zentrum der Erde ein schaffendes Feuer befinde, das die Erde erwärme und belebe.« (Scholia in Aristotelem, p. 504)

45, 11 *δεϰα αϱχαι.* »die zehn Prinzipien« (der Pythagoreer)

46, 15 *εν αϱχη*… »Im Anfang war das Wort.« (Johannes, 1, 1)

46, 16 *τα παϑη λογοι*… »Die Gemütsbewegungen sind stoffliche Zahlenverhältnisse, und bald darauf: denn das Zahlenverhältnis ist die Form der Sache.« (Aristoteles, De anima, I, 1)

46, 18 *λογος σπεϱματιϰος.* »die erzeugende Vernunft«

50, 27 *Παλαια τις παϱα*… »Bei den Naturphilosophen ist eine alte Meinung im Umlauf, daß das Gleichartige erkennbar sei für das Gleichartige. – Bald darauf: Platon bedient sich im *Timäus* eben dieser Beweisart, um die Körperlosigkeit der Seele darzulegen: Denn wenn, sagt er, das Sehen, weil es für das Licht empfänglich ist, lichtartig ist, und das Gehör, weil es die Erschütterung der Luft, nämlich den Ton, vernimmt, luftartig ist, und der Geruch, da er die Dünste wahrnimmt, jedenfalls dunstartig ist, und der Geschmack, weil er die Säfte schmeckt, saftartig, so muß notwendigerweise auch die Seele, weil sie die körperlosen Ideen erkennt, wie z. B. die in den Zahlen und die in den Formen der Körper liegenden, ein körperloses Wesen sein.« (Sextus Empiricus, Adversus Mathematicos, VII, 116 et 119)

51, 21 *ει δε εστι*… »Wenn aber das Denken eine Art Phantasie ist oder nicht ohne Phantasie vor sich geht, so kann etwas Derartiges nicht ohne Körper stattfinden.« (Aristoteles, De anima I, 1, p. 403)

51, 25 nihil est in intellectu… »Es gibt nichts im Intellekt, das nicht vorher in den Sinnen gewesen ist.« (Thomas Aquinas, Quaestiones de veritate fidei catholicae, quaestio II, art. III, 19; vgl. II 97, 14)

51, 36 = I 60, 35

52, 12 = 34, 16

52, 24 penser est sentir. »Denken ist Empfinden.« (vgl. II 32, 33)

56, 2 *λαβωμεν ουν αλλην…* »Nehmen wir nun einen anderen Ausgangspunkt für die Betrachtung.« (von Aristoteles häufig gebrauchte Formel)

56, 4 quid feret hic… »Was für Wertvolles wird hier mit soviel Aufschneiderei versprochen?« (Horaz, De arte poetica, 138; frei zitiert)

57, 21 locis communibus. »aus Gemeinplätzen«

58, 28 = II 348, 3

59, 4 ff. = 46, 18

60, 7 = I 138, 27

60, 7 *εφ' ἡμιν.* »von uns«

60, 8 *προς ἡμας.* »auf uns bezüglich«

60, 30 nexus idearum. »Gedankenzusammenhang«

61, 13 Ex oriente lux. »Aus dem Osten kommt das Licht.«

63, 30 *αἱ των ψυχων…* »Die Neigungen der Seelen (die vor diesem Leben ausgebildet werden) tragen zur Gestaltung der Lebensläufe das Meiste bei, und wir sehen nicht aus, als wären wir von außen her geformt worden, sondern aus uns selbst heraus treffen wir die Wahlentscheidungen, nach denen wir leben.« (Proclus ad Alcibiadem, I, 1, ed. Creuzer, p. 144)

64, 13 *ου πλαττομενοις…* »…wir nicht so aussehen, als wären wir von außen geformt worden«

64, 30 = III 129, 8

65, 13 *περι ουσιας ψυχης.* »Über das Wesen der Seele« (Plotinos, Enneades, IV, lib. I, c. 1)

65, 25 *ει πασαι αἱ ψυχαι μια.* »›Ob alle Seelen eine sind‹«

65, 35 = 11, 28 (hier mit dem *τουδε* des Originals, aber ebenfalls mit falscher Angabe: c. 10)

66, 1 = 11, 30

66, 5 *κοσμος νοητος* und *κοσμος αισθητος.* »die Ideenwelt und die Sinnenwelt«

66, 7 τα ανω, και τα κατω. »das da droben und das hier unten«

66, 17 ψυχης καθαρσις... »die Läuterung und Vollendung der Seele und die Befreiung von dem Werden« (Jamblichos, de mysteriis, Sect. 5, c. 6)

66, 18 το εν ταις... »Das Feuer bei den Opfern befreit uns von den Fesseln des Werdens.« (Jamblichos, de mysteriis, Sect. 5, c. 12; verkürzt)

67, 18 πληρωμα. »die Fülle = Gesamtheit des göttlichen Wesens«

67, 18 ὕλη. »Materie«

68, 6 nolentes volentes. »wohl oder übel«

68, 29 malum incausale est... »Die Sünde ist ursachlos, ganz und gar ursachlos und wesenlos.« (Scotus Erigena, De divisione naturae, ed. Oxon. 1681, p. 287)

69, 4 = II 721, 1

69, 4 hinc illae lacrimae. »Daher diese Tränen.« (Terenz, Andria, I, 1, 99; Horaz, Epistulae, I, 19, 41)

69, 27 de gaieté de cœur. »mutwillig«

76, 29 = II 382, 17

77, 1 = 13, 9

77, 1 = III 44, 36

77, 6 nous voyons tout en Dieu. »Wir sehen alles in Gott.«

78, 9 in unserer Ausgabe Band II, S. 367 ff.

79, 6 = II 416, 11

79, 6 = I 124, 34

79, 8 = I 559, 36

79, 17 = II 230, 33

80, 26 quam velut trans... »die es wie durch einen Nebel gesehen hat«

81, 19 in unserer Ausgabe Band I, S. 623 ff.

86, 18 quod Algebrae vires transscendit. »was über das Vermögen der Algebra hinausgeht«

92, 9 in unserer Ausgabe Band III, S. 91.

92, 10 in unserer Ausgabe Band I, S. 38 und Band II, S. 60

94, 36 = II 139, 21

95, 2 = I 557, 12
102, 20 = II 319, 31
102, 21 = I 298, 32
103, 8 = 68, 6
105, 27 in unserer Ausgabe Band I, S. 37–39 und S. 600f.
112, 15 Wenn irgend etwas existirt... (Wolff, Theologia naturalis, pars I, § 58)
113, 36 in unserer Ausgabe Band III, S. 222ff.
114, 14 terminus medius. »Mittelbegriff«
115, 5 regressus in infinitum. »Zurückgehen bis ins Unendliche«
115, 23 = III 24, 23
115, 29 causa sui... »Ursache ihrer selbst wäre, d.h. welche durch sich selbst da ist und durch sich selbst begriffen wird; weswegen sie keines andern bedarf, um zu existieren« (Spinoza, Ethica, I, def. 1 et 3)
115, 33 = II 551, 3
116, 10 exercitium logicum. »Übung in der Logik«
117, 1 granum salis. »Körnchen Salz«; im übertragenen Sinne: »einschränkendes Verständnis« (vgl. cum grano salis)
117, 35 in unserer Ausgabe Band III, S. 503ff.
118, 1 in unserer Ausgabe Band I, S. 659f.
118, 15 in unserer Ausgabe Band III, S. 49ff.
118, 16 in unserer Ausgabe Band I, S. 612f.
118, 34ff. = II 203, 31
119, 6ff. = II 203, 31
120, 1 = III 134, 14
120, 2 = III 512, 8
122, 18 Gott schuf den Menschen... (1. Mose, 1, 27)
124, 10 = III 134, 14
125, 1 = I 615, 8
125, 2 = I 615, 9
126, 4 in unserer Ausgabe Band III, S. 423ff.
126, 6 = I 380, 22
126, 23 solcher *βοσκηματα* in terram... »solcher zur Erde

geneigter und ihrem Bauche dienender Tiere« (Sallust, Catilina, c. 1)

127, 15 = II 199, 30

128, 35 = I 247, 24

131, 17 ἁπλους ὁ της... »Wer Wahrheit hat zu sagen, drückt sich einfach aus.« (Euripides, Phoenissae, v. 469; ungenau)

131, 17 = III 517, 18

131, 31 locus mundi. »Weltort«

134, 21 »Wollen ist Urseyn«. (Schellings Sämtliche Werke, 1856–61, Abt. I, Bd. 7, S. 350)

135, 13 totidem verbis; totidem litteris. »mit ebensovielen Worten; mit ebensovielen Buchstaben«

135, 20 = III 721, 17

135, 26 Quiconque se plaît... »Jeder, der sich das Vergnügen macht, den menschlichen Geist zu beobachten, sieht, wie in jedem Jahrhundert fünf oder sechs Männer von Geist um eine Entdeckung herumirren, die dann der Mann von Genie macht. Wenn die Ehre dieser Entdekkung dem letzteren verbleibt, so geschieht das, weil die Entdeckung unter seinen Händen fruchtbarer ist als in den Händen eines andern; weil er seine Gedanken mit größerer Kraft und Bestimmtheit ausdrückt, und schließlich weil man immer aus der verschiedenen Art, wie die Menschen aus einem Prinzip oder einer Entdekkung Vorteil ziehen, ersehen kann, wem dieses Prinzip oder diese Entdeckung angehört.« (Helvétius, De l'esprit, IV, 1, Anm. 4)

136, 4 = III 181, 23

137, 11 Kaspar Hauser. (Friedrich Andreas Dorguth, Grundkritik der Dialektik und des Identitätssystems, Magdeburg 1849, S. 9)

139, 4 = I 239, 1

142, 4 improbant secus docentes. »Wer anders lehrt, den verwerfen sie.«

142, 21 Leugnet eine Philosophie... (vgl. I 649, 30)

143, 27 in unserer Ausgabe Band II, S. 189.

144, 9 Wie eine der langbeinigen... (Goethe, Faust I, Prolog im Himmel, 288–290; vgl. I 541, 15)

145, 23 de verae philosophiae... »Von der wahren Pietät der Philosophie gegenüber der Religion«

146, 25 für einen »Narrn auf eigene Hand«. (Goethe, Den Originalen.)

146, 36 in unserer Ausgabe Band I, S. 645.

147, 4 bestia triunfante. »triumphierende Bestie« (nach Giordano Bruno, Spaccio della bestia trionfante)

147, 16 welch eine Qualität... (Goethe, Faust I, Auerbachs Keller, Vers 2099 f.)

147, 22 *ουδεν προς Διονυσον*. »nichts, was Dionysos angeht«

148, 28 ich danke Gott... (nach Goethe, Faust I, Auerbachs Keller, Vers 2093 f.)

149, 8 = II 192, 22

149, 14 = II 189, 14

149, 27 = I 24, 6

150, 17 ad normam conventionis. »nach der geltenden Norm«

150, 25 Dî meliora! »Da sei Gott vor!«

151, 2 = III 180, 11

151, 8 silentium... »das Schweigen, das der *Neid* auferlegt hat« (Seneca, Epistulae, 79, 17; vgl. III 9, 13)

151, 17 inauditum nefas. »unerhörter Frevel«

152, 12 coram populo. »vor dem ganzen Volke«

152, 23 exceptio... »Ausnahme, die die Regel bestätigt« (vgl. II 387, 2)

153, 18 *ου χρη δε*... »Wir sollen aber nicht, wie die Dichter uns ermahnen, als Menschen auf Menschliches und als Sterbliche auf Sterbliches Geschmack und Empfindung ausrichten, sondern selbst, soweit dies machbar ist, nach Unsterblichem trachten und alles tun, um gemäß jenem Teil, der in uns am besten ist, zu leben.« (Aristoteles, Ethica ad Nicomachum, X, 7)

153, 36 alteri vivas... »Wenn du für dich selbst leben willst, mußt du für den anderen leben.« (Seneca, Epistulae, 48, 2)

154, 1 tibi cogites… »Wenn du für alle gedacht haben willst, mußt du für dich selbst denken.«

155, 15 in unserer Ausgabe Band II, S. 189.

155, 19 *την σοφιαν καπηλευειν*. »mit der Weisheit Schacher treiben« (Philostratus, Vita Apollonii, I, 13)

155, 21 *επιτιμωσι σοι τινες*… »Einige machen dir zum Vorwurf, daß du vom Könige Geld angenommen hast; das wäre an sich nicht unstatthaft, wenn du nicht den Anschein erregtest, daß du Geld für die Philosophie genommen hast, und zwar so oft und so viel und von einem, der dich für einen Philosophen hielt.« (Apollonius, Epistulae, 51)

155, 30 *Εαν τις Απολλωνιῳ*… »Wenn jemand dem Apollonius Geld anbietet und dieser den Gebenden für würdig hält, so wird er es annehmen, wenn er es nötig hat. Für die Philosophie aber wird er keinen Lohn annehmen, selbst dann nicht, wenn er es bräuchte.« (ibidem, ep. 42)

157, 1 *φιλοσοφια μισθοφορος*. »um Lohn dienende Philosophie«

157, 11 = 150, 17

159, 23 nihil officiosius… »Nichts ist würdevoller, als wenn zwei Maulesel sich gegenseitig kratzen.« (vergleiche »Mutuum muli scabunt«, Satire des Marcus Terentius Varro)

160, 2 »das Klappern der Mühle…« (arabisches Sprichwort; vgl. III 195, 27)

161, 24 Pour nous, Messieurs… »Was uns betrifft, ihr Herrn, so pflegen wir, / Was andere dachten, sorgsam zu bekritteln, / Doch fehlt das Denken uns aus eignen Mitteln.« (Voltaire, Le temps du goût)

163, 20 = II 230, 33

163, 32 Omnia enim stolidi… »Die Einfältigen bewundern nämlich alles in höherem Maße und lieben, was sie unter ironisch verdrehten Worten verborgen erahnen.« (Lucretius, I, 641–42)

164, 12 it is like German metaphysics. »es ist wie deutsche Metaphysik«

164, 13 c'est clair… »das ist klar wie ein Tintenfaß«

166, 7 tantum quisque laudat… »Jeder lobt nur so viel, als er selbst zu leisten hofft.« (Sallust, Catilina, 3)

168, 27 in succum et sanguinem. »in Saft und Blut«

169, 13 = II 83, 22

179, 27 den Widerstand… (Goethe, Epilog zu Schillers Glocke)

179, 36 diurna nocturnaque manu. »tags und nachts«

180, 7 Seht, wie wir Äpfel schwimmen! [sagt der Roßapfel] (nach dem lateinischen Sprichwort: ut nos poma natamus)

180, 9 proh pudor! »welche Schande!«

180, 11 Habt ihr Augen… (Shakespeare, Hamlet, III, 4)

180, 25 schellenlaute Thoren. (vgl. Goethe, Faust I, Studierzimmer, V. 549)

181, 6 remora. »Hemmnis«

186, 6 conditio optima est ultimi. »der Letzte ist in der günstigsten Lage« (Seneca, Epistulae, 79)

187, 27 = 157, 1

190, 7 = III 184, 7

190, 15 sic volo… »So will ich's, so befehle ich's, der Wille soll an die Stelle der Vernunft treten.« (Juvenal, Saturae, 6, 223; im Original »hoc« statt »sic« und »stat« anstelle von »sit«)

190, 18 = III 23, 20

190, 34 quid statuendum… »Was von dem Gottesbewußtsein zu halten sei, das, wie es heißt, dem menschlichen Geiste eingeboren sei« (Preisfrage der Universität Leyden vom 15. Februar 1844)

193, 21 wie Das denn wohl… (Goethe, Faust I, Studierzimmer, Vers 529)

194, 10 = 181, 6

194, 16 fable convenue. »abgesprochene Fabel« (Fontenelle,

zitiert in Voltaires Brief an Horace Walpole vom 15. Juli 1768)

194, 31 = II 721, 1

196, 19 = III 62, 36

196, 24 *῾Ημισυ γαρ τ᾽αρετης…* »Denn der donnernde Zeus nimmt weg die Hälfte des Wertes / Jedem Manne, sobald die Stunde der Knechtschaft ihm naht.« (Homer, Odyssee, XVII, 322–23)

196, 27 *Πας γαρ ανηρ…* »Jeder, den Armut drückt, ist nicht mehr imstande, zu sagen, / Noch zu tun, was er will; frei ist die Zunge nicht mehr.« (Theognis, Vers 177–178; im Original *»Και«* statt *»Πας«*)

196, 32 liberty is… (Wahlspruch Schopenhauers aus William Shenstone, The poetical works, London)

197, 6 = II 189, 14

197, 21 les gens de lettres… »Die Literaten, die den in geringer Zahl durch die Welt verbreiteten denkenden Wesen die größten Dienste erwiesen haben, sind jene einsamen Gebildeten, die wahren Gelehrten, die, in ihren Studierstuben eingeschlossen, weder auf den Lehrstühlen der Universitäten argumentiert noch in den Akademien Halbwahrheiten verkündet haben – und sie sind fast immer verfolgt worden.« (Voltaire, Dictionnaire philosophique, art. Lettres)

198, 32 natura il fece… »Die Natur hat ihn geprägt und dann die Form zerbrochen.« (Ariosto, Orlando furioso, X, 84; vgl. III 127, 15)

201, 8 *Το εἰκῆ οὐκ…* »Den Zufall gibt es nicht im Leben, sondern nur Harmonie und Ordnung.« (Plotinos, Enneades, IV, lib. 4, c. 35)

204, 8 tunc bene… »Damals bin ich glücklich gefahren, als ich den Schiffbruch erlitt.«

205, 28 *τα εικη φερομενα.* »das zufällig Geschehende«

205, 29 = III 419, 16

208, 31 vani disegni… »Eitle Pläne, die niemals wirklich werden« (Ariosto, Orlando furioso, XXXIV, 75)

208, 36 sic erat in fatis. »so war es im Schicksal beschlossen« (Ovid, Fasti, I, 481)

210, 3 Fate, show thy force… (Shakespeare, Twelfth Night, I, 5)

211, 12 Ducunt volentem fata… »Den Willigen führt das Schicksal, den Widerwilligen schleift es mit.« (Seneca, Epistulae, 107; vgl. III 437, 1)

212, 19 *'Απαντι δαιμων…* »Jedem Menschen wird bei der Geburt ein guter Genius beigesellt, der ihn in den Geheimnissen des Lebens leitet.« (Menander, bei Plutarchos, De tranquillitate animi, c. 15)

212, 25 Scit Genius… »Das weiß der Genius nur, der den Schicksalsspruch der Gestirne lindert, ein sterblicher Gott der Menschennatur, der ein anderer jedem und wandelbar ist, bald licht, bald düster gestaltet.« (Horaz, Epistulae, II, 187–189)

212, 32 *ο γαϱ πασαν…* »Denn derjenige, der unser ganzes Leben leitet, unsere vor der Geburt getroffenen Wahlentscheidungen verwirklicht, die Gaben des Schicksals und der schicksalsgeborenen Götter zuteilt sowie den Sonnenschein der Vorsehung darbietet und zumißt, das ist der Genius.« (Proklos, Kommentar zu Platons Alkibiades, ed. Creuzer, S. 77)

213, 15 *το μεν ουν…* »Das in der Unterströmung im Körper Hinziehende wird Seele *(ψυχη)* genannt; aber das Unvergängliche nennen die meisten Geist *(νους)* und glauben, daß es inwendig in ihnen sei, doch diejenigen, welche die richtige Meinung haben, nehmen an, daß es außerhalb des Menschen sei, und nennen es Genius *(δαιμων)*.« (Plutarchos, De genio Socratis, c. 22, p. 591; verkürzt)

214, 13 nexus finalis; nexus effectivus. »Endursache; bewirkende Ursache«

214, 15 in unserer Ausgabe Band II, S. 389ff.

214, 25 in unserer Ausgabe Band II, S. 378

217, 7 *Ξυϱϱοια μια…* »Ein einziges Strömen, ein einziges Wehen, alles in Sympathie.« (Hippokrates, De alimento, opp. ed. Kühn, Tom. II, p. 20)

219, 14 =211, 12

220, 12 est etiam... »Es gibt noch eine andere Art des Nichtwissens in Gott, sofern man sagt, daß er dasjenige, was er vorausweiß und vorausbestimmt hat, nicht wisse, solange es sich noch nicht im Laufe der tatsächlich geschehenen Ereignisse in der Erfahrung gezeigt hat.« (Scotus Erigena, De divisione naturae, edit. Oxon., p. 83)

220, 15 tertia species... »Eine dritte Art des göttlichen Nichtwissens besteht darin, daß man von Gott sagt, er wisse dasjenige nicht, was noch nicht durch die Erfahrung des Tuns und Ausführens in den Wirkungen zutage getreten ist; obgleich er die unsichtbaren Gründe in sich selbst als solche, die er selbst erschaffen und die ihm selbst bekannt sind, besitzt.« (ibidem, p. 84)

220, 29 =III 44, 36

221, 17 concentus. »Einklang«

221, 32 omina, praesagia und portenta. »Vorbedeutungen, Vorzeichen und Wunderzeichen«

223, 4 =214, 13

225, 5 Und laß dir rathen... (Goethe, Iphigenie, III, 1)

228, 10 in unserer Ausgabe Band I, S. 41 f.

231, 21 *το ενυπνιον*... »Das Traumbild ist in gewissem Sinne eine Wahrnehmung.« (Aristoteles, De somno et vigilia, c. 2)

234, 25 =II 248, 24

236, 17 post medium... »nach der Mitte der Nacht, wo Wahres geträumt wird« (Horaz, Saturae, I, 10, 33)

243, 17 =II 299, 5

243, 22 =II 362, 23

244, 3 =II 42, 1

245, 20 Auguste Müller. (Zitate stammen aus: Geschichte der hellsehenden Auguste Müller zu Karlsruhe, Stuttgart, 1818)

247, 34 Somnambule Auguste K. (Mitteilungen aus dem magnetischen Schlafleben der Somnambüle Auguste

K[achler] in Dresden. Hrsg. von Johann Karl Bähr und Rudolf Kohlschütter, Dresden und Leipzig 1843; vgl. III 283, 11)

257, 33 »Seherin von Prevorst« (Justinus Kerner, Die Seherin von Prevorst, Eröffnungen über das innere Leben des Menschen und über das Hineinragen einer Geisterwelt in die unsrige. 1. Aufl. Stuttgart 1829; 3. Aufl. Stuttgart 1838)

258, 15 = II 248, 24

259, 18 = II 362, 23

259, 30 in unserer Ausgabe Band I, S. 208 ff. und Band III, S. 389.

259, 31 in unserer Ausgabe Band III, S. 234 ff.

260, 22 ff. vis medicatrix. »Heilkraft« (vgl. II 248, 24)

262, 1 Baquet. »mit anorganischen Materialien gefüllter Holzzuber«

265, 7 = II 382, 18

265, 9 passio a distante. »Bewirktwerden aus der Ferne«

266, 2 visio in distans. »Fernsicht«

268, 26 = III 284, 15

269, 25 dem »kalten Aberglauben... (Nach Fürst Pückler, Briefe eines Verstorbenen; vgl. II 397, 22)

269, 35 = 69, 4

270, 2 = II 312, 2

271, 11 deans and rectors. »Dekane und Pfarrherren«

280, 36 Valerius Maximus. (Factorum et dictorum memorabilium, lib. I, c. 7, §7)

281, 6 Paracelsus. (Werke, Straßburg, 1603, Bd. 2, p. 36)

281, 15 das Wort... (nach Goethe, Faust I, 1995–96)

281, 34 Jung-Stilling. (Johann Heinrich Jung-Stilling, Theorie der Geister-Kunde in einer natur-, vernunft- und bibelmäßigen Beantwortung der Frage: Was von Ahnungen, Gesichtern und Geistererscheinungen geglaubt und nicht geglaubt werden müßte. Nürnberg 1808)

282, 28 Fischers Somnambulismus. (Fr. Fischer, Der Somnambulismus, Basel 1839)

285,19 ειδωλα καμοντων. »Schattenbilder der Toten« (Homer, Ilias, XXIII, 72 u.ö.)

285, 19 νεκυων αμενηνα καρηνα. »der Toten kraftlose Häupter« (Homer, Odyssee, X, 521)

285, 19 manes. »Schattengeister der Toten«

291, 21 Indicavit et alius... »Ein anderer wieder hat berichtet, er habe in seinem Hause [einen... Philosophen zu Besuch kommen sehen...]« (Augustinus, De civitate Dei, XVIII, 18, 2)

293, 35 in unserer Ausgabe Band II, S. 23f.

295, 9 οὕτω βεβαιως επιστευε... »So sehr war er überzeugt, daß die Seelen nichts mehr seien, wenn sie den Körper verlassen hätten« (Lucian, Philopseudes, c. 32)

297, 10 γυνη ἱερα... »Eine heilige Frau hatte eine von Gott verliehene unbegreifliche Veranlagung; wenn sie Wasser in einen gläsernen Becher goß, so sah sie auf dem Grunde des Wassers im Becher die Erscheinungen künftiger Geschehnisse und sagte gemäß dem Gesehenen vollkommen voraus, wie sie eintreffen würden; die Bestätigung der Sache ist uns nicht entgangen.« (Photius, Bibliotheca, ed. Bekker, II, p. 347)

299, 16 Ist das außer... (Shakespeare, Macbeth, II, 1)

302, 5 in distans. »in die Ferne«

302, 7 = III 382, 32

302, 8 ab esse ad posse. »von der Wirklichkeit auf die Möglichkeit«

302, 11 = I 60, 35

302, 18 in unserer Ausgabe Band II, S. 164, 254, 332ff.

302, 23 = I 166, 30

302, 36 = III 284, 15

304, 18 = I 166, 30

305, 34 experto crede Roberto. »Glaub es dem Robertus, der es selbst erfuhr!« (Nach Neander, Ethica vetus et sapiens, Lips. 1590, 89)

309, 8 = II 203, 32

309, 26 Auguste K[achler]. (vgl. III 283, 11)

310, 4 aegri somnia. »Krankenträume« (Horaz, De arte poetica, 7)

310, 5 vgl. S. 281, 25

311, 4 Le bonheur… »Das Glück ist keine leichte Sache: es ist sehr schwierig, es in uns selbst, und unmöglich, es anderswo zu finden.« (Chamfort, Œuvres recueillies. Caractères et anecdotes, p. 433)

314, 2 de utilitate… »Vom Nutzen des Unglücks«

314, 14 nous laisserons… »Wir werden diese Welt ebenso dumm und ebenso schlecht zurücklassen, wie wir sie bei unserer Ankunft vorgefunden haben.« (Voltaire)

317, 15 Volk und Knecht… (Goethe, West-östlicher Divan, Buch VIII, 7. Stück)

318, 11 Gemmas, marmor… »Edelsteine, Marmor, Elfenbeinschmuck, tyrrhenische Statuetten, Bilder, Silberzeug und Gewänder, gefärbt mit gätulischem Purpur, viele entbehren dergleichen, aber es gibt auch einen, dem nichts an ihrem Besitz liegt.« (Horaz, Epistulae, II, 2, 180)

318, 34 jure divino. »nach göttlichem Recht«

319, 1 Wie an dem Tag… (Goethe, Gott und Welt, Urworte, Orphisch)

320, 18 similis simili gaudet. »Gleich und gleich gesellt sich gern.« (sprichwörtlich; schon bei Homer, Odyssee, XVII, 218)

321, 9 habes, habeberis. »Wer Geld hat, hat Geltung.« (Petronius, Saturae, 77, 6)

322, 30 *η γαϱ φυσις…* »Denn die Natur ist zuverlässig, nicht das Geld« (Aristoteles, Ethica Eudemia, VII, 2)

323, 5 mens sana in corpore sano. »gesunder Geist in gesundem Körper« (Juvenal, Saturae, X, 356)

323, 23 truism. »Gemeinplatz«

324, 21 = I 138, 31

325, 14 *παντες όσοι…* »Alle Menschen, die sich ausgezeichnet haben, sei es in der Philosophie, in der Politik, in der Dichtkunst oder in den bildenden Künsten, scheinen melancholisch zu sein.« (Aristoteles, Problemata, 30, 1, p. 953 a 10; vgl. II 446, 18)

325, 18 Aristoteles ait… »Aristoteles sagt, daß alle genialen Menschen Melancholiker seien.« (Cicero, Tusculanae disputationes, I, 33; vgl. II 446, 18)

325, 22 Nature has fram'd… (Shakespeare, Merchant of Venice, I, 1)

325, 30 *δυσκολος; ευκολος.* »mürrisch; heiter«

327, 2 *δυσκολια.* »mürrische Gemütsverfassung«

327, 4 *ευκολια.* »heitere Gemütsverfassung«

327, 17 *Ουτοι αποβλητ'…* »Nicht zu verachten sind der Götter Gaben, die sie allein nur verleihen, die keiner erwirbt nach Belieben.« (Homer, Ilias, III, 65)

329, 27 omnis stultitia… »Alle Dummheit leidet an ihrem eigenen Überdruß.« (Seneca, Epistulae, 9, § 22)

329, 29 Des Narren… (Jesus Sirach, 22, 12)

330, 12 ozio lungo… »die Langeweile der Unwissenden« (Ariosto, Orlando furioso, XXXIV, 75)

331, 14 *ἡ [γαϱ] ευδαιμονια…* »[Denn] das Glück gehört denen, die sich selbst genügen.« (Aristoteles, Ethica Eudemia, 7, 2)

332, 33 Exit saepe… »Oft verläßt er den großen Palast und eilet ins Freie, weil ihn das Haus anekelt, bis daß er plötzlich zurückkehrt, weil er fühlt, daß er draußen um nichts sich besser befindet, oder er jagt mit den Rossen in schleunigem Trabe zur Villa, als brennte das Haus und er eilte, das Feuer zu löschen; aber sobald er die Schwelle betreten hat, gähnt er gelangweilt, oder er fällt in Schlaf und sucht sich selbst zu vergessen. Wenn er nicht vorzieht, sich wieder zurück zur Stadt zu begeben.« (Lucretius, De rerum natura, III, 1073; genauer: 1060–67)

334, 28 *ϑεων ϱεια ζωοντων.* »leicht lebende Götter« (Homer, Ilias, VI, 138; Odyssee, IV, 805)

335, 14 Il n'est… »Es gibt keine echten Genüsse ohne echte Bedürfnisse.« (Voltaire, Précis de l'Ecclesiaste, v. 30)

336, 10 otium sine… »Muße ohne geistige Beschäftigung ist

für den Menschen der Tod und das Lebendigbegrabensein.« (Seneca, Epistulae, 82, 3)

338, 9 *Πλουτος ὁ της ψυχης…* »Der Reichtum der Seele ist allein nur der wahre Reichtum, alles übrige bringt mehr Ungemach als Gewinn.« (Lucian, Epigrammata, 12)

338, 18 *Δοκει δε ἡ ευδαιμονια…* »Das Glück scheint in der Muße zu liegen.« (Aristoteles, Ethica ad Nicomachum, X, 7)

338, 21 *Σωκρατης επηνει…* »Sokrates pries die Muße als den schönsten Besitz.« (Diogenes Laërtios, II, cap. 5, §31)

338, 29 Wer mit einem Talente… (Goethe, Wilhelm Meister, I. Buch, 14)

339, 5 difficilis in otio quies. »Gefährlich ist in der Muße die Ruhe.«

340, 4 *Πολλῳ το φρονειν…* »Verstand zu haben ist der Hauptteil des Glücks.« (Sophokles, Antigone, I, 328)

340, 8 *Εν τῳ φρονειν…* »Im Unverstand besteht das angenehmste Leben.« (Sophokles, Ajax, 550)

340, 31 = 335, 14

343, 6 victus et amictus. »Nahrung und Kleidung«

344, 20 *Τοιος γαρ…* »Und so gleicht die Gesinnung der erdbewohnenden Menschen ganz dem Tage, den schenkte der Vater der Götter und Menschen.« (Homer, Odyssee, XVIII, 136–37)

344, 35 *αγαθα προς τι.* »Güter für einen bestimmten Zweck«

348, 32 Übers Niederträchtige… (Goethe, West-östlicher Divan, Wanderers Gemütsruhe)

349, 2 tête levée. »erhobenen Hauptes«

349, 4 médiocre et rampant. »mittelmäßig und kriechend«

349, 10 nous n'avons… »Wir haben nur zwei Tage zu leben, es lohnt sich nicht, sie damit zuzubringen, daß wir vor verächtlichen Schurken kriechen.« (Voltaire, Œuvres, ed. Beuchot, 26, p. 116)

349, 14 Haud facile… »Nicht leicht kommen die hoch, deren Fähigkeiten durch häuslichen Mangel gehemmt sind.« (Juvenal, Saturae, 3, 164)

350, 28 Sic leve… »So leicht, so klein ist das, was den nach Lob Dürstenden niederschmettert und erhebt.« (Horaz, Epistulae, II, 1, 79)

352, 33 qu'en dira-t-on? »Was wird man dazu sagen?«

354, 1 point d'honneur und puntiglio. »das Ehrgefühl und der übertriebene Ehrenstandpunkt«

355, 33 Etiam sapientibus… »Auch von den Weisen wird die Ruhmsucht als letztes abgelegt.« (Tacitus, Historiae, IV, 6)

356, 23 *χαλεπα τα καλα*. »Das Edle ist schwer.« (sprichwörtlich, vgl. Platon, De re publica, VI, 11)

357, 26 sus Minervam [docet]. »Das Schwein [belehrt] die Minerva.« (vgl. Cicero, Academicae quaestiones, I, 5, 18)

357, 28 sume superbiam, quaesitam meritis. »Eigne den Stolz dir an, den durch Verdienst du erwarbst.« (Horaz, Carmina, III, 30, 14)

358, 8 = III 723, 29

358, 20 Warum giebt… (Lichtenberg, Vermischte Schriften, 1844, Bd. II, S. 122)

359, 23 ça va sans dire. »das ist selbstverständlich«

360, 6 pro parte virili. »nach Kräften«

361, 19 *εστι ή λοιδορια*… »Die Schmähung ist eine kurzgefaßte Verleumdung.«

362, 5 *των εφ' ήμιν*. »von uns abhängig«

363, 3 de bona autem… »Vom guten Ruf aber sagten Chrysippus und Diogenes, man solle, abgesehen von seinem Nutzen, ihm zuliebe auch nicht einen Finger rühren. Ich stimme den beiden nachdrücklich zu.« (Cicero, De finibus bonorum et malorum, III, 17)

363, 8 Nous n'aimons pas… »Wir lieben das Ansehen nicht um des Ansehens willen, sondern einzig und allein wegen der Vorteile, die es verschafft.« (Helvétius, De l'esprit, III, ch. 13)

366, 34 = III 483, 2

368, 26 ut quisque… »Je verächtlicher und lächerlicher einer ist, desto loser ist sein Mundwerk.« (Seneca, de constantia, 11)

368, 32 Was klagst du… (Goethe, West-östlicher Divan, »Buch der Sprüche« [6], Spruch 14)

371, 6 quid multa? »wozu noch viele Worte?«

373, 29 *παταξον μεν ουν…* »Schlage mich, aber höre mich an!« (Plutarch, Themistocles, 11, §20)

373, 34 so quelqu'un… »Wenn sich jemand einfallen ließe, zu sagen, Demosthenes sei ein Ehrenmann gewesen, so würde man mitleidig lächeln; ––– Auch Cicero war kein Ehrenmann.« (C. Durand, Soirées littéraires, Rouen 1828, Vol. 2, p. 300)

374, 26 *Νικοδρομος εποιει.* »Nikodromos hat es getan«

375, 8 »die Macht der Verhältnisse« (von Ludwig Robert, Cotta 1819)

378, 35 habet quendam… »Die Beleidigung läßt einen gewissen Stachel zurück, den kluge und gute Männer nur sehr schwer ertragen können.« (Cicero, In Verrem actio III, lib. III, 41, 95)

381, 34 Vingt ou trente… »Zwanzig oder dreißig Stockschläge auf den Hintern sind sozusagen das tägliche Brot der Chinesen. Es ist eine väterliche Zurechtweisung des Mandarins, die nichts Schimpfliches an sich hat und die man mit Dankesbezeigungen entgegennimmt.« (Lettres édifiantes et curieuses, édition de 1819, Vol. II, p. 454)

385, 26 = III 482, 23

386, 6 par nobile fratrum! »ein edles Brüderpaar!« (Horaz, Saturae, II, 3, 243)

386, 7 = 41, 26

389, 23 etiamsi omnibus… »Wenn auch all deinen Zeitgenossen der Neid Schweigen auferlegt hat, so werden doch einst solche kommen, die ohne Mißgunst und ohne Gunst urteilen.« (Seneca, Epistulae, 79, 17)

391, 10 Wer mit einem Narren… (Jesus Sirach, 22, 8–9)

391, 12 a knavish speech… (Shakespeare, Hamlet, IV, 2)

391, 14 Das glücklichste... (Goethe, West-östlicher Divan, Buch der Betrachtungen (4), 1. Gedicht)

391, 17 Du wirkest... (Goethe, »Sprichwörtlich«)

391, 21 Wenn ein Kopf... (Lichtenberg, Aphorismen, ed. Leitzmann, D396 und F III)

391, 27 Daß oft... (Gellert, Anfang des Gedichts »Die beiden Hunde«)

392, 5 in Folge welcher... (Goethe, Wilhelm Meisters Lehrjahre, 7. Buch, 9. Kap.)

392, 13 Wenn wir... (Goethe, West-östlicher Divan, Buch des Unmuts [5], 7. Strophe)

392, 24 Hätt ich gezaudert... (Goethe, Zahme Xenien, V)

393, 35 ausposaunt von einer... (Lichtenberg, Vermischte Schriften, IV, S. 15)

395, 7 estime sentie. »gefühlte Wertschätzung«

395, 8 estime sur parole. »Wertschätzung auf ein bloßes Wort hin«

395, 23 omnis animi... »Alle Herzensfreude, alle Heiterkeit beruht darauf, daß man Menschen habe, im Vergleich zu denen man von sich selbst hoch denken kann.« (Hobbes, De cive, I, 5)

395, 28 Fame is the spur... »Ruhm (diese letzte Schwäche edler Seelen) spornt an den Geist, Genüsse zu verschmähen und arbeitsvolle Tage zu erwählen.« (Milton, Lycidas, 70)

395, 32 how hard it is... »wie schwer es ist, die Höhe zu erklimmen, auf der des Ruhmes goldner Tempel glänzt.« (Beattie, The Minstrel, I)

396, 21 = 362, 5

396, 21 *των ουκ εφ' ἡμιν.* »von uns unabhängig«

400, 21 Wenn jemand... (Matthias Claudius, Urians Reise um die Welt)

402, 25 = II 174, 28

403, 27 le bonheur... »Das Glück ist nur ein Traum, und wirklich ist der Schmerz.« (Voltaire, Lettre à M. le Marquis de Florian, 16. 3. 1774)

404, 1 degere vitam, vita defungi. »das Leben zubringen, das Leben überstehen«

404, 1 si scampa così. »Man kommt so durch!«

405, 35 Wer ein Übel… (Goethe, Wahlverwandtschaften, 1. Teil, 2. Kap.)

406, 2 le mieux… »Das Bessere ist der Feind des Guten.«

406, 14 In Arkadien geboren. (vgl. Anfang von Schillers Gedicht »Resignation«)

407, 11 Auream quisquis mediocritatem… »Wer die goldene Mitte liebt, geht sicher, er meidet den Schmutz des verfallenen Hauses, er meidet genügsam das neiderwekkende Schloß. Öfter schwankt vom Sturme bewegt die riesige Fichte: und schwereren Fall tun hochragende Türme, die höchsten Berge treffen die Blitze.« (Horaz, Carmina, II, 10)

408, 8 la société… »Die Geselligkeit, die Klubs, die Salons, was man so die gute Gesellschaft nennt, ist ein miserables Theaterstück, eine schlechte, uninteressante Opernaufführung, die nur durch die Maschinerie, die Kostüme und die Ausstattung notdürftig getragen wird.« (Chamfort, Maximes et pensées, chap. III)

409, 23 quid aeternis… »Was mühst du deinen schwachen Geist mit Plänen für die Ewigkeit ab?« (Horaz, Carmina, II, 11)

410, 22 Altro diletto… »Kein andres Glück empfind' ich als zu lernen.« (Petrarca, Trionfo d'amore, I, 21)

411, 11 = II 243, 36

412, 25 *Αλλα τα μεν*… »Aber so sehr es uns kränkte, wir wollen es lassen geschehn sein und, so schwer es uns wird, den Unmut zähmen im Herzen.« (Homer, Ilias, XVII, 112f.)

412, 28 *Ητοι ταυτᾳ*… »Doch das liegt im Schoße der Götter.« (Homer, Ilias, XVII, 514; Odyssee, I, 267)

412, 29 singulas dies… »Sieh jeden einzelnen Tag als ein eigenes Leben an.« (Seneca, Epistulae, 101, 10)

413, 8 Ich hab'… (Goethe, Vanitas! Vanitatum vanitas!)

414, 28 = 339, 5

416, 19 omnia mea mecum porto. »All meinen Besitz trage ich bei mir.« (vgl. Cicero, Paradoxa, I, 1, 18, und Seneca, Epistulae, IX, 18)

416, 21 = 331, 14

419, 21 the gregariousness of mankind. »der Herdentrieb der Menschheit«

419, 23 = 329, 27

420, 34 Tout notre mal... »All unser Ungemach kommt von unserer Unfähigkeit, allein zu sein.« (Labruyère, Les caractères, chap. de l'homme)

421, 5 la diète... »Die Enthaltsamkeit in der Ernährung sichert uns die körperliche Gesundheit, und die Enthaltsamkeit im Umgang mit den Menschen die Seelenruhe.« (Bernardin de St. Pierre)

422, 18 La terre... »Die Erde wimmelt von Menschen, die nicht verdienen, daß man mit ihnen spricht.« (Voltaire, Lettre à M. le Cardinal de Bernis, 21. 6. 1762)

422, 22 Cercato ho sempre... »Ein einsam Leben hab' ich stets gesucht (Bach, Feld und Wald weiß davon zu erzählen), vor jenen stumpfen Geistern auf der Flucht, durch die ich nicht den Pfad zum Licht kann wählen.« (Petrarca, Il Canzoniere, sonnetto 221)

422, 31 on dit quelquefois... »Man sagt zuweilen von jemand, der allein lebt, er möge die Gesellschaft nicht. Das ist oft so, wie wenn man von jemand sagte, er ginge nicht gerne spazieren, mit der Begründung, er ginge nicht gerne nachts durch den [gefährlichen] Wald von Bondy.« (Chamfort, Maximes et Pensées, chap. IV)

423, 1 Herodes ist ein Feind... (Angelus Silesius, Der Cherubinische Wandersmann, 3. Buch, Nr. 241)

423, 5 tanti uomini... »So viele Menschen, die auf Erden ein himmlisches Leben genießen wollten, haben einstimmig gesagt (Psalm 54, 8): ›Siehe, ich bin geflohen eine lange Zeit und geblieben in der Einsamkeit.‹« (Giordano Bruno, Opera, ed. Wagner, II, 408)

423, 11 die Prometheus... (vgl. Juvenal, Saturae, 14, 34)

423, 24 Die Einsamkeit ist noth... (Angelus Silesius, Der Cherubinische Wandersmann, 2. Buch, Nr. 117)

424, 1 Hör auf... (Goethe, Faust I, 1635–38)

424, 5 = I 502, 7

425, 25 = I 557, 12

426, 32 nostra nos... »Am Unsrigen wollen wir uns freuen, ohne zu vergleichen: niemals wird einer glücklich sein, wenn es ihn quält, daß ein anderer glücklicher ist.« (Seneca, De ira, III, 30, 3)

426, 33 Quum adspexeris... »Wenn du siehst, wie viele dir voraussind, denk daran, wie viele dir nachstehen.« (Seneca, Epistulae, 15)

427, 4 sociis malorum. »Gefährten im Unglück«

427, 19 quieta non movere. »Was ruht, soll man nicht bewegen.« (Sallust, Catilina, 21, 1)

427, 28 legala bene... »Schirre gut, dann laß es laufen.« (sprichwörtlich)

428, 15 *ἑαυτοντιμορουμενος*. »Der Selbstquäler« (Komödie des Terenz nach Menander)

428, 29 *ὁ μη δαρεις*... »Wer nicht geschunden wurde, wurde nicht erzogen.« (Menander, Monostichi, 422)

429, 33 *ϑορυβουμενος*. »verwirrt.«

430, 31 Nehmt die gute... (Goethe, Generalbeichte)

432, 29 propter vitam... »Um des Lebens willen den Zweck des Lebens verderben.« (Juvenal, Saturae, 8, 84)

433, 3 = II 75, 10

433, 14 *απεχειν και ανεχειν*. »entsagen und ertragen« (Epiktet; vgl. II 174, 25)

433, 18 Inter cuncta... »Bei allem Tun und Treiben lies und befrage die Weisen, wie du leichten Sinns hinbringen mögest das Leben, daß die Begierde dich nicht, die ewig bedürftige, quäle, noch auch Furcht, noch Hoffnung auf wenig nützliche Dinge.« (Horaz, Epistulae, I, 18, 95–99)

434, 29 = 339, 5

435, 15 chaque fou... »Jeder Narr hat seine Kappe.« (sprichwörtlich)

436, 22 io ti vedo. »ich sehe dich«

438, 8 es muß auch... (Goethe, Faust I, Marthens Garten, 3483)

439, 33 = I 186, 1

441, 18 partie honteuse. »niedriger Teil«

442, 8 = III 347, 20

445, 29 argumenta... »Beweise für die Beschaffenheit eines Charakters kann man auch Kleinigkeiten entnehmen.« (Seneca, Epistulae, 52; nicht wörtlich)

447, 18 = II 654, 30

448, 14 tout ce qui... »Alles, was nicht natürlich ist, ist unvollkommen.« (Ausspruch Napoleons)

448, 17 Aventurino. eine Art Goldglasstein

450, 28 dans l'adversité... »Im Mißgeschick unserer besten Freunde finden wir immer etwas, das uns nicht unangenehm ist.« (Larochefoucauld, Maximes et réflexions, éd. Garnier, p. 108)

453, 1 in unserer Ausgabe Band III, S. 554.

453, 13 votre très-humble... »Ihr gehorsamster Diener«

454, 9 in puris naturalibus. »splitterfasernackt«

454, 15 duo cum... »Wenn zwei dasselbe tun, so ist es nicht dasselbe.«

454, 30 Probatum est. »Es ist erprobt.«

455, 10 semper aliquid haeret. »Etwas bleibt immer hängen.« (Bacon, De augmentis scientiarum, Lib. 8, p. 228)

457, 1 Am Baume des Schweigens... (Spruch des Sepher Mibchar Hapheninim)

457, 7 procédés. »das Benehmen«

457, 23 parler sans accent. »ohne Hervorhebung spechen«

457, 26 parler avec accent. »mit Hervorhebung sprechen«

458, 10 secunda aut adversa fortuna. »günstiges oder feindliches Geschick«

458, 32 labyrinthisch irren Lauf. (Goethe, Faust I, Zueignung, 14)

459, 17 In vita est… »Im Leben ist es wie beim Würfelspiel: Fällt auch der Wurf nicht so, wie du's am meisten brauchst, so muß die Kunst verbessern, was der Zufall bot.« (Terenz, Adelphi, 4, 7, 739–41)

461, 6 in unserer Ausgabe Band I, S. 126f.

463, 11 *δυσκολος*. »ein Unzufriedener« (vgl. 325, 30)

463, 12 miseries of human life. »Mißgeschicke des Menschenlebens« (Beresford, Miseries of Human Life, aus dem Englischen in zwei Bänden, 1800)

463, 13 in pulicis… »wegen eines Flohbisses Gott um Hilfe rufen«

463, 14 *ευλαβης*. »ein Bedächtiger«

464, 8 in unserer Ausgabe Band III, S. 419.

464, 15 in unserer Ausgabe Band I, S. 399f.

465, 2 die Würfel eisern fallen. (Anfang von Schillers Gedicht »Die Schlacht«)

465, 6 on ne réussit… »Man kommt in dieser Welt nur mit gezücktem Degen voran, und man stirbt mit den Waffen in der Hand.« (Voltaire, Œuvres, éd. Beuchot, 59, p. 525)

465, 11 tu ne cede… »Weiche dem Übel nicht aus, nur tapferer geh ihm entgegen.« (Vergil, Aeneis, VI, 95)

465, 18 Si fractus… »Und wenn die Welt zusammenbricht, die Trümmer werden einen Unerschrockenen treffen.« (Horaz, Carmina, III, 3)

465, 22 Quocirca vivite… »Darum lebt tapfer und werft den Schicksalsschlägen tapfer die Brust entgegen.« (Horaz, Saturae, II, 2)

465, 28 terror Panicus. »panischer Schrecken«

465, 31 Natura enim… »Denn die Natur der Dinge hat allen Lebenden die Furcht und auch die Angst eingegeben als Erhalterin ihres Lebens und Wesens und zur Vermeidung und Abwehr hereinbrechender Übel. Jedoch weiß dieselbe Natur dabei nicht maßzuhalten, sondern mischt den heilsamen Befürchtungen immer eitle und leere bei, so daß alle Dinge (wenn man sie inwendig sehen könnte) von panischem Schrecken voll sind, besonders die menschlichen.« (Bacon, De sapientia veterum, cap. VI)

467, 4 Qui n'a pas... »Wer nicht den Geist hat, der seinem Alter entspricht, hat seines Alters ganzes Ungemach.« (Voltaire, Stances à Mme du Châtelet, 1741, str. 3)

469, 12 in unserer Ausgabe Band II, S. 427 f.

469, 34 l'âge... »das Alter der Illusionen ist vorbei«

470, 22 in unserer Ausgabe Band II, S. 433 f.

470, 28 in unserer Ausgabe Band II, S. 495.

480, 32 crescente vita... »mit wachsendem Alter wachsen Gesundheit und Krankheit« (angeblich von Aulus Cornelius Celsus)

482, 10 in unserer Ausgabe Band II, S. 541 f.

483, 21 *λαμβανων και διδους.* »der Nehmende und Gebende« (nach Plutarchos, De Iside et Osiride, c. 29)

BAND V: PARERGA UND PARALIPOMENA II

3, 8 =IV 3, 8

7, 7 Eleusis servat... »Eleusis bewahrt etwas, das es erst den Wiederkehrenden zeigen mag.« (Seneca, Quaestiones naturales, VII, 30)

11, 27 =I 432, 33

11, 36 Rudera. »Ruinen, Überbleibsel«

12, 10 quibus auspiciis. »unter welchen Vorzeichen«

16, 9 méthode psychologique; méthode purement logique. »psychologische Methode; rein logische Methode«

20, 18 o métaphysique!... »O Metaphysik! Wir sind gerade so weit wie zur Zeit der ersten Druiden.« (Voltaire, Mélanges de philosophie, ch. 9)

20, 22 king[']s champion. »Königsritter (der bei der Krönung des englischen Königs diejenigen zum Duell fordert, die den Fürsten nicht anerkennen)«

22, 3 Was du ererbt... (Goethe, Faust I, 682)

24, 12 hae omnes... »Alle diese Geschöpfe insgesamt bin ich, und außer mir ist kein anderes Wesen da, und alles Geschaffene habe ich gemacht.« (Oupnek'hat, I, 122; vgl. I 247, 24)

24, 26 in unserer Ausgabe Band II, S. 208–214.

25, 1 philosophia prima. »die erste Philosophie« (nach Aristoteles)

25, 30 *τα μετα τα φυσικα*. »das, was nach der Physik kommt«

28, 26 conclusiones ex praemissis. »Schlüsse aus den Prämissen«

30, 14 in unserer Ausgabe Band III, S. 202.

30, 27 au niveau. »auf der Höhe«

31, 8 Laß dich nur... (Goethe, West-östlicher Divan, Buch der Sprüche [6], 27)

31, 19 = III 133, 11
31, 36 ultima ratio stultorum. »letzte Zuflucht der Dummen«
33, 3 *Αγωνιστικον της περι…* »Kampfbüchlein der Theorie von der streitbaren Rede« (Schrift des Theophrastus, erwähnt bei Diogenes Laërtios, V, 2, 42)
33, 6 *αντιλογικη τεχνη.* »Kunst des Widersprechens«; *εριζειν.* »streiten«; *διαλεκτικη.* »Kunst der Unterredung«; *διαλεγεσθαι.* »das Unterreden« (Platon, De re publica, V, p. 12, Bip.)
33, 9 tractatus logicus… »Spezielle logische Abhandlung, in der das Verfahren des Diskutierens, seine Pflichten sowie auch die Fehler der Diskutierenden dargelegt werden« (Schrift von Fr. Schneider, Halle 1718)
34, 1 ad rem; ad hominem; ex concessis. »zur Sache, in Beziehung auf den Menschen, auf Grund von Zugeständnissen« (Ausdrücke der Logik, vgl. z. B. Christian Wolff, Logica, § 1108; vgl. II 139, 21)
34, 25 nego majorem. »ich bestreite den Obersatz«; nego minorem. »ich bestreite den Untersatz«
34, 28 nego consequentiam. »ich bestreite den Schlußsatz«
34, 32 a falsitate… »Aus der Falschheit des Gefolgerten ergibt sich die Falschheit des Grundes.«
34, 35 exemplum in contrarium. »Gegenbeispiel«
35, 34 instantia in contrarium. »Widerrede«
36, 10 fallacia a dicto… »Täuschung, in uneingeschränktem Sinne zu deuten, was in eingeschränktem Sinne behauptet wurde«
38, 31 = III 519, 6
38, 32 mordicus. »hartnäckig«
39, 8 = III 62, 36
39, 24 sic res accendunt… »So bringt eine Sache der anderen Licht.« (Lucretius, I, 1109)
46, 11 aeternitas non est… »Die Ewigkeit ist nicht eine endlose Abfolge der Zeit, sondern ein verharrendes Jetzt.«

46, 12 *αιωνος εικων*… »Die Zeit ist das bewegte Abbild der Ewigkeit.« (Platon, Timaios, 37 D, Bip.; Plotinos, Enneades, III, 7, 11)

48, 4 in unserer Ausgabe Band III, S. 240f.

48, 10 =I 241, 5

50, 22 in unserer Ausgabe Band II, S. 323.

55, 3ff. lucido intervallo. »Zeitraum klaren Bewußtseins bei Kranken«

55, 14 nemo omnibus horis sapit. »Keiner ist zu jeder Stunde weise.«

59, 18 in unserer Ausgabe Band II, S. 157.

60, 2 =III 280, 19

60, 6 *γηρασκω δ' αει*… »Ich werde alt und lerne doch immer noch vieles dazu.« (Plutarch, Vita Solonis, c. 31)

61, 7 Der Philosoph… (Goethe, Faust I, Schülerszene, 1928)

65, 7 fastidio sui… »Ekel vor sich selbst, an dem alle Dummheit leidet.« (nach Seneca, Epistulae, 9, §22; vgl. IV 329, 27)

65, 34 =II 170, 14

67, 1 =I 557, 12

67, 3 Noch spukt… (Goethe, Sprichwörtlich)

68, 11 toto coelo. »ganz und gar«

70, 14 =IV 330, 12

71, 16 glebae adscripti. »der Scholle verhaftet«

72, 11 vili, ignobili… »gemeine, unedle, barbarische und unwürdige Unterhaltungen« (Giordano Bruno, Cena delle ceneri, p. 196)

74, 5 Der Lorbeerkranz… (Goethe, Tasso III, 4)

74, 10 =II 551, 20

76, 1 dum convellor mitescunt. »Während ich gezaust werde, reifen sie doch.«

76, 2 conquassatus, sed ferax. »Vom Sturm geschüttelt, aber fruchtbar.«

78, 19 nos, non nobis. »durch uns, nicht für uns« (nach Aelius Donatus, Vita Vergilii, XVII)

79, 31 tout l'esprit… »Aller Geist in der Welt hilft dem nichts, der selbst keinen hat.« (Labruyère, Les caractères, chap. de l'homme, p. 255)

80, 6 Brobdingnak und Lilliput (Land der Riesen und Land der Zwerge in Jonathan Swift, Gulliver's Travels)

83, 3 Humani generis mater... »Mutter und Amme des Menschengeschlechts ist fürwahr die Dummheit.«

83, 25 = IV 198, 32

84, 30 Responsura tuo... »Der dir gebührende Ruhm wird nie deiner Leistung entsprechen.« (Horaz, Saturae, II, 8, 66)

85, 24 Ein Fürst... (Goethe, Künstlers Apotheose)

87, 15 *Δημοκριτος δε ότι...* »Demokrit aber, weil er das der Sinneswahrnehmung Erscheinende leugnet und behauptet, daß nichts davon so erscheint, wie es in Wahrheit sei, sondern nur, wie es uns vorkomme; in Wahrheit aber sei als real vorhanden die Existenz der Atome und des Leeren.« (Sextus Empiricus, adversus Mathematicos, VII, § 135, ed. Bekker, p. 220, 15)

87, 22 *ετεῃ μεν νυν...* »In Wahrheit also erkennen wir nicht, wie ein jedes beschaffen ist oder nicht beschaffen ist.« (ibidem, p. 220, 28)

87, 24 *ετεῃ οἷον...* »Wie alles in Wahrheit beschaffen sei, das zu erkennen ist schwierig.« (ibidem, p. 221, 5)

88, 16 = II 203, 31

89, 1 rapport du physique... »Beziehung des Physischen zum Moralischen«

90, 1 in unserer Ausgabe Band III, S. 268.

96, 7 ignotum; notius. »Unbekanntes; Bekannteres«

96, 10 ignotum per ignotius. »Unbekanntes durch noch Unbekannteres«

102, 2 in unserer Ausgabe Band I, S. 38.

102, 4 in unserer Ausgabe Band III, S. 86.

104, 19 wie sie spielen... (Schiller, Die Größe der Welt)

106, 17 = I 119, 16

117, 14 maria. »Meere«

117, 23 partout comme chez nous. »überall wie bei uns«

120, 19ff. = I 130, 35

122, 28 *αιτια εξ αναγκης*. »notwendige Ursache«

122, 28 *χαριν του βελτιονος*. »um des Besseren willen; Zweckursache«

122, 33 in unserer Ausgabe Band II, S. 378ff.

125, 8 = I 119, 16

125, 13 in unserer Ausgabe Band II, S. 200ff.

126, 29ff. = II 425, 27

127, 30 in parenthesi: »ut seorsum… »mit dem Zusatz: ›wie auch unsere Landsleute Wren, Hooke und Halley selbständig gefolgert haben«. (Newton, Principia, 1687, P. I, prop. 4, corol. 6, schol.)

130, 27 foramen exiguum. »der enge Spalt«

132, 25 = I 201, 7

132, 28; 134, 1 generatio univoca. »Entstehung des Gleichen aus dem Gleichen«

134, 3/24 = I 201, 7

134, 11 generatio in utero heterogeneo. »Zeugung in einem fremdartigen Schoß«

135, 23 generatio aequivoca… »Urzeugung in einem fremdartigen Schoß«

136, 3 maker. »Schöpfer«; wörtlich: »Macher«

137, 22 = II 74, 1

137, 36 in unserer Ausgabe Band II, S. 636.

138, 23 = II 392, 12

140, 19 gente pulita. »saubere Leute«

143, 9 turgor vitalis. »Schwellkraft der Zellenflüssigkeit«

143, 26 = II 248, 24

144, 1 Chylifikation. = Aufbereitung der Darmlymphe

144, 8 Sklerotika. »Lederhaut des Auges«

146, 15 = I 130, 35

147, 10 sphincter vesicae. = Schließmuskel der Blase

147, 33 stimulus mentalis. »geistige Erregung«

148, 4 = II 42, 1

148, 7 par quintum; nervus vagus. »das fünfte Hirnnervenpaar; der zehnte Gehirnnerv«

148, 24 in unserer Ausgabe Band III, S. 389f.

148, 25 in unserer Ausgabe Band III, S. 58f.

150, 12 = 143, 9

150, 25 basis encephali. = Gehirnbasis

151, 19 = II 248, 24

152, 32 *ἡ προσδοκια των κακων.* »das Befürchten von Übeln«

154, 11 Lokusten. »Laubheuschrecken«

154, 13 = III 257, 32

155, 2 in unserer Ausgabe Band III, S. 389f.

155, 3 in unserer Ausgabe Band III, S. 58f.

155, 16 in unserer Ausgabe Band I, S. 219f.

160, 6 Chacun a… »Jeder hat die Fehler, die seinen Tugenden entsprechen.« (George Sand)

160, 29 = 61, 7

161, 25 = III 681, 19

164, 7 = III 689, 12

166, 23 = III 716, 7

170, 5 = III 498, 30

172, 8 Akribologie. »Genauigkeit in der Wortwahl«

172, 24 = II 74, 1

177, 2 = III 723, 29

177, 20 = III 724, 14

177, 28 = III 724, 21

178, 3 desipere est juris gentium. »Unverständigsein ist ein Menschenrecht.«

180, 25 veritatem laborare… »daß die Wahrheit zu oft Not leidet, aber niemals vernichtet werden kann« (Livius, XXII, 39, 19)

181, 29 Qui non libere… »Wer die Wahrheit nicht freimütig bekennt, ist ein Verräter an der Wahrheit.«

183, 16 in unserer Ausgabe Band III, S. 522.

183, 20 Quid superbit… »Sollte der Mensch sich brüsten? Da doch schon seine Empfängnis Schuld ist, seine Geburt Strafe, sein Leben Arbeit, sein Tod unausweichlich!« (eigene Verse Schopenhauers)

183, 33 *αγαπη.* »Liebe«

185, 2 *σωον εχειν το φρονειν.* »gesundes Denken haben«

185, 8 diligentia, obedientia, justitia, humilitas. »Gewissenhaftigkeit, Gehorsam, Gerechtigkeit, Demut«

188, 22 = II 174, 25

190, 5 disputatio in utramque partem. »Diskussion über das Für und Wider«

190, 6 Justemilieu. »Rechte Mitte«

192, 23 cui ex meliori... »dem der Titan das Herz aus besserem Ton gebildet hat« (Juvenal, Saturae, 14, 34)

194, 17 = I 153, 35

194, 35 Quantulacunque... »So klein ein Anlaß auch sein mag, dem Zorn genügt er.« (Juvenal, Saturae, XIII, v. 183)

195, 7 *το οργιζεσθαι ἡδυ.* »das Zürnen ist süß« (Aristoteles, Rhetorica, I, 11, p. 1370 b 10)

198, 23 miseria humana... »das menschliche Elend, die menschliche Schlechtigkeit und die menschliche Dummheit«

198, 30 = I 295, 9

200, 33; 201, 7 = I 166, 30

201, 12 dum ego salvus... »Solange ich nur erhalten bleibe, mag die Welt untergehen.« (vgl. III 622, 28)

201, 17 = I 186, 1

201, 22 Ich weiß... (Angelus Silesius, Der Cherubinische Wandersmann, I, 8)

204, 17 = I 500, 34

205, 2 Monsieur, c'est... »Mein Herr, das ist die wahre Religion!«

206, 9 = I 166, 30

210, 8 = I 214, 35

211, 29 »Teufel! du quälst mich...« Shakespeare, Richard II., IV, 1)

213, 4 *νουθετησις.* »Zurechtweisung«

216, 34 = I 385, 33

217, 6/14 = I 380, 22

219, 5 Nonens. »Nichtseiendes«

219, 16 = III 517, 18

220, 30 unusquisque tantum... »Ein jeder hat soviel Recht, wie er Macht hat.« (Spinoza, Tractatus politicus, II, §8)

220, 31 uniuscuiusque jus... »Das Recht eines jeden wird bestimmt durch die Macht, die er hat.« (Spinoza, Ethica, IV, prop. 37, schol. 1; frei zitiert)

221, 17 = I 665, 9

221, 19 quod tibi... »Was du nicht willst, daß man dir tu', das füge du dem andern zu!«

222, 6 You take my life... (Shakespeare, The Merchant of Venice, IV, 1)

222, 11 = 71, 16

224, 18 *ὡς ἓν σοφον*... »Ein guter Ratschlag stiftet größern Nutzen oft als viele Hände.« (Euripides, Antiope, fragmenta, 200)

225, 18 artes molliunt mores. »die Künste mildern die Sitten« (Ovid, Epistulae ex Ponto, 2, 9, 48)

227, 16 maximes; réflexions; apperçus. »Lebensregeln; Überlegungen; geistreiche Einfälle«

227, 25f. = III 628, 19

230, 15 = III 62, 36

233, 4 L'état c'est moi. »Der Staat bin ich.« (angeblich Ausspruch Ludwigs XIV.)

234, 23 Gevatter Schneider... (Schiller, Wallensteins Lager, 10. Auftritt)

234, 31 calculus probabilium. »Wahrscheinlichkeitsrechnung«

234, 34 malignum vulgus. »die mißgünstige Masse«

235, 24 Weiland war... (nach H. Heine, Reisebilder, II, Das Buch Le Grand)

237, 10 *Οισϑα γαϱ,*... »Weißt du doch, welche Gesinnung wohnt im Herzen des Weibes: Mehren will sie nur dessen Haus, mit dem sie zusammen lebt, doch der früheren Kinder und auch des Jugendgemahles denkt sie nicht mehr und fragt nach ihm nicht, wenn er gestorben.« (Homer, Odyssee, XV, 20–23)

238, 21 gens extorris. »heimatloses Volk«

239, 3 point de ra[l]liement. »Sammelplatz«
239, 29 verecundia. »Scheu; Schamgefühl; Ehrfurcht«
241, 21 in unserer Ausgabe Band I, S. 441.
241, 23 in unserer Ausgabe Band III, S. 579–583.
243, 5 je le jure. »ich schwöre es«
246, 4 = I 201, 7
246, 33 = I 642, 32
250, 8 *μηχανη*. »Vorrichtung«
253, 10 = I 48, 32
253, 13 *εγω ειμι*... »Ich bin alles, das war und ist und sein wird.« (Inschrift des Isistempels zu Sais; Stobaios, Florilegium, Tit. 44, 42, Vol. II, p. 201, ed. Gaisford)
253, 23 ff. Thrasymachos. »kühner Kämpfer«
253, 25 ff. Philalethes. »Freund der Wahrheit«
256, 5 Mir geht nun... (Goethe, Satyros, II, 17)
260, 12 *αει ὡσαυτως*... »immer sich gleichbleibend, weder entstehend noch vergehend« (nach Platon, Timaios, p. 27D)
261, 17 = I 153, 35
261, 24 de gagner sa vie. »seinen Lebensunterhalt zu verdienen«
263, 1 Hoch auf... (Goethe, Lieder, Geistes-Gruß)
265, 13 ...die Waffen in der Hand (nach Voltaire; vgl. IV 465, 6)
271, 8 a disappointment... »eine Enttäuschung, nein, ein Betrug gar«
272, 2 animi causa. »aus Lust«
272, 2 de gaieté de cœur. »zum Vergnügen«
272, 4 = II 721, 1
273, 8 a penal colony. »eine Strafkolonie«
275, 30 = I 500, 34
276, 17 = II 721, 1
278, 9 *διαστολη; συστολη*. »Ausdehnung; Kontraktion«
278, 12 magnum Sakhepat. »großer Tiefschlaf«
278, 13 *επεκεινα*. »Jenseits«
278, 26 Torus. »Ehelager«
279, 22 = II 192, 22
280, 24 for thou hast... (Shakespeare, Hamlet, III, 2)

281, 31 illico post coitum... »Gleich nach dem Beischlaf hört man das Lachen des Teufels.«
284, 15 =I 504, 26
284, 22 =I 489, 16
285, 7 bonne mine... »Gute Miene zum bösen Spiel« (sprichwörtlich)
287, 5 Demopheles. »Mann des Volkes«
287, 9 =253, 25ff.
287, 9 =34, 28
287, 12 vigeat veritas... »Die Wahrheit soll gedeihen, auch wenn darob die Welt untergeht!«
287, 13 fiat... »Gerechtigkeit soll herrschen, auch wenn darob die Welt untergeht!« (Wahlspruch Ferdinands I.)
287, 16 tornentur pilulae... »Man soll Pillen drehen, auch wenn darob die Welt untergeht!«
288, 1 =II 193, 28
293, 12 certe philosophi... »Sicherlich haben die Philosophen hierüber nichts Wahrscheinliches vorzubringen, und daher ist es notwendig, auf Gott, auf die Engel und Dämonen zurückzugreifen.« (Pomponatius, de incantationibus, c. 7)
294, 1 =I 24, 6
294, 23 Doch, guter Freund... (Goethe, Faust I, 1090)
294, 35 =35, 34
295, 12 Deorum majorum gentium. »Götter aus vornehmerem Geschlecht«
297, 21ff. =II 192, 22f.
298, 9 =I 519, 16
299, 20 =II 193, 28
300, 9 fraus; pia fraus. »Betrug; frommer Betrug« (vgl. Ovid, Metamorphoses, IX, 711)
302, 15 =II 192, 22f.
302, 32 Eines paßt... (Goethe, Beherzigung; im Original »schickt« statt »paßt«)
303, 12 μικρα... »kleine, größere und größte Mysterien«
304, 16 =300, 9

306, 25 animal metaphysicum. »metaphysisches Lebewesen«

308, 4 = II 190, 25

308, 24 = III 184, 7

308, 33 le zèle religieux... »Der religiöse Eifer der Philosophen und der Großen war nur politische Frömmigkeit: jede Religion, die man als einen Glauben verteidigt, den dem Volke zu lassen nützlich ist, kann nur noch auf ein mehr oder weniger verlängertes Hinsterben hoffen.« (Condorcet, Esquisse d'un tableau des progrès de l'esprit humain, ep. 5, p. 126f.)

310, 25 coelumque... »und hieß ihn zum Himmel schauen und zu den Gestirnen das aufrechte Haupt erheben« (Ovid, Metamorphoses, I, 86)

312, 13 cours d'amour. »Minnegerichte«

313, 26 familia; vernae. »Dienerschaft«; »Haussklaven«

314, 6 = I 497, 36

315, 30 probitas. »Rechtschaffenheit«

316, 10 ominibus. »Omina; Vorzeichen«

316, 26 = 243, 5

318, 13 sabbathbreaking. »Sabbathbrechen«

318, 13 the desecration... »die Entweihung des Sabbaths«

318, 18 a strict observance... »eine strenge Einhaltung des Sabbaths und ein regelmäßiger Besuch des Gottesdiensts«

319, 4 = III 23, 20

321, 27 A man... »Wer überzeugt wird wider Willen, bleibt seiner Meinung doch im stillen« (Samuel Butler, Hudibras, Part III, Canto III, 54; nicht wörtlich)

324, 33ff. = II 192, 22

327, 13ff. = II 192, 23

329, 11 in unserer Ausgabe Band III, S. 597.

329, 29 = III 598, 3

331, 22 = I 295, 9

333, 34; 334, 18 = II 721, 1

335, 29 la roue... »Das Rad ist ein Sinnbild der Seelenwanderung, die wie ein Kreis ohne Anfang und

Ende ist.« (Foe Koue Ki, übersetzt von Abel Rémusat, p. 28)

335, 30 la roue... »Das Rad ist ein den Buddhisten vertrautes Sinnbild; es bedeutet den Durchgang der Seele durch den Kreis der verschiedenen Daseinsformen.« (ibidem, p. 179)

335, 33 qui ne connaît... »Wer nicht den Grund erkennt, wird durch die Umdrehung des Rades dem Leben und dem Tode verfallen.« (ibidem, p. 282)

335, 35 il reconnut... »er erkannte, was das Rad der Seelenwanderung ist, das fünf Merkmale hat und zugleich beweglich und unbeweglich ist; und nachdem er über alle Wege, durch die man in die Welt eingeht, triumphiert hatte, indem er sie zerstörte usw.« (Burnouf, Introduction à l'histoire du Buddhisme, Vol. I, p. 434)

336, 5 *προφητης εν τῃ ιδιᾳ*... »ein Prophet gilt nichts in seinem eigenen Vaterlande« (Johannes, 4, 44)

341, 32 unus e multis. »einer von vielen«

342, 22ff. = II 192, 22

343, 5/24 = 190, 6

343, 27 die geharnischten Männer... (nach Euripides, Phoenissae, 939f.)

344, 6 Omar hat es verstanden... (gilt heute als Legende)

344, 15 [stat] pro ratione voluntas. »der Wille steht über der Vernunft« (Juvenal, Saturae, 6, 223; vgl. II 263, 1)

344, 36 So fühlt man... (Goethe, Tasso, II, 1)

345, 33 = 322, 2/4

346, 13 pars uterina... »der Teil der Gebärmutter und der Teil der Frucht des Mutterkuchens«

347, 16 ex ingenio. »aus der Eingebung«

348, 17 in unserer Ausgabe Band III, S. 625.

348, 31 = III 598, 3

349, 25 the embodied spirit. »der verkörperte Geist«

350, 20ff. = II 203, 31

350, 33 Kapila. (Gründer des Sâṁkhya-Systems; vgl. IV 71, 34)

355, 12 Goethes... Märchen. (in: Unterhaltungen deutscher Ausgewanderten)

356, 18 *αλλα περι*... »Was das mythische Gefasel betrifft, so lohnt es sich nicht, es ernsthaft ins Auge zu fassen.« (Aristoteles, Metaphysica, II, 4)

356, 32 *λήθην, λώβην.* »Vergessenheit, Schaden«

359, 10 *Προμηθευς δεσμωτης.* »der gefesselte Prometheus« (Tragödie des Aischylos)

359, 24 *Ζευς εν πιθῳ*... »Zeus, der in einem Faß alle guten Dinge gesammelt hat« (Babrius, Fabulae, 58, 1)

359, 27 *λιγυφωνοι.* »hellstimmig«

360, 4 *ἑσπεριδες.* »Hesperiden; Töchter des Abends«

360, 4 *νυκτεριδες.* »Töchter der Nacht; Fledermäuse«

360, 6 vespertiliones. »Fledermäuse«

360, 24 = I 245, 5

368, 7 vgl. I 263, 4

369, 3 ridete, puellae, ridete! »lacht, ihr Mädchen, lacht!« (nach Martial, Epigramme, II, 41)

371, 2 in unserer Ausgabe Band II, S. 427.

371, 17 in unserer Ausgabe Band II, S. 496 f.

376, 14 omnibus horis sapit. »zu jeder Stunde weise« (vgl. 55, 14)

376, 18 ducentos versus... »zweihundert Verse, auf einem Fuße stehend [d.h. auf dem Sprung]« (Horaz, Saturae, I, 4, 10)

376, 27 Ich singe... (Goethe, Der Sänger)

377, 22 der Spiritus verflogen (nach Schiller, Männerwürde)

382, 19 = II 521, 24

388, 20 e nihilo nihil fit. »aus nichts wird nichts« (nach Lucretius, I, 545)

389, 4 = IV 163, 32

389, 17 quindi uscire; a riveder le stelle. »von dort hinausgehen«, »um die Sterne wiederzusehen« (Dante, Inferno, c. 34)

390, 12 Domeneddio. »Herrgott«

390, 18 = III 23, 20

390, 34 Was eben wahr ist… (Goethe, Sprichwörtlich)

391, 1 divina tragedia. »göttliche Tragödie«

393, 3 *ἱστορουμενον – πεποιημενον.* »Erforschtes – Erdichtetes«

394, 35 = I 153, 35

399, 27 = II 476, 21

400, 10 après l'esprit… »Nach dem Unterscheidungsvermögen sind das Seltenste auf der Welt Diamanten und Perlen.« (Labruyère, Caractères, t. II, chap. XII)

401, 12 mediocribus esse… »mittelmäßig zu sein erlauben den Dichtern weder die Menschen noch Gott, noch die Anschlagsäulen« (Horaz, De arte poetica, 372)

402, 33 = III 275, 23

406, 16 questa assai… »dieses sehr viel mehr düstere als heitere Leben der Sterblichen, das ganz von Neid erfüllt ist« (Ariosto, Orlando furioso, IV, 1)

406, 22 = II 263, 10

407, 21 = II 373, 34

408, 3 in unserer Ausgabe Band II, S. 494f.

408, 5 nur die Lumpe… (Goethe, Rechenschaft)

409, 6/13 silentium livoris. »das Schweigen des Neids« (Seneca, Epist. 79, 17; vgl. III 9, 13)

409, 16 Denn es ist… (Goethe, West-östlicher Divan, Buch des Unmuts)

409, 34 in unserer Ausgabe Band III, S. 64.

410, 7 = II 319, 31

410, 27 = IV 166, 7

410, 33 Habe ich… (Plutarch, Apophthegmata)

411, 17 Ich denke… (Mahlmann, Herodes vor Bethlehem, vierte Auflage, 1818, S. 92)

413, 23 = IV 147, 4

414, 26 *Χέιλεα μεν…* »Nur die Lippen benetzt es, doch nicht benetzt es den Gaumen.« (Homer, Ilias XXII, 495)

414, 33 des Schweißes der Edlen wert. (Klopstock, Der Zürchersee)

414, 35 Von jenem Mut... (Goethe, Epilog zu Schillers Glocke)
415, 8 Ich sah... (Schiller, Die Ideale)
416, 17 Habt ihr Augen... (Shakespeare, Hamlet, III, 4)
417, 14 Philemon und Baukis. (vgl. Ovid, Metamorphoses, VIII, 616ff.)
419, 24 = IV 166, 7
420, 26 lo bueno... »Das Gute, wenn kurz, ist doppelt gut.« (Gracian, Handorakel, Nr. 105)
423, 36 au niveau de son temps. »auf dem Niveau seiner Zeit«
426, 15 an ounce... »daß eine Unze eigenen Witzes soviel wert sei wie eine Tonne fremden« (Laurence Sterne, Tristram Shandy, Vol. II, ch. XIX; ed. Haffmans Bd. II, S. 159)
426, 25 per il loro diletto. »zu ihrem Vergnügen«
427, 13 ineptire est juris gentium. »Unsinn schwatzen ist ein Menschenrecht.« (vgl. 178, 3)
428, 1 eine tüchtige Kuh... (Schillers Epigramm »Wissenschaft«)
437, 1 Boussole. »Kompaß«
437, 22 = 22, 3
442, 5 Ihre Zahl ist Legio. (vgl. Markus, 5, 9)
447, 24 inventis aliquid... »dem Gefundenen etwas beizufügen ist leicht«
449, 19 Ihr müßt mich... (Goethe, Spruch, Widerspruch)
450, 26 = IV 198, 32
452, 13 = III 205, 9
452, 32 in unserer Ausgabe Band III, S. 205.
453, 11 tout honnête homme... »Jeder ehrliche Mann muß zu den Büchern stehen, die er veröffentlicht.« (Rousseau, Nouvelle Héloïse)
457, 2 = I 153, 35
457, 9 [parturiunt montes] nascetur ridiculus mus. »[Es kreißen die Berge, und] geboren wird eine lächerliche Maus.« (Horaz, De arte poetica, 139)
458, 4 scribendi recte... »Die Weisheit ist Grundlage und

Ursprung des guten Schreibens.« (Horaz, De arte poetica, 309)

458, 34 stile empesé. »gestärkter, stocksteifer Stil«

459, 20 Ma pensée… »Was ich denke, kann offen zutage sich wagen. Mein Vers, ob gut oder schlecht, hat stets etwas zu sagen.« (Boileau, Epître IX à M. le Marquis de Seignelay)

459, 22 et qui parlant… »und sie reden viel und haben doch nie etwas zu sagen« (Boileau)

460, 29 Allgegenwart der Seele Garricks. (Lichtenberg, Briefe aus England, An Heinrich Christian Boie. Erster Brief)

461, 27 Sage, was du… (Shakespeare, Henry IV., Part 2, V, 3)

462, 2 l'art de peter. »die Kunst des Furzens«

462, 3 = 458, 34

462, 13 tiré à quatre épingles. »mit vier Stecknadeln befestigt; geschniegelt und gebügelt«

463, 11 l'adjectif est… »Das Eigenschaftswort ist der Feind des Hauptworts.« (Voltaire, Discours sur l'homme, 6)

463, 31 homo, natus… »Der Mensch, vom Weibe geboren, lebt kurze Zeit und ist voll Unruhe, geht auf wie eine Blume und fällt ab, flieht wie ein Schatten.« (Hiob, 14, 1)

470, 16 modificabile multimodis modificationibus. »ein durch vielerlei Abwandlungen Abwandlungsfähiges«

470, 24 ponere. »setzen, stellen, legen«

471, 18; 472, 21 à peu près. »beinahe«

473, 2 Ichnolith. »versteinerter Abdruck«

473, 4 = IV 150, 25

473, 16 légèreté. »Leichtigkeit«

473, 26 si Deo placet. »so Gott will«

477, 12 = 458, 34

479, 19 *πολυ δε μεγιστον…* »Bei weitem das Größte ist es, Gleichnisse zu finden. Denn dieses allein kann man nicht von einem andern lernen, sondern es ist Zeichen einer genialen Natur. Denn um gute Gleichnisse zu bilden, muß man das Gleichartige erkennen.« (Aristoteles, De poetica, c. 22)

479, 24 *και εν φιλοσοφιᾳ*… Auch in der Philosophie das Gleichartige, sogar in Weitauseinanderliegendem, zu finden, ist ein Zeichen von Scharfsinn.« (Aristoteles, Rhetorica, III, 11)

481, 25 = I 635, 6

481, 31 = I 635, 5

486, 27 Der schwere Panzer… (Schiller, Jungfrau v. Orleans, V, 14, Schluß, verkürzt)

487, 16 so viele Sprachen… (vgl. Brantôme, Grands Capitaines Etrangers, Charles V, in Œuvres, 1740, Vol. 4, p. 22)

487, 24 *συλληψις*, conceptio. beides: »Empfängnis, Erfassen«

488, 11 Paenidentität. »Fastgleichheit«

489, 13 = 471, 18

491, 11 *αγοϱα*. »Markt«

494, 27 defunctorum manes… »daß die Geister der Abgeschiedenen umherschweifen, also die Toten noch *überlebend* sind«

495, 22 coluber. »Natter«

495, 26 praeda colubri. »die Beute der Natter«

497, 20ff. monstrum per excessum; monstrum per defectum. »Mißbildung aus Übermaß«; »Mißbildung aus Mangel« (vgl. II 439, 13)

498, 13 vena portarum. »Pfortader«

500, 2 Viva muchos años! »Lebe viele Jahre!« (spanischer Gruß)

500, 21 Omne individuum ineffabile. »Jedes Individuum ist unergründlich.«

502, 23 intellectus luminis… »Der Intellekt hat nicht ein trockenes Licht, sondern er erhält Zufluß vom Willen und von den Gemütsbewegungen.« (Bacon, Novum organum, I, 49; vgl. II 253, 8)

506, 9 = 194, 35

506, 15 = II 261, 36

506, 28 ζευγμα. »Joch«

510, 1 =II 243, 36

510, 13 in unserer Ausgabe Band III, S. 628.

510, 18 =II 147, 2

510, 20 eines Grans Malice. »eines Quentchens Bosheit«

513, 7 Pronaque cum… »während die Tiere gebeugt das Angesicht wenden zur Erde« (Ovid, Metamorphoses, I, 84)

513, 18 in terram prona! »zur Erde gebeugt!« (Sallust, Catilina, c. 1; vgl. IV 126, 23)

513, 23 Os homini… »gab er dem Menschen allein ein erhabenes Antlitz und hieß ihn zum Himmel schauen und zu den Gestirnen das aufrechte Haupt erheben« (Ovid, Metamorphoses, I, 85–86; vgl. 310, 25)

514, 11 =II 373, 34

514, 17 in unserer Ausgabe Band III, S. 406f.

514, 18 in unserer Ausgabe Band I, S. 391.

514, 21 Ce sont des espèces. »Das sind Stückproben.«

515, 31 nichts steht… (Gracian, Handorakel, 289, frei zitiert)

517, 7 non est tanti. »es ist nicht so wichtig« (Ovid, Metamorphoses, VI, 386)

517, 8 *ουδε τι των…* »Keine menschliche Angelegenheit ist es wert, daß man sich sehr darum bemühe.« (Platon, De re publica, X, 6)

518, 29 that one may smile,… »daß einer lächeln und lächeln kann und ein Schurke sein« (Shakespeare, Hamlet, I, 5)

519, 8 =II 676, 9

519, 10 =160, 6

521, 4 quid tam dextro… »Was hast du mit solchem Geschicke begonnen, daß dich nicht sollte gereuen der Versuch und des Wunsches Gelingen?« (Juvenal, Saturae, X, 5)

524, 7 =IV 60, 30

525, 6 analysis finitorum et infinitorum. »Untersuchung des Endlichen und des Unendlichen«

525, 9 Die sogenannten Mathematiker... (Lichtenberg, Vermischte Schriften, 1844, I, 198)

527, 7 sans les femmes... »Ohne die Frauen würde der Anfang unseres Lebens der Hilfe, die Mitte der Freuden und das Ende des Trostes entbehren.« (Jouy)

531, 14 odium figulinum. »der Brotneid« (wörtlich: der Haß eines Töpfers gegen den andern«; vgl. Hesiod, Opera et dies, 25)

532, 7 les femmes... »Die Frauen im allgemeinen lieben keine Kunst, verstehen sich auf keine und haben kein Genie.« (Rousseau, lettre à d'Alembert, note 20)

532, 23 = II 74, 1

532, 31 elles sont faites... »Sie sind dazu geschaffen, sich mit unseren Schwächen, mit unseren Torheiten, nicht aber mit unserer Vernunft abzugeben. Zwischen ihnen und den Männern besteht mancher oberflächliche Einklang, aber sehr wenig Harmonie des Geistes, der Seele und des Charakters.« (Chamfort, Maximes et Pensées, chap. 2)

535, 3 Mediam tenuere beati. »Die Glücklichen halten die Mitte ein.« (Wahlspruch des Professors Taubmann zu Wittenberg, gest. 1613)

536, 25 = II 230, 33

539, 10 *ερωτηθεις τι των...* »Auf die Frage, was am Wichtigsten zu erlernen sei, antwortete er: Das Schlechte zu verlernen.« (Antisthenes bei Diogenes Laërtios, De vitis, dogmatibus et apophthegmatibus philosophorum, VI, c. 1, 7)

546, 24 die Bestialität... (Goethe, Faust I, 2297f.)

547, 34 arrêt irrévocable. »unwiderruflicher Beschluß«

548, 22 il n'y a rien... »Es gibt nichts, was so fein, so einfach und so unmerklich wäre, als daß nicht ein Benehmen darin läge, das uns verrät. Ein Dummkopf kann weder eintreten noch hinausgehen, sich setzen oder aufstehen, schweigen oder dastehen wie ein Mann von Geist.« (Labruyère, Caractères, Tom. I, chap. 2, Du mérite personnel)

548, 26 instinct sûr et prompt. »sicherer und flinker Instinkt« (Helvétius, De l'esprit, Discours II, chap. 3)

554, 20 in unserer Ausgabe Band II, S. 473.

555, 22 = II 203, 31

560, 12 keep your distance! »Wahre den Abstand!«

567, 2 Venetianischen Epigramme. (von Goethe)

SCHOPENHAUER-CHRONIK

»Wehe der Zeit, wo, in der Philosophie, Frechheit und Unsinn Einsicht und Verstand verdrängt haben! Denn die Früchte nehmen den Geschmack des Bodens an, auf welchem sie gewachsen sind. Was laut, öffentlich, allseitig angepriesen wird, das wird gelesen, ist also die Geistesnahrung des sich ausbildenden Geschlechts: diese aber hat auf dessen Säfte und nachher auf dessen Erzeugnisse den entschiedensten Einfluß. Daher bestimmt die herrschende Philosophie einer Zeit ihren Geist. Herrscht nun also die Philosophie des absoluten Unsinns, gelten aus der Luft gegriffene und unter Tollhäuslergeschwätz vorgebrachte Absurditäten für große Gedanken, – nun da entsteht, nach solcher Aussaat, das saubere Geschlecht, ohne Geist, ohne Wahrheitsliebe, ohne Redlichkeit, ohne Geschmack, ohne Aufschwung zu irgend etwas Edlem, zu irgend etwas über die materiellen Interessen, zu denen auch die politischen gehören, Hinausliegendem, – wie wir es da vor uns sehn. Hieraus ist es zu erklären, wie auf das Zeitalter, da Kant philosophirte, Göthe dichtete, Mozart komponirte, das jetzige hat folgen können, das der politischen Dichter, der noch politischeren Philosophen, der hungrigen, vom Lug und Trug der Litteratur ihr Leben fristenden Litteraten und der die Sprache mutwillig verhunzenden Tintenklexer jeder Art.«

Arthur Schopenhauer

Ereignisse in Weltgeschichte, Philosophie, Literatur, Kunst und Wissenschaft

1788

Staatsbankrott in Frankreich
Preußisches Zensuredikt
Verfassung der USA tritt in Kraft
† Georg Johann Hamann
* Lord Byron
* Joseph Freiherr v. Eichendorff
Kant, *Kritik der praktischen Vernunft*
Knigge, *Über den Umgang mit Menschen*
Sieyès, *Was ist der Dritte Stand?*
Goethe, *Egmont*

1789

Französische Revolution 14. Juli: Sturm auf die Bastille
George Washington erster Präsident der USA

1790

Kant, *Kritik der Urteilskraft*
Moritz, *Anton Reiser*

1791

† Wolfgang Amadeus Mozart
* Franz Grillparzer
Herder, *Ideen zur Philosophie der Geschichte der Menschheit*
Boswell, *Das Leben Samuel Johnsons*
Mozart, *Die Zauberflöte*

1792

Frankreich wird Republik
»Septembermorde« unter Justizminister Danton

Ereignisse in Schopenhauers Leben

1788

Am 22. Februar wird Arthur Schopenhauer in Danzig, Heiligengeistgasse 114, geboren.
Vater: Großkaufmann Heinrich Floris Schopenhauer
Mutter: Johanna Henriette, geborene Trosiener
Wappenspruch der Familie: »Point de bonheur sans liberté.«

1. Koalitionskrieg 92–97: Österreich, Preußen und England gegen Frankreich
* Percy Bysshe Shelley
* Gioacchino Rossini
J. G. Fichte, *Versuch einer Kritik aller Offenbarung*
Schulze, *Aenesidemus*
Mary Wollstonecraft, *Die Verteidigung der Rechte der Frau*

1793

Hinrichtung Ludwigs XVI.
Ermordung Marats
»Terror der Tugend« unter Robespierre
2. Teilung Polens durch Rußland und Preußen: Danzig wird preußisch
Herder, *Briefe zur Beförderung der Humanität*
Kant, *Die Religion innerhalb der Grenzen der bloßen Vernunft*
Schiller, *Über die ästhetische Erziehung des Menschen*

1794

Hinrichtung Dantons
Hinrichtung Robespierres
† Nicolas Chamfort
† Gottfried August Bürger
† A. Lavoisier
J. G. Fichte, *Wissenschaftslehre*

1795

Direktorium in Frankreich
* Thomas Carlyle
* Leopold v. Ranke
Kant, *Zum ewigen Frieden*
Marquis de Sade, *Die Philosophie des Boudoirs*

1796

* Thomas Reid
* Immanuel Hermann Fichte

1793

Als Danzig preußisch wird, übersiedelt der Republikaner Heinrich Schopenhauer unter Vermögensverlusten nach der Freien und Hansestadt Hamburg. Niederlassung als Ausländer im Haus Neuer Wandrahm 92
Prominente Gäste sind Klopstock, Wilhelm Tischbein, Dr. Reimarus, Lord Nelson und Lady Hamilton.

Laplace, *Kosmogonie*
Goethe, *Wilhelm Meisters Lehrjahre*
Jean Paul, *Siebenkäs*

1797

* Heinrich Heine
* Franz Schubert
* Jeremias Gotthelf
* Annette v. Droste-Hülshoff
Schelling, *Ideen zu einer Philosophie der Natur*
Goethe, *Hermann und Dorothea*

1797

Am 12. Juni Geburt der Schwester Louise Adelaide (Adele)
Arthur wird zu einem Geschäftsfreund in Le Havre geschickt, wo er über zwei Jahre bleibt und so gründlich Französisch lernt, daß er darüber fast das Deutsche verlernt.

1798

Napoleon Bonaparte I. Konsul
† Giacomo Casanova
* Giacomo Leopardi
J. G. Fichte, *Sittenlehre*
Hufeland, *Makrobiotik oder Die Kunst, sein Leben zu verlängern*
Fr. Schlegel, *Lucinde*

1799

2. Koalitionskrieg 1799–1802
Staatsstreich Napoleon Bonapartes
† Georg Christoph Lichtenberg
* Honoré de Balzac
Schleiermacher, *Über die Religion*
J. G. Fichte, *Über den Grund unseres Glaubens an eine göttliche Weltregierung*
Schiller, *Wallenstein*
Beethoven, *1. Symphonie*

1799

Eintritt in Runges Privatinstitut, eine Schule für angehende Kaufleute; Erziehung im pietistisch-aufgeklärten Geist

1800

Voltasche Säule (Volta)
Schelling, *System des transcendentalen Idealismus*
J. G. Fichte, *Die Bestimmung des Menschen*
Jean Paul, *Titan*
Schiller, *Maria Stuart*

1800

Dreimonatige Reise von Hamburg nach Karlsbad und von dort nach Prag

1801

† Novalis
* Albert Lortzing
Pestalozzi, *Wie Gertrud ihre Kinder lehrt. Ein Versuch, den Müttern Anleitung zu geben, ihre Kinder selbst zu unterrichten*

1802

* Pierre Cabanis
* Victor Hugo
Châteaubriand, *Der Geist des Christentums*
Anquetil-Duperron, Übersetzung des *Oupnek'hat*

1803

Reichsdeputationshauptschluß: Ende der Selbständigkeit der Bistümer und mancher Freier Reichsstädte
Atomtheorie (Dalton)
† Joh. Gottfried Herder
† Fr. Gottlieb Klopstock
Schleiermacher, *Sittenlehre*

1803

Arthur unternimmt statt Schulbesuch 1803/04 eine zweijährige Vergnügungsreise durch Holland, England, Frankreich und die Schweiz. Dreimonatiger Aufenthalt in Wimbledon.

1804

Napoleon I. Kaiser von Frankreich
Einführung des Code Napoléon; Grundlage des Bürgerlichen Gesetzbuches
† Immanuel Kant
† Joseph Priestley
* Ludwig Feuerbach
* George Sand
Schelling, *Philosophie und Religion*
Jean Paul, *Vorschule der Ästhetik*

1804

25. August: Konfirmation in Danzig. Dezember: Ende der Reise, Rückkehr nach Hamburg. »Dieser Bildungsgang hat mich frühzeitig daran gewöhnt, mich nicht mit den bloßen Namen der Dinge zufrieden zu geben, sondern die Betrachtung und Untersuchung der Dinge selbst und ihre aus der Anschauung erwachsende Erkenntnis dem Wortschalle entschieden vorzuziehen, weshalb ich später nie Gefahr lief, Worte für Dinge zu nehmen.«
Arthur beginnt eine Kaufmannslehre bei Jakob Kabrun in Danzig.

1805

3. Koalitionskrieg 1805–1807
Seeschlacht bei Trafalgar († Nelson)
Dreikaiserschlacht bei Austerlitz; Sieg Napoleons; Einzug in Wien
† Friedrich Schiller
* Adalbert Stifter
Beethoven, *Fidelio*
Gall, *Über die Verrichtungen des Gehirns*

1805

† Heinrich Floris Schopenhauer (vermutlich durch Selbstmord)

1806

4. Koalitionskrieg 1806/07: Niederlage Preußens, Napoleon in Berlin.
Rheinbund: deutsche Fürsten unter Napoleons Protektorat erklären ihre Souveränität. Ende des Heiligen Römischen Reiches Deutscher Nation.
Kontinentalsperre gegen England
† Carlo Gozzi
* John Stuart Mill
Arnim/Brentano, *Des Knaben Wunderhorn*

1806

Mutter übersiedelt mit Tochter nach Weimar, wo sie einen literarischen Teetisch und später eine populäre Romanschriftstellerei betreibt. Zu ihren Gästen zählen Goethe, Zacharias Werner, Wieland, Heinrich Meyer, Friedrich Majer, Riemer und Karl Ludwig Fernow, der ein Gutachten erstellt, wonach es für eine Gelehrtenlaufbahn Arthurs noch nicht zu spät ist.

1807

Friede von Tilsit
Preußische Reformpolitik durch den Reichsfreiherrn von Stein: Städtische Selbstverwaltung
Hegel, *Phänomenologie des Geistes*
Werner, *Weihe der Kraft*
Paine, *Das Zeitalter der Vernunft*
J. G. Fichte, *Reden an die Deutsche Nation*

1807

Private Gymnasialausbildung zunächst in Gotha, dann in Weimar.
Autodidaktische Studien und Lektüre. Teilnahme an den Gesellschaften der Mutter.

1808

Erfurter Fürstentag: Bündnis Napoleons mit Zar Alexander I.
Audienz Goethes beim Kaiser
* Honoré Daumier
* Carl Spitzweg
Goethe, *Faust I*
Schlegel, *Sprache und Weisheit der Inder*
Beethoven, 5. *Symphonie*

1809

Reform des preußischen Schulsystems durch Wilhelm v. Humboldt
Aufstand der Tiroler, Hinrichtung Andreas Hofers
Elektrischer Telegraph (Soemmerring)
† Josef Haydn
* Charles Darwin
* Nikolai Gogol
* Edgar Allan Poe
Goya, *Die Erschießung spanischer Freiheitskämpfer*
Goethe, *Die Wahlverwandtschaften*
Schelling, *Über die Freiheit*

1809

Arthur erhält nach erlangter Volljährigkeit von seiner Mutter ein Drittel dessen, was vom väterlichen Vermögen geblieben ist: 19000 Taler. Am 9. Oktober Immatrikulation als Student der Medizin in Göttingen; hört Chemie, Physik, Botanik, Anatomie, Physiologie, Ethnographie und Geschichte der Kreuzzüge.

1810

Gründung der Universität Berlin
Fraunhofersche Linien (Fraunhofer)
Homöopathie (Hahnemann)
* Frédéric Chopin
* Robert Schumann
Goethe, *Zur Farbenlehre*
Johanna Schopenhauer, *Carl Ludwig Fernows Leben*
H. v. Kleist, *Michael Kohlhaas*

1810

Im zweiten Semester Studium der Philosophie bei Gottlob Ernst Schulze, der zum Studium Platons und Kants rät, von Aristoteles und Spinoza jedoch abrät.

1811

Molekulartheorie (Avogadro)
† Heinrich v. Kleist
* Franz Liszt
* Karl Gutzkow
Goethe, *Dichtung und Wahrheit*, 1. Teil
Hebel, *Schatzkästlein des rheinischen Hausfreundes*

1811

Besuch bei Wieland, der ihn von der Philosophie abbringen will.
Schopenhauer: »Das Leben ist eine mißliche Sache: ich habe mir vorgesetzt, es damit hinzubringen, über dasselbe nachzudenken.«
Studium an der Universität Berlin, u.a. bei Fichte und Schleiermacher. Hört außerdem Zoologie, Geognosie, Astronomie, Physiologie und Poesie.

1812

Napoleons Rußlandfeldzug
Heeresreform in Preußen
Judenemanzipation

1812

Freundschaft mit Ferdinand Helmholtz, dem Vater des berühmten Physikers.

Erhebung Preußens unter Yorck
★ Charles Dickens
Brüder Grimm, *Kinder- und Hausmärchen*

1813

Aufruf des preußischen Königs: »An mein Volk«
Stiftung des Eisernen Kreuzes
Befreiungskriege 1813–15: Koalition Rußlands, Preußens, Englands, Schwedens und Österreichs gegen Napoleon; Völkerschlacht bei Leipzig (über 100000 Tote und Verwundete), Rückzug Napoleons.
† Wieland
★ Sören Kierkegaard
★ Richard Wagner
★ Giuseppe Verdi
★ Georg Büchner
★ Friedrich Hebbel
Baader, *Begründung der Ethik durch die Physik*
J. G. Fichte, *Staatslehre*

1813

Wegen der Kriegswirren Abbruch des Studiums in Berlin. In Rudolstadt Niederschrift der Dissertation, für die er von der Universität Jena in absentia am 18. Oktober zum Doktor der Philosophie promoviert wird.
Über die vierfache Wurzel des Satzes vom zureichenden Grunde erscheint in einer Auflage von 500 Exemplaren und veranlaßt Goethe, Schopenhauer zum Studium seiner Farbenlehre einzuladen. Später schreibt Goethe über die Erfahrung: »Trüge gern noch länger des Lehrers Bürden, / Wenn Schüler nicht gleich Lehrer würden.«

1814

Einmarsch der Koalition in Frankreich. Abdankung Napoleons, der die Insel Elba als Fürstentum erhält.
Erster Pariser Friede
Rückkehr der Bourbonen: Ludwig XVIII. König von Frankreich
Wiener Kongreß 1814/15: Europäische Restauration
Lokomotive (Stephenson)
† Johann Gottlieb Fichte
† August Wilhelm Iffland
Chamisso, *Peter Schlemihls wundersame Geschichte*
Hoffmann, *Phantasiestücke in Callot's Manier*

1814

Zerwürfnis mit der Mutter; Übersiedlung nach Dresden. Niederschrift aphoristischer Notizen: Bausteine zur *Welt als Wille und Vorstellung*.

1815

Napoleons 100 Tage; Sieg Wellingtons und Blüchers bei Waterloo.
Verbannung Napoleons nach St. Helena.
Zweiter Pariser Friede
Schlußakte des Wiener Kongresses: Gleichgewicht der fünf Großmächte Großbritannien, Rußland, Frankreich, Österreich und Preußen
Deutscher Bund: 39 souveräne Staaten unter Vorsitz Österreichs im Bundestag zu Frankfurt vertreten
Heilige Allianz der Monarchen: Bund von Thron und Altar gegen liberale Bestrebungen
Gründung der Deutschen Burschenschaft für innere Freiheit und nationale Einheit
† Matthias Claudius
* Otto v. Bismarck
Hoffmann, *Die Elixiere des Teufels*
Eichendorff, *Ahnung und Gegenwart*

1815

Brief an Goethe: »Der Mut keine Frage auf dem Herzen zu behalten ist es der den Philosophen macht.«

1816

Erste Deutsche Verfassung durch Großherzog Karl August v. Sachsen-Weimar
Spiegelversuch (Fresnel)
* Gustav Freytag
Tieck, *Phantasus*

1816

Über das Sehn und die Farben erscheint, nachdem sich Schopenhauer lange vergeblich um Goethes Zustimmung bemüht hat.

1817

Wartburgfest der Deutschen Burschenschaft
* Henry David Thoreau
* Theodor Storm
Byron, *Manfred*
Hoffmann, *Nachtstücke*

1818

Ende der preußischen Reformen; Entlassung Humboldts durch Friedrich Wilhelm III.

1818

Ludwig Sigismund Ruhl malt das Jugendbildnis Schopenhauers, dem die Dresdener Freunde den Spitz-

† Friedrich Majer
* Karl Marx
* Jacob Burckhardt
* Ivan Turgenev
Herbart, *Einleitung in die Philosophie*
Majer, *Brahma oder die Religion der Indier als Brahmanismus*

namen »Jupiter tonans« verleihen. *Die Welt als Wille und Vorstellung* erscheint bei Brockhaus mit der Jahreszahl 1819.
1818/19 Reise nach Italien

1819

Kotzebue ermordet, darauf Karlsbader Beschlüsse zur »Demagogenverfolgung«: Verbot der Burschenschaften und aller liberalen und demokratischen Schriften, Überwachung von Presse und Universitäten
* Theodor Fontane
* Gottfried Keller
* Walt Whitman
* Jacques Offenbach
Goethe, *West-östlicher Divan*
Byron, *Don Juan*
Jacob Grimm, *Deutsche Grammatik*
Walter Scott, *Ivanhoe*

1819

Im August Rückkehr aus Italien nach Dresden. Besuch bei Goethe.
Zusammenbruch des Danziger Handelshauses Muhl; Schopenhauer kann sein Vermögen durch geschicktes Vorgehen retten.
Bewerbung um eine Dozentur in Heidelberg, Göttingen oder Berlin. Einreichung des Habilitationsgesuchs bei der Universität Berlin.

1820

* Friedrich Engels
Hoffmann, *Lebensansichten des Katers Murr*

1820

Zulassung zum Colloquium; Probevorlesung vor der philosophischen Fakultät unter dem Vorsitz Hegels.
Im Sommersemester erste und einzige Vorlesung: »Über die gesamte Philosophie d.i. Die Lehre vom Wesen der Welt und von dem menschlichen Geiste«.

1821

Freiheitskrieg der Griechen gegen die türkische Herrschaft beginnt.
† Napoleon Bonaparte
* Fedor Dostoevskij
* Charles Baudelaire
* Gustave Flaubert

1821

Beziehung zu Caroline Richter, genannt Medon, Choristin an der Berliner Oper.
Wohnung in der Niederlagstraße 4, Berlin

Zeitgeschehen	Schopenhauer
1822	**1822**
† E.T.A. Hoffmann * Gregor Mendel De Quincey, *Bekenntnisse eines englischen Opiumessers* Stendhal, *Über die Liebe* Byron, *Kain*	Zweite italienische Reise 1822–24
1823	**1823**
Monroe-Doktrin: »Amerika den Amerikanern«; gegen die Einmischung europäischer Staaten in südamerikanische Befreiungskriege † Friedrich Arnold Brockhaus Beethoven, *9. Symphonie*	Aufenthalt in Florenz: »Sehn und Erfahren ist so nöthig als Lesen und Lernen.« Im Mai Rückkehr über Trient nach München. Schwere Krankheit
1824	**1824**
Anerkennung des Streik- und Gewerkschaftsrechts in England † Lord Byron † Maine de Biran Heine, *Die Harzreise* Leopardi, *Canzoni*	Nach Kuraufenthalt in Badgastein zurück nach Dresden. Übersetzungspläne, Humes *Natural History* und Sternes *Tristram Shandy* werden erwogen und fallengelassen, weil sich kein Verleger dafür interessiert. Bekanntschaft mit Ludwig Tieck.
1825	**1825**
Gründung des Börsenvereins des deutschen Buchhandels zu Leipzig Erstes Dampfschiff auf dem Rhein † Jean Paul * Conrad Ferdinand Meyer Alessandro Manzoni, *Die Verlobten* Jean Paul, *Kleine Nachschule zur Vorschule der Ästhetik*	Rückkehr nach Berlin Prozeß-Ärger, weil er eine Näherin aus seinem Vorzimmer geworfen hat.
1826	**1826**
Ohmsches Gesetz (Ohm) † Johann Peter Hebel † Joh. Daniel Falk Eichendorff, *Aus dem Leben eines Taugenichts* Hauff, *Lichtenstein* Ampère, *Theorie der elektrodynamischen Erscheinungen*	Bekanntschaft mit Alexander v. Humboldt und Adelbert v. Chamisso

1827

† Ludwig van Beethoven
† Johann Heinrich Pestalozzi
* Arnold Böcklin
Heine, *Buch der Lieder*
Grabbe, *Scherz, Satire, Ironie und tiefere Bedeutung*

1828

† Franz Schubert
† Francisco de Goya
* Henrik Ibsen
* Lev Tolstoj
* Jules Verne

1829

Katholikenemanzipation in Großbritannien
Harnstoff-Synthese (Wöhler)
† Wilhelm Tischbein
† Friedrich v. Schlegel
† J. B. Lamarque
Goethe, *Wilhelm Meisters Wanderjahre*
Rossini, *Wilhelm Tell*
Kerner, *Die Seherin von Prevorst*

1830

Juli-Revolution in Frankreich: Abdankung und Flucht Karls X.,; Louis Philippe v. Orléans wird ›Bürgerkönig‹
Stahlfeder (Perry)
1. Eisenbahn (England)
Stendhal, *Rot und Schwarz*
A. W. Schlegel, *Indische Bibliothek*
Radius, *Scriptores ophthalmologici minores*, 3. Band

1830

Theoria colorum physiologica, die lateinische Überarbeitung von *Über das Sehn und die Farben,* erscheint in den *Scriptores ophthalmologici minores*.

1831

Cholera-Epidemie in Europa
Emigration Heinrich Heines nach Paris
† Georg Fr. Wilhelm Hegel
† Friedrich Max v. Klinger

1831

Flucht aus Berlin vor der Cholera.
Auswanderungspläne nach Schweden oder England.
Probeweise Niederlassung in Frankfurt am Main.

★ Wilhelm Raabe
Bellini, *Norma*
Grillparzer, *Des Meeres und der Liebe Wellen*
Hugo, *Der Glöckner von Notre Dame*
Delacroix, *Die Freiheit, das Volk anführend*

1832

Parlamentsreform in England
† Joh. Wolfgang v. Goethe
† Walter Scott
★ George de Cuvier
★ Wilhelm Busch
★ Edouard Manet
P. A. v. Feuerbach, *Kaspar Hauser*

1832

Probeweise Niederlassung in Mannheim. Übersetzung von Balthasar Gracians *Handorakel und Kunst der Weltklugheit;* wird von Brockhaus abgelehnt und erscheint erst posthum.

1833

Aufhebung der Sklaverei im Britischen Empire
Phosphorzündholz (Kemmerer)
Elektro-magnetische Telegraphie (Gauß und Weber)
† Gottlob Ernst Schulze
★ Wilhelm Dilthey
★ Johannes Brahms
Herschel, *Treatise on Astronomy*
Laube, *Das junge Europa*
Nestroy, *Lumpazivagabundus*

1833

Endgültige Niederlassung in Frankfurt, Wohnung an der Schönen Aussicht 17. Systematische Ungeselligkeit, gleichförmige Lebensweise.

1834

Deutscher Zollverein: Wirtschaftsgemeinschaft Preußens, Hessens, Sachsens, Württembergs und Bayerns unter preußischer Führung
Stenographie (Gabelsberger)
† Friedrich Schleiermacher
★ Edgar Degas
Eichendorff, *Dichter und ihre Gesellen*
Grillparzer, *Der Traum ein Leben*
Ranke, *Die römischen Päpste*

1835

Erste deutsche Eisenbahnlinie: Nürnberg-Fürth
† Wilhelm v. Humboldt
Strauß, *Das Leben Jesu*
Büchner, *Dantons Tod*
Gutzkow, *Wally, die Zweiflerin*
Immermann, *Die Epigonen*

1836

† Chr. Dietrich Grabbe
Eckermann, *Gespräche mit Goethe*
Heine, *Die romantische Schule*
Baader, *Spekulative Dogmatik*

1836

Über den Willen in der Natur erscheint

1837

Thronbesteigung der Queen Victoria
Ende der Personalunion Hannover-England: Aufhebung der liberalen Verfassung Hannovers, Protest und Entlassung der »Göttinger Sieben« (unter ihnen die Brüder Grimm)
Telegraphischer Schreibapparat (Morse)
† Ludwig Börne
† Georg Büchner
† Giacomo Leopardi
Rosenkranz, *Geschichte der Kantischen Philosophie*
Erdmann, *Leib und Seele*
Lortzing, *Zar und Zimmermann*

1837

Briefwechsel mit Rosenkranz

1838

† Herzog v. Talleyrand
† Adelbert v. Chamisso
L. Feuerbach, *Geschichte der neueren Philosophie von Baco bis Spinoza*
Schwab, *Die schönsten Sagen des klassischen Altertums*

1838

Am 17. April stirbt Johanna Schopenhauer, die ihren Sohn dreimal ausdrücklich enterbt hat.

1839

Daguerreotypie (Daguerre)
* Paul Cézanne
Stendhal, *Die Kartause von Parma*

1839

Über die Freiheit des menschlichen Willens, Preisschrift für die Königlich Norwegische Gesellschaft der Wis-

Dickens, *Oliver Twist*
Schumann, *Nachtstücke*

senschaften zu Drontheim, wird durch Verleihung der großen goldenen Medaille gekrönt.

1840

Napoleons Leiche im Invalidendom zu Paris beigesetzt
Einführung der Briefmarke (England)
† Niccolo Paganini
* Emile Zola
Proudhon, *Was ist Eigentum?*
Gogol, *Der Mantel*
Poe, *Geschichten der Groteske und Arabesken*
Frauenstädt, *Studien und Kritiken zur Theologie und Philosophie*
Liebig, *Agrikulturchemie*

1840

Über die Grundlage der Moral, Preisschrift für die Königlich Dänische Societät der Wissenschaften, wird nicht gekrönt, obwohl sie die einzige Einsendung ist.

1841

† Joh. Friedrich Herbart
L. Feuerbach, *Vom Wesen des Christentums*
Carlyle, *Über Helden und Heldenverehrung*
Cooper, *Lederstrumpf*
Gotthelf, *Uli der Knecht*

1841

Die beiden Preisschriften erscheinen unter dem Titel *Die beiden Grundprobleme der Ethik*.
Der Berliner Privatgelehrte Dr. Julius Frauenstädt setzt sich öffentlich für Schopenhauer ein.

1842

Gesetz von der Erhaltung der Energie (J. R. Mayer)
† Frédéric de Stendhal
Droste-Hülshoff, *Die Judenbuche*
Gotthelf, *Die schwarze Spinne*
Scribe, *Ein Glas Wasser*

1843

»1 000 Jahre Deutsches Reich«-Feier
† Friedrich Hölderlin
Wagner, *Der fliegende Holländer*

1844

Aufstand der schlesischen Weber
* Friedrich Nietzsche

1844

Nach langen Verhandlungen mit Brockhaus erscheint der zweite

★ Paul Verlaine
Hebbel, *Maria Magdalena*
Heine, *Deutschland, Ein Wintermärchen*

Band der *Welt als Wille und Vorstellung,* der erste Band in neuer Auflage, ohne Autorenhonorar.
Beginn der Arbeit an den *Parerga und Paralipomena*

1845

Große Hungersnot in Irland
† August Wilhelm v. Schlegel
A. v. Humboldt, *Kosmos*
Kierkegaard, *Furcht und Zittern*
Stirner, *Der Einzige und sein Eigentum*
Merimée, *Carmen*
Wagner, *Tannhäuser*

1846

Krieg USA-Mexiko
Freihandel in England
Planet Neptun entdeckt (Galle)
Poe, *Philosophie der Komposition*
Richter, *Volksliederbuch*

1846

Erster Besuch Frauenstädts

1847

Chloroform-Narkose (Simpson)
Mittel gegen Wochenbettfieber (Semmelweis)
Hoffmann, *Struwwelpeter*
Dickens, *Weihnachtsgeschichten*

1847

Zweite, vermehrte Auflage der *Vierfachen Wurzel des Satzes vom zureichenden Grunde* erscheint.

1848

Februarrevolution in Frankreich: Louis Napoleon wird Präsident der Zweiten Republik
Märzrevolution in Deutschland: Deutsche Nationalversammlung in der Frankfurter Paulskirche. Aufhebung der Karlsbader Beschlüsse
Deutsch-Dänischer Krieg 1848–50
Neue Bundesverfassung in der Schweiz
Ludwig I. von Bayern dankt ab nach Lola-Montez-Skandal
† François René de Châteaubriand
† Annette v. Droste-Hülshoff

⋆ Paul Gauguin
Marx/Engels, *Das kommunistische Manifest*
Thackeray, *Jahrmarkt der Eitelkeiten*

1849

1. Deutsche Briefmarke
Messung der Lichtgeschwindigkeit (Fizeau)
† Frédéric Chopin
† Edgar Allan Poe
⋆ August Strindberg
Thoreau, *Über die Pflicht zum Ungehorsam gegen den Staat*
Wagner, *Die Kunst und die Revolution*

1849

Am 25. August stirbt Adele Schopenhauer

1850

Preußische Verfassung
Pendelversuch (Foucault)
Augenspiegel (Helmholtz)
† Honoré de Balzac
⋆ Robert Louis Stevenson
Hawthorne, *Der scharlachrote Buchstabe*
I. H. Fichte, *Recht, Staat und Sitte*

1851

Erste Weltausstellung in London
Bismarck preußischer Gesandter im deutschen Bundestag
Heine, *Romanzero*
Melville, *Moby Dick*

1851

Nach mehrfachen Absagen verschiedener Verleger erscheinen die *Parerga und Paralipomena* bei der Buchhandlung A. W. Hayn in Berlin.

1852

Staatsstreich in Frankreich: Louis Napoleon als Napoleon III. Kaiser der Franzosen
† Ludwig Jahn (Turnvater)
Fischer, *Geschichte der neueren Philosophie, Bde I–II*
Fortlage, *Genetische Geschichte der Philosophie seit Kant*
Brüder Grimm, *Deutsches Wörterbuch*
Stowe, *Onkel Toms Hütte*

1852

Rezensionen der *Parerga* erscheinen u. a. von Gutzkow (»Ein Selbstdenker«); Anerkennung in England durch John Oxenford im *Westminster and Foreign Quarterly Review.*

1853

Krimkrieg Rußland gegen Türkei 1853–56
Fahrrad (Fischer)
† Ludwig Tieck
* Vincent van Gogh
Erdmann, *Entwicklung der deutschen Spekulation seit Kant*
Stifter, *Bunte Steine*
Verdi, *La Traviata*

1853

Oxenfords Aufsatz »Iconoclasm in German Philosophy« wird von Ernst Otto Lindner in deutscher Übersetzung in der Vossischen Zeitung gebracht.

1854

Glühlampe (Göbel)
† Friedrich Wilhelm Schelling
* Oscar Wilde
Mommsen, *Römische Geschichte*
Jordan, *Demiurgos*
Thoreau, *Walden oder Leben in den Wäldern*
Keller, *Der grüne Heinrich*

1854

Freundschaft mit Wilhelm Gwinner, dem späteren Testamentsvollstrekker und ersten Biographen. Richard Wagner schickt ein Widmungsexemplar des Textbuchs zum *Ring des Nibelungen*. Die zweite Auflage von *Über den Willen in der Natur* erscheint.
Frauenstädt veröffentlicht *Briefe über die Schopenhauersche Philosophie*.

1855

Aufhebung der Leibeigenschaft in Rußland unter Zar Alexander II.
† Sören Kierkegaard
† Karl Friedrich Gauß
L. Büchner, *Kraft und Stoff*
H. Helmholtz, *Über das Sehen des Menschen*
Freytag, *Soll und Haben*
Mörike, *Mozart auf der Reise nach Prag*

1855

Der französische Künstler Jules Lunteschütz malt das erste von mehreren Schopenhauer-Porträts.

1856

† Heinrich Heine
* Sigmund Freud
* George Bernard Shaw
I. H. Fichte, *Anthropologie*
Busch, *Max und Moritz*

1857	**1857**
† Joseph Freiherr v. Eichendorff ★ Joseph Conrad Flaubert, *Madame Bovary* Baudelaire, *Die Blumen des Bösen* Stifter, *Der Nachsommer*	Erste Vorlesungen über Schopenhauer in Bonn und Breslau. Hebbel besucht Schopenhauer.
1858	**1858**
Unterseekabel Dover-Calais ★ Heinrich Zille	Mitteilung von Brockhaus, daß die zweite Auflage des Hauptwerkes vergriffen ist. De Sanctis, *Schopenhauer e Leopardi* veröffentlicht. Schopenhauers 70. Geburtstag wird festlich gefeiert.
1859	**1859**
Spektralanalyse (Bunsen und Kirchhoff) † Fürst Metternich † Wilhelm Grimm ★ Henri Bergson ★ Knut Hamsun Charles Darwin, *Die Entstehung der Arten* Gončarov, *Oblomov*	Die dritte Auflage der *Welt als Wille und Vorstellung erscheint*. Letzter Umzug: ins Nachbarhaus Schöne Aussicht 16. Elisabet Ney schafft Schopenhauer-Büste.
1860	**1860**
Italienischer Einigungskrieg unter Garibaldi Abraham Lincoln amerikanischer Präsident † Ernst Moritz Arndt ★ Anton Čechov ★ Gustav Mahler Burckhardt, *Die Kultur der Renaissance in Italien*	Die zweite Auflage der *Grundprobleme der Ethik* erscheint. Am 21. September stirbt Arthur Schopenhauer nach kurzer Krankheit in Frankfurt am Main.

REGISTER

Vorbemerkung zu den Namen- und Sachregistern

Schopenhauers Schreibweise von Namen und Begriffen ist notorisch eigenwillig. Wir haben uns bei der Gliederung der Register wesentlich an die Form gehalten, die Schopenhauer den Stichworten gegeben hat. Eintragungen, die unter K nicht zu finden sind, suche man unter C oder Z et vice versa [und umgekehrt].

Im Unterschied zum folgenden Namenregister, das neben Personennamen auch Titel von anonymen Werken enthält, strebt das Sachregister keine Vollständigkeit an. Es konzentriert sich auf zentrale bzw. bemerkenswerte Begriffe und verweist auf die wichtigsten Stellen in Schopenhauers Werken.

Mit dem encyklopädischen *Schopenhauer-Register* von Gustav Friedrich Wagner (1909; 2. Auflage 1960, Stuttgart-Bad Cannstatt, Fr. Frommann Verlag Günther Holzboog) liegt bereits ein umfassendes Register vor. Wagners Register bezieht sich auf die alte Frauenstädtsche Ausgabe, die als Grundlage für die weitgehend identische Brockhaus-Ausgabe von Arthur Hübscher (Wiesbaden 1937–1941; 2. Auflage 1946–1951; 1966 unverändert nachgedruckt) diente. Obschon diese Ausgaben und Wagners Register Passagen enthalten bzw. aufführen, die in den Ausgaben letzter Hand und somit in der vorliegenden Werkausgabe nicht enthalten sind, ist das *Schopenhauer-Register* auch für den Leser der Haffmans-Ausgabe dienlich. Um dem Schopenhauer-Studenten die Arbeit mit Wagners encyklopädischem Werk zu erleichtern, haben wir unser Sachregister in der Anlage von Stichwörtern, Gliederung und Querverweisen nach dem Wagnerschen aufgebaut. Außerdem haben wir im Anhang vergleichende Inhaltsverzeichnisse für die Haffmans-Ausgabe, die Hübschersche Brockhaus-Ausgabe sowie die Frauenstädt-Ausgabe beigefügt, um das Auffinden und Vergleichungen aller Art zu erleichtern und zu befördern.

NAMENREGISTER

(Namenregister von Claudia und Michel Bodmer)

SACHREGISTER

INHALTSVERZEICHNISSE

DIE WELT ALS WILLE UND VORSTELLUNG I

(Frauenstädt/Hübscher: Bd. 2, W I/W; Haffmans: Bd. I)

DIE WELT ALS WILLE UND VORSTELLUNG II

(Frauenstädt/Hübscher: Bd. 3, W II/W_2; Haffmans: Bd. II)

UEBER DIE VIERFACHE WURZEL DES SATZES VOM ZUREICHENDEN GRUNDE

(Frauenstädt/Hübscher: Bd. 1, G; Haffmans: Bd. III)

UEBER DEN WILLEN IN DER NATUR

(Frauenstädt/Hübscher: Bd. 4, N; Haffmans: Bd. III)

DIE BEIDEN GRUNDPROBLEME DER ETHIK

(Frauenstädt: Bd. 4., E; Haffmans: Bd. III)

Preisschrift über die Freiheit des Willens

Preisschrift über die Grundlage der Moral

UEBER DAS SEHN UND DIE FARBEN

(Frauenstädt/Hübscher: Bd. 1, F; Haffmans: Bd. III)

PARERGA UND PARALIPOMENA I

(Frauenstädt/Hübscher: Bd. 5, P I/P; Haffmans: Bd. IV)

PARERGA UND PARALIPOMENA II

(Frauenstädt/Hübscher: Bd. 6, P II/P_2; Haffmans: Bd. V)

ARTHUR SCHOPENHAUER, geboren am 22.2.1788 in Danzig, gestorben am 21.9.1860 in Frankfurt a.M., unser Philosoph, nur unsere Ausgabe vollstreckt seinen Willen, entspricht seiner Vorstellung. *Werke in 5 Bänden* im Haffmans Verlag, neu und getreu gesetzt nach den Ausgaben letzter Hand, herausgegeben von Ludger Lütkehaus (1988 / Taschenbuch 1991). Ein *Beibuch* bringt Nachweis und Übersetzung der Zitate (1989 / Taschenbuch 1991); ein Supplementband die *Reisetagebücher* des jungen Schopenhauer (1988); ein zweiter Supplementband, *Die Schopenhauers*, vereinigt die komplette Familienkorrespondenz von Adele, Arthur, Heinrich Floris und Johanna Schopenhauer (1991); in Vorbereitung: *Arthur Schopenhauer, Der Briefwechsel mit Goethe* (1992), alle herausgegeben von Ludger Lütkehaus.

»Einen neuen Weg beschreitet die im Zürcher Haffmans Verlag erschienene Ausgabe der *Werke in 5 Bänden*. Der Herausgeber Ludger Lütkehaus, ausgewiesener Kenner der Philosophie Schopenhauers, folgt mit peinlicher Genauigkeit der in Form eines Bannfluches formulierten Anweisung Schopenhauers, kein Jota an seinen Schriften zu ändern. Seine Edition bringt sie erstmals nach den Ausgaben letzter Hand in der von Schopenhauer ausdrücklich gewünschten Abfolge. Die Haffmans-Ausgabe empfiehlt sich durch philologische und typographische Sorgfalt.« *Alfred Schmidt/Frankfurter Allgemeine Zeitung*

»Die Lütkehaus-Edition bei Haffmans ist aus dem Geist der editorischen Handlungshemmung; sie unterläßt die auf den handschriftlichen Zusätzen basierende Bearbeitung und beläßt den Text so, wie ihn Schopenhauer in der veröffentlichten Fassung letzter Hand autorisiert hinterlassen hat.« *Rüdiger Safranski/Die Zeit*

Im Haffmans Verlag erschienen außerdem als Einzelausgaben: *Eristische Dialektik* (Die Kunst, Recht zu behalten, 1983) – *Das Schopenhauer-Nachschlag-Werk* (Ein ABC für die Jetztzeit. Herausgegeben von Gerd Haffmans, 1989) – Baltasar Gracian, *Hand-Orakel und Kunst der Weltklugheit* (Deutsch von Arthur Schopenhauer, 1991) - Außerdem die Schopenhauer gewidmete Nummer 19 des Magazins für jede Art von Literatur *Der Rabe*.

G. K. CHESTERTON

ALLE GESCHICHTEN
UM FATHER BROWN
IN 5 BÄNDEN
IM HAFFMANS VERLAG
NEU ÜBERSETZT UND
HERAUSGEGEBEN
VON
HANSWILHELM HAEFS

I
Father Browns Einfalt
(The Innocence of Father Brown, 1911)

II
Father Browns Weisheit
(The Wisdom of Father Brown, 1914)

III
Father Browns Ungläubigkeit
(The Incredulity of Father Brown, 1926)

IV
Father Browns Geheimnis
(The Secret of Father Brown, 1927)

V
Father Browns Skandal
(The Scandal of Father Brown, 1929)

Jeder Band enthält einen Anhang mit editorischer Notiz und Anmerkungen; der erste Band bringt eine biographische Skizze; der letzte einen bibliographischen Anhang. Alle Einbandzeichnungen und Titelbilder von Tatjana Hauptmann.

JOSEPH CONRAD

DEUTSCHE WERKAUSGABE
VOLLSTÄNDIG NEU ÜBERSETZT
IM HAFFMANS VERLAG

Herz der Finsternis
und Die Kongo-Tagebücher
Übersetzt und mit einem Nachwort
von
URS WIDMER

Almayers Luftschloß
Die Geschichte eines östlichen Stroms
Übersetzt und mit einem Nachwort
von
KLAUS HOFFER

Der Geheimagent
Eine einfache Geschichte
Übersetzt und mit einem Nachwort
von
EIKE SCHÖNFELD

Der Bimbo von der ›Narcissus‹
Eine Geschichte von der See
Übersetzt und mit einem Nachwort
von
WOLFGANG KREGE

Freya von den Sieben Inseln
Eine Geschichte von seichten Gewässern
Übersetzt und mit einem Nachwort
von
NIKOLAUS HANSEN

SIR ARTHUR CONAN DOYLE

Die vergessene Welt

Roman

Aus dem Englischen von Leslie Giger

Der jähzornige, um nicht zu sagen wahnsinnige Professor Challenger, von seinen Freunden gerne als »Höhlenbewohner im Straßenanzug« bezeichnet, glaubt, es gebe im Amazonasgebiet Stellen, die von der Evolution sozusagen vergessen worden seien und wo noch prähistorische Wesen existierten.

»Ein richtiger Schmöker. Ironisch und spannend zugleich, Saurier-Fiction im besten Sinn.«
Reinhard Krol, Süddeutscher Rundfunk

»Im *Jurassic Park* kann man *Die Vergessene Welt* finden. Der Weltbestseller bedient sich dreist einer Romanvorlage von Arthur Conan Doyle.«
Michael A. Meer, Focus